Veronika Immler · Oliver Kuhn
Antje Steinhäuser

WIR

Alles, was man
über uns Deutsche
wissen muss

DROEMER

Originalausgabe September 2009
Copyright © 2009 by Droemer Verlag
Ein Unternehmen der Droemerschen Verlagsanstalt
Th. Knaur Nachf. GmbH & Co. KG, München.
Alle Rechte vorbehalten. Das Werk darf – auch teilweise –
nur mit Genehmigung des Verlags wiedergegeben werden.
Umschlaggestaltung: ZERO Werbeagentur, München
Umschlagabbildung: Gettyimages
Bildredaktion: Sylvie Busche (Ltg.), Markus Röleke
Satz: Adobe InDesign im Verlag
Druck und Bindung: Offizin Andersen Nexö Leipzig GmbH,
Zwenkau
Printed in Germany
ISBN 978-3-426-27523-8

5 4 3 2 1

Inhalt

Wir Deutsche im Durchschnitt

- glauben nicht an Ufos
- behaupten, ein Werk von Thomas Mann ganz gelesen zu haben
- erledigen den Großteil unserer Einkäufe bei Aldi, C & A und H & M sowie durch Bestellungen beim Otto Versand
- rauchen vier Zigaretten am Tag
- telefonieren einmal die Woche mit unserer Mutter
- finden einen Seitensprung okay, solange er aus Rache geschieht
- schlafen bei offenem Fenster in Seitenlage
- produzieren im Jahr 173,4 kg Hausmüll
- finden den Valentinstag überflüssig
- empfinden einen Anruf nach 21.30 Uhr als Fauxpas
- hätten gern mehr Sex
- haben ein Problem mit spontanem, unangekündigtem Besuch
- versuchen donnerstags zu tanken, weil es da am günstigsten ist
- verbringen unsere Freizeit am liebsten mit der Familie
- und würden gerne die Sommerzeit abschaffen

... und das sind wir

Thomas (46) (Andreas, Stefan, Michael) Müller (Schmidt oder Schneider)		Sabine (43) (Petra, Susanne, Claudia) Müller (Schmidt oder Schneider)
Größe:	178 cm	165 cm
Gewicht:	82,4 kg	67,5 kg
Haare:	dunkelblond	schulterlang, braun
Schuhgröße:	44	38
Wörter / Tag:	4000–12 000	8000–23 000
Lebenserwartung:	75	82
Sex/Monat:	4,3-mal	3,2-mal
Beruf:	Angestellter	Hausfrau mit Teilzeitjob
Heirat:	mit 32,6 Jahren	mit 29,6 Jahren
Scheidung (25 %):	nach 5 Jahren Ehe	nach 5 Jahren Ehe
Kinder:	1 (13,5 Jahre Anna / Jan)	1,34 (mit 31 Jahren)
Verdienst:	3093 €	670 €
Auto:	Audi A4, schwarz	VW Golf silber

Außerdem wurden bei beiden bisher 16 Zähne behandelt bzw. gezogen. Thomas und Sabine wären prinzipiell bereit, Organe zu spenden, besitzen jedoch keinen Organspendeausweis.

So verbringen wir statistisch gesehen unsere Zeit

Bettgehzeit:	23.04 Uhr
Aufstehzeit:	6.18 Uhr
Schlaf an Wochentag:	7 Std. 4 Min.
Einschlafzeit:	15 Min.
insgesamt im Bett:	26 Jahre / Lebenszeit
im Bad (Männer):	24,6 Min. / Tag
im Bad (Frauen):	28,2 Min. / Tag
auf der Toilette:	6 Monate / Lebenszeit
Rasieren (Männer):	140 Tage
Kochen / Essen machen:	2 Jahre und 2 Monate / Lebenszeit
Einkaufen:	1 Jahr und 6 Monate / Lebenszeit
Arbeitsweg 22 km (Männer):	45 Min. einfach
Arbeitsweg 14 km (Frauen):	28 Min. einfach
im Stau:	6 Monate / Lebenszeit
bei der Arbeit:	7 Jahre / Lebenszeit oder 7 Std. / Tag (inkl. Urlaub, Arbeitslosigkeit und Rente)
im Urlaub:	3 Jahre / Lebenszeit
Musik hören:	6 Min. / Tag
Lesen:	37 Min. / Tag
im Kino:	1,5-mal / Jahr
vor dem Fernseher:	2,5 Std. / Tag
im Internet (Männer):	14,7 Std. / Woche
im Internet (Frauen):	11,5 Std. / Woche
Küssen:	2 Jahre / Lebenszeit
sexuelle Höhepunkte:	9,3 Std. / Lebenszeit
Vorspiel:	6 Wochen / Lebenszeit
erotische Träume:	15-mal pro Monat

Sabine legt, wie übrigens jede deutsche Durchschnittsmutter, jährlich 3796 Kilometer zu Fuß zurück und erhält dafür von Thomas pro Jahr 11 Rosen.

Der deutsche Haushalt

Durchschnittlich werden über 60 Prozent der deutschen Haushalte einmal in der Woche gründlich gereinigt, 90 Prozent aller Toiletten sogar täglich. Verglichen mit anderen europäischen Haushalten putzen die Deutschen überdurchschnittlich häufig mit relativ wenig Wasser und Putzmitteln. Die meisten Chemikalien kommen in Südeuropa zum Einsatz.

Die Briten und US-Amerikaner putzen ohne Eimer und mit Einweglappen, für die Deutschen ist das Waschen der benutzten Putzlumpen in der Waschmaschine bei 60 °C typisch.

Deutsche Hausfrauen verbringen durchschnittlich 4 Stunden und 11 Minuten am Tag mit Kochen, Waschen und Spülen. Damit liegen sie im europäischen Vergleich auf Platz 3 hinter den Französinnen (4,5 Std.) und den fleißigen Spitzenreiterinnen aus Italien mit 5 Stunden und 20 Minuten.

Die meisten Keime in einer deutschen Durchschnittswohnung befinden sich nicht in der Toilette, sondern in der Sammelrinne der Kühlschrankrückwand, gefolgt von Spüllappen und vom Abfluss der Küchenspüle.

Beim Putzverhalten von alleinstehenden Deutschen (über 30 Prozent der Haushalte) muss man allerdings zwischen den Geschlechtern differenzieren:

	alleinstehende Frauen	alleinstehende Männer
Staubsaugen	63 % täglich	1-mal / Monat
Bad putzen	1-mal / Woche	vor Besuchen
Abwasch	75 % täglich	alle drei Tage
Bettwäschewechsel	2,8-mal / Monat	1-mal / Monat
Fenster putzen	alle 2–3 Monate	eigentlich nie

Das deutsche Bad

126 Liter Wasser verbraucht jeder täglich. Das sind im Leben 3,647 Millionen Liter oder so viel, wie 168 Tage lang ununterbrochen den Wasserhahn laufen zu lassen.
Jede(r) Deutsche verbraucht im Laufe seines/ihres Lebens durchschnittlich 3800 Windeln, 635 kg Waschpulver, 147 Zahnbürsten, 3650 Rollen Toilettenpapier (entspricht einer Länge von 95 km, US-Amerikaner bringen es auf 130 km und Japaner auf stolze 166 km).

- 60 Prozent bevorzugen weißes Toilettenpapier.
- 46 Prozent lesen auf der Toilette: Männer den Sportteil, Frauen Krimis.
- Der Durchschnittsmann geht als Erstes pinkeln (übrigens immer noch im Stehen).
- Das große Geschäft auf dem Thron ist durchschnittlich 219 Gramm schwer.

- Männer brauchen für große Geschäfte zweimal so lange wie Frauen.
- 90 Prozent der Deutschen falten das Toilettenpapier.
- 80 Prozent werfen vor dem Spülen einen letzten Blick auf ihr Geschäft.
- 70 Prozent putzen sich mindestens 2-mal am Tag die Zähne.
- 63 Prozent duschen täglich.
- Im Schnitt nimmt jeder im Laufe seines Lebens über 7000 Vollbäder.

Die deutsche Küche

Das trinken wir im Laufe unseres Lebens: 6920 Liter Milch, 8860 Liter Bier, 1880 Liter Wein, 11 590 Liter Kaffee.

> **Ein Volk – ein Fakt:** Für Alkohol geben die Deutschen monatlich mehr Geld aus als für Obst und Gemüse. Täglich trinkt jeder 0,35 l Bier, einmal die Woche wird mit Sekt angestoßen, und wenn all der Schnaps, der jährlich gekauft wird, komplett getrunken würde (einiges steht ja doch länger in Hausbars rum), würde jeder Deutsche im Jahr 290 Gläschen Schnaps kippen!

… und jeder von uns verspeist insgesamt 40 000 kg Lebensmittel in Form von: 5 Schafen/Ziegen, 3,2 Kühen, 45 Schweinen, 925 Hühnern, 16 270 Eiern, 5000 kg Kartoffeln, 8000 Äpfeln, 6900 Karotten, 5200 Laib Brot, 4000 Schokoriegeln, 3370 Tafeln Schokolade (= 8 kg/Jahr).

Wir frühstücken Brot mit Käse und Wurst, dazu je 1,5 Tassen Kaffee (nur 22 Prozent sind Teetrinker). In der Kantine wählen wir Schnitzel, Pilzsoße und Pommes, gefolgt von Spaghetti Bolognese und dem einstigen Lieblingsessen der Deutschen: Currywurst mit Pommes.

Essverhalten im nationalen Vergleich

In den neuen Bundesländern wird wesentlich mehr Butter, Wurst und Fleisch verzehrt als im Westen. Bei Milch, Kaffee und Tee dagegen verhält es sich umgekehrt.
Zwischen Nord und Süd tun sich bezüglich des Essverhaltens nur unwesentliche Unterschiede auf. Die Hamburger essen zwar den meisten Fisch, aber Frauen aus Mecklenburg-Vorpommern belegen, trotz der Nähe zur

Ostsee, diesbezüglich den letzten Platz. Das meiste Bier in Deutschland trinken Männer aus Sachsen vor den Männern in Bayern. Bei den Frauen führen die Thüringerinnen.

Das deutsche Haus

So wohnen Thomas und Sabine, also »wir« (für 2,1 Personen), in einem Mehrfamilienhaus, das zwischen 1949 und 1978 gebaut wurde, in einer deutschen Kleinstadt mit 10 000 bis 50 000 Einwohnern:

Art:	3 ½-Zimmer-Wohnung
Größe:	89,4 m^2
Miete:	408 €
Telefone:	2,6 (Festnetz und mobil)
Wohnzimmer:	22 m^2
Couchgarnitur:	cremefarbig, dreiteilig
Wandfarbe:	gelb
Wandschmuck:	Familienfotos/impressionistische Drucke
Deckenhöhe:	2,65 m
Mikrowelle:	68 % (aller deutschen Haushalte)
Spülmaschine:	61 %
Fernseher:	96 %

Flat-TV: 40 % (aller Fernseher)
Hometrainer: 28,4 % (genutzt von 11 %)
Internetzugang: 65 %
Fahrrad: 81,2 %
Auto: 77 % aller Volljährigen (Westeuropäer 85 %)

Außerdem besitzen wir im Laufe unseres Lebens: 3 Stereoanlagen, 11 Computer, 4 Kühlschränke, 3 Waschmaschinen, 4 Fahrräder, 7 Fernseher, 9,8 Autos, 25 Handys, 11 Kaffeemaschinen – und werden pro Kopf 1,6 Tonnen Elektroschrott produzieren.

> **Ein Volk – ein Fakt:** 78,5 Prozent der Deutschen haben ein Handy – das entspricht dem Durchschnittswert, den das Statistische Amt der EU in Luxemburg für die gesamte Europäische Union ermittelt hat. Die meisten Mobiltelefone gibt es in Luxemburg (120 auf 100 Einwohner), gefolgt von Schweden (98), Italien (96) und Tschechien (95). Die wenigsten gibt es in Polen (46), Lettland (52) und Litauen (62). Der häufigste in Deutschland heruntergeladene Klingelton ist der »Kuschelsong« von Schnuffel.

Für ihr Leben werden Thomas und Sabine jeweils etwa 1 000 000 Euro ausgeben – allein jeder 34 000 Euro davon für Weihnachtsgeschenke. Und mit 52 Jahren werden sie dann ihr Testament machen, schließlich hat jeder der beiden bis dahin 54 600 € auf die Seite gelegt.

Lotto in Deutschland

Die Deutschen sind keine Spieler. Thomas und Sabine haben noch nie um Geld gewettet und waren höchstens einmal im Kasino. Für Fernsehlotterien wie Glücksspirale oder Aktion Mensch gaben sie, wie 73 Prozent der Deutschen, noch nie einen Cent aus. Lotto spielen nur 12 Prozent der Bundesbürger regelmäßig und weitere 19 Prozent gelegentlich.

Die Gewinnzahlen der ersten Lottostunde am 9. Oktober 1955 lauteten übrigens: 13, 41, 3, 23, 12, 16.

Die 6 am **häufigsten** gezogenen Lottozahlen mit Zusatzzahl seit 1955 (Stand März 2009): 38 (732-mal), 26 (715-mal), 31 (713-mal), 49 (708-mal), 25 (707-mal), 3 (700-mal). Die 6 am **seltensten** gezogenen Lottozahlen seit

1955 (Stand März 2009): 13 (615-mal), 20 (629-mal), 28 (629-mal), 12 (638-mal), 45 (640-mal), 15 (643-mal) Die **beliebtesten** Lottozahlen: 1, 9 und die 19, gefolgt von der 2, 3, 4, 5, 6, 7, 8, 10, 12. Die **unbeliebtesten** Lottozahlen: 15, 36, 35, 45, 43, 29, 14, 42, 48, 40 und 22.

Der höchste Lottogewinn in der deutschen Geschichte mit 37,7 Millionen Euro ging im Oktober 2006 an einen Krankenpfleger aus Nordrhein-Westfalen. Die Gewinnzahlen lauteten: 28, 30, 31, 34, 41 und 48 – Superzahl 4.
Die niedrigste Gewinnsumme für sechs Richtige bekamen 69 Gewinner im April 1984 ausbezahlt. Für jeden blieben nur etwa 8645 Euro. Sie alle hatten die beliebten Geburtstagszahlen 1, 3, 5, 9, 12, 25 und 6 getippt. Die Superzahl war die 17.

Unser Aberglaube

Als bedeutungsträchtige
Vorzeichen sehen an:

1. vierblättriges Kleeblatt   42 %
2. Sternschnuppe   40 %
3. Schornsteinfeger   36 %
4. die Zahl 13 (und Freitag, der 13.)   28 %
5. schwarze Katze quert von links
   nach rechts   25 %
6. Hufeisen   17 %
7. Spinne am Morgen bringt Sorgen   12 %
8. stehengebliebene Uhr   10 %
9. die Zahl 7   6 %
10. Messer mit der Schneide nach
    oben legen, führt zu Streit   5 %
11. Tür, die von selbst aufgeht   4 %
12. Regen auf dem Schleier der Braut   4 %

Wir im internationalen Vergleich

Lebenserwartung

Japanerin:	86,1 Jahre	Mann aus Hongkong:	79,4 Jahre
deutsche Frau:	82,1 Jahre	**deutscher Mann:**	76,5 Jahre
Nigerianerin:	47,3 Jahre		

Gegen den in den meisten Ländern feststellbaren Trend einer kräftig steigenden Lebenserwartung seit Mitte der 1980er Jahre sank die Lebenserwartung in der Russischen Föderation. In den letzten 20 Jahren nahm dort die Lebenserwartung für Männer von 63,8 auf 59 Jahre ab. Grund: Alkoholmissbrauch.

CO_2-Ausstoß

Je Einwohner betrug der Primärenergieverbrauch in Deutschland 2006 knapp vier Tonnen Rohöleinheiten, in den Vereinigten Staaten dagegen 7,8 Tonnen, in der Russischen Föderation rund fünf Tonnen und in China 1,3 Tonnen.

Volkswirtschaft

Deutschland erwirtschaftete 2006 ein Bruttonationaleinkommen von 3,03 Billionen US-Dollar. Damit war Deutschland hinter den Vereinigten Staaten mit 13,39 Billionen US-Dollar (Weltanteil: 27,5 %) und Japan mit 4,93 Billionen US-Dollar (10,1 %) die drittgrößte Volkswirtschaft der Erde. An vierter Stelle lag China mit 2,62 Billionen US-Dollar.

Entwicklungshilfe

Deutschland leistete 2007 öffentliche Entwicklungshilfe in Höhe von 12,3 Milliarden US-Dollar und war damit hinter den Vereinigten Staaten (21,8 Milliarden US-Dollar) der zweitwichtigste Entwicklungshilfegeber. Gemessen am Bruttonationaleinkommen leisteten jedoch die skandinavischen Länder die umfangreichste Entwicklungshilfe. In Norwegen und Schweden wurden 0,95 % beziehungsweise 0,93 % des Bruttonationaleinkommens für Entwicklungshilfe ausgegeben. In Deutschland waren es nur 0,37 %. Die Vereinigten Staaten lagen gleichauf mit Griechenland an letzter Stelle aller bedeutenden Geberländer mit einem Anteil von 0,16 % des Bruttonationaleinkommens.

Wo Deutschland überall im statistischen Vergleich weit oben steht

Exportweltmeister

Deutschland	1,35 Milliarden US-Dollar
China	1,22 Milliarden US-Dollar
USA	1,15 Milliarden US-Dollar

Touristen, die ins Ausland reisen

Deutschland	77,4 Millionen
Großbritannien	66,49 Millionen
USA	63,50 Millionen

Strom aus Windenergie

Deutschland	16 628 MW
Spanien	8263 MW
USA	6740 MW

Betrugsstraftaten

Deutschland	926 903
USA	371 800
Großbritannien	358 186

Bierkonsum

Irland	159 Liter pro Person
Deutschland	119 Liter pro Person
Österreich	106 Liter pro Person

Autoproduktion

Japan	8,6 Millionen
Deutschland	5,1 Millionen
USA	5,0 Millionen

Nobelpreisträger (1901 bis 2002)

USA	270
Großbritannien	100
Deutschland	77

Teenagerschwangerschaften

USA	494 357 Geburten
Polen	30 413 Geburten
Deutschland	29 000 Geburten

Bücherkonsum

Norwegen	0,7 Milliarden Euro bei 4,7 Millionen Einwohnern
Finnland	0,7 Milliarden Euro bei 5,3 Millionen Einwohnern
Deutschland	9,6 Milliarden Euro bei 82,4 Millionen Einwohnern

Weit hinten liegen wir weltweit bei folgenden Statistiken

Privater Hausbesitz

Irland	83 %
Italien	78 %
14. Deutschland	43 %

Selbstmordrate der 25- bis 34-Jährigen

Finnland	33 von 100 000 Bewohnern
Neuseeland	25,1 von 100 000 Bewohnern
16. Deutschland	9,4 von 100 000 Bewohnern

Streiks (Tage von 1996 bis 2000, in denen aufgrund eines Streiks nicht gearbeitet wurde, pro 1000 Arbeitnehmer)

Dänemark	296
Island	244
24. Deutschland	2

Geburtenrate

Niger	49,62 Geburten / 1000 Einwohner
Mali	49,38 Geburten / 1000 Einwohner
226. Deutschland	8,18 Geburten / 1000 Einwohner

So nennen uns die anderen

Nation	Ausdruck	Bedeutung
Briten / US-Amerikaner	Krauts	wegen der Vorliebe für Sauerkraut
Niederländer	Moffen	von muffig
Franzosen	Boche	Holzkopf / Dickschädel
Spanier/Südamerikaner	Cabeza cuadrada	Quadratschädel
Dänen	Polse-Tysker	deutsche Würstchen
Schweizer	Schwab	für geizige Spießer
Polen	Szkop	kastrierter Bock / ungehobelter Klotz
Tschechen	Skopčák	sinngemäß Hinterwäldler
Italiener	Crucchi	»Brot« verwendet wie »Saukopf«
Österreicher	Piefke	preußischer Nachname, der für einen überheblichen Besserwisser steht

Über Deutschland

Deutschland hat ca. 82,258 Millionen Einwohner, die in 16 Bundesländern leben. Würden sich alle deutschen Einwohner aufstellen, dann würde alle 66 Meter ein Mensch stehen.
Die gesamte Fläche von 357 092 km² ist zu einem Drittel von Wald bedeckt, über die Hälfte der Gesamtfläche wird landwirtschaftlich genutzt und über 12 Prozent sind besiedelt (bevölkerungsreichstes Land der EU).
Der Mittelpunkt Deutschlands liegt etwa 500 m nördlich des Ortes Niederdorla, im Landkreis Unstrut-Hainich, in Thüringen. Die geographischen Koordinaten sind 51° 10' n. Br. und 10° 27' ö. L.

Länge der Grenzen zu Deutschlands Nachbarländern

Gesamtlänge*	3757 km
Dänemark	67 km
Niederlande	567 km
Belgien	156 km
Luxemburg	135 km
Frankreich	448 km
Schweiz*	316 km
Österreich	815 km
Tschechische Republik	811 km
Polen	442 km

* Bei den Grenzlängen ist der Bodensee nicht berücksichtigt.

Einige Flüsse und ihre Länge innerhalb Deutschlands

Fluss	Länge in D (ges.)	Ursprung	Mündung
Rhein	865 (1324) km	Alpen	Nordsee
Elbe	727 (1091) km	Riesengebirge	Nordsee
Donau	647 (2888) km	Donaueschingen	Schwarzes Meer
Main	524 km	Fichtelgebirge	Rhein
Weser	440 km	Hann. Münden	Nordsee
Saale	413 km	Fichtelgebirge	Elbe
Spree	382 km	Oberlausitzer Bergland	Havel
Neckar	367 km	Schwenningen	Rhein

Die 10 höchsten deutschen Berge

Berggipfel	Höhe	Gebirge
Zugspitze	2962 m	Wettersteingebirge
Hochwanner	2744 m	Wettersteingebirge
Watzmann (Mittelspitze)	2713 m	Berchtesgadener Alpen
Leutascher Dreitorspitze	2697 m	Wettersteingebirge
Hochkalter	2607 m	Berchtesgadener Alpen
Biberkopf	2599 m	Allgäuer Alpen
Großer Hundstod	2593 m	Berchtesgadener Alpen
Hochvogel	2593 m	Allgäuer Alpen
Östliche Karwendelspitze	2537 m	Karwendelgebirge
Hocheisspitze	2523 m	Berchtesgadener Alpen

Höchster Berg der deutschen Mittelgebirge ist mit 1493 m der Feldberg im Schwarzwald.

Wetter und Klima

> »Überwiegend Winter, und den Rest auch keinen Sommer –
> das nennen die Deutschen ihr Vaterland.«
> NAPOLEON

Ganz Deutschland liegt in der gemäßigten Klimazone, ohne extreme Wetterbedingungen. Im Norden und Westen des Landes ist es im Winter durch die maritimen Einflüsse besonders mild. Durch den weltweiten Klimawandel zeichnet sich auch in ganz Deutschland ein Trend zu immer höheren Temperaturen ab. Zugvögel sind mittlerweile um etwa einen Monat länger in unseren Breiten als noch in den 1970er Jahren, und auch tropische Insekten beginnen langsam, in den wärmeren Landstrichen Deutschlands heimisch zu werden.

Der Frühling setzte in den letzten Jahren immer früher und mit ungewohnt hohen Temperaturen ein. Seit 2005 gibt der Deutsche Wetterdienst sogar regionale Hitzewarnungen aus, um auf mögliche Gesundheitsgefahren hinzuweisen, denn im Jahrhundertsommer 2003 gab es über 7000 Hitzeopfer. Das Jahrestemperaturmittel liegt zwischen 8 und 9 °C. Durchschnittlich gibt es jährlich etwa 180 Regen- und 100 Frosttage.

Deutsche Wetterrekorde

das stärkste Unwetter mit Hagel	3 Mrd. DM Schaden	12. 7. 1984 München
das nachweislich größte Hagelkorn	12 cm	28. 6. 2006 in Villingen-Schwenningen
die höchste Schneedecke	940 cm	2. 4. 1944 auf der Zugspitze
die späteste Schneedecke unter 1000 m ü. M.	6 cm	2. 6. 1962 in Kempten/Allgäu
die stärkste Windbö	335 km/h	12. 6. 1985 auf der Zugspitze
der teuerste Orkan: Lothar	6 Mrd. US-Dollar	26. 12. 1999 in ganz Süddeutschland
der meiste Nebel	330 Tage	1958 auf dem Brocken im Harz
die tiefste gemessene Temperatur	–45,9 °C	2. 1. 2008 am Funtensee/Berchtesgaden
die höchste gemessene Temperatur	+40,2 °C	13. 8. 2003 in Freiburg und Karlsruhe
der stärkste Tagesniederschlag	312 mm	12./13. 8. 2002 in Zinnwald/Erzgebirge (Elbhochwasser)
regenreichster Ort Deutschlands	ca. 2450 l/m²/Jahr	Balderschwang/Allgäu
die sonnigste Großstadt	ca. 1700 Std./Jahr	Freiburg im Breisgau

Die Regionen mit der längsten mittleren Sonnenscheindauer sind Hiddensee und Usedom mit ca. 1900 Std. pro Jahr.

Ein Volk – ein Fakt: Seit 1954 werden den Hoch- und Tiefdruckgebieten von den Meteorologen der FU Berlin Namen gegeben. Bis 2002 geschah dies nach einer festgelegten Vornamenliste in alphabetischer Reihenfolge. Seit Ende 2002 kann jedermann eine Wetterpatenschaft erwerben und damit vielleicht so bekannt werden wie Wiebke oder Lothar. Die Idee wurde von Meteorologiestudenten geboren, die damit das in Finanznöte geratene Institut retten wollten. Offensichtlich mit Erfolg. Tiefdruckgebiete sind übrigens um 100 € billiger als die selteneren Hochdruckgebiete.

Die deutschen Bundesländer und ihre Landeshauptstädte

(geordnet nach Flächengröße)

Bundesland (Landeshauptstadt)	Fläche	Rang nach Einwohnerzahl (Land)
Bayern (München)	70 548 km²	2
Niedersachsen (Hannover)	47 614 km²	4
Baden-Württemberg (Stuttgart)	35 751 km²	3
Nordrhein-Westfalen (Düsseldorf)	34 080 km²	1
Brandenburg (Potsdam)	29 477 km²	10
Mecklenburg-Vorpommern (Schwerin)	23 171 km²	13
Hessen (Wiesbaden)	21 114 km²	5
Sachsen-Anhalt (Magdeburg)	20 447 km²	11
Rheinland-Pfalz (Mainz)	19 847 km²	7
Sachsen (Dresden)	18 413 km²	6
Thüringen (Erfurt)	16 172 km²	12
Schleswig-Holstein (Kiel)	15 764 km²	9
Saarland (Saarbrücken)	2570 km²	15
Berlin (Berlin)	891 km²	8
Hamburg (Hamburg)	755 km²	14
Bremen (Bremen)	404 km²	16
gesamt	357 020 km²	ca. 82,5 Mio. Einw.

Superlative deutscher Städte und Gemeinden

größte Stadt (3,4 Mio. Einwohner)	Berlin
größte Agglomeration (5,7 Mio. Einwohner)	Rhein-Ruhr (Bochum, Dortmund, Duisburg, Essen)
höchstgelegene Großstadt (518 m ü. M.)	München
höchstgelegene Stadt (914 m ü. M.)	Oberwiesenthal / Erzgebirge
höchstgelegenes Dorf (1200 m ü. M.)	Oberjoch im Allgäu
tiefstgelegene Großstadt (2 m ü. M.)	Bremen
tiefstgelegene Gemeinde (–3,5 m ü. M.)	Neuendorf, Kreis Steinburg, Schleswig-Holstein
kleinste Gemeinde (5 Einwohner auf 468 ha)	Wiedenborstel, Kreis Steinburg, Schleswig-Holstein
Gemeinde mit dem längsten Namen	Hellschen-Heringsand-Unterschaar, Kreis Dithmarschen in Schleswig-Holstein

Die 10 größten deutschen Seen

See	Bundesland	Fläche	max. Tiefe
Bodensee	Baden-Württemberg / Bayern	536 km²	254,0 m
Müritz	Mecklenburg-Vorpommern	117 km²	31,0 m
Chiemsee	Bayern	80 km²	72,7 m
Schweriner See	Mecklenburg-Vorpommern	62 km²	52,4 m
Starnberger See	Bayern	56 km²	127,7 m
Ammersee	Bayern	47 km²	81,1 m
Plauer See	Mecklenburg-Vorpommern	38 km²	25,5 m
Kummerower See	Mecklenburg-Vorpommern	33 km²	23,3 m
Steinhuder Meer	Niedersachsen	32 km²	2,9 m
Großer Plöner See	Schleswig-Holstein	29 km²	60,5 m

Die 10 größten deutschen Inseln

Insel	See/Meer	Land	Fläche
Rügen	Ostsee	Mecklenburg-Vorpommern	926 km²
Usedom	Ostsee	Mecklenburg-Vorpommern	354,2 km²
Fehmarn	Ostsee	Schleswig-Holstein	185 km²
Sylt	Nordsee	Schleswig-Holstein	99 km²
Föhr	Nordsee	Schleswig-Holstein	82 km²
Pellworm	Nordsee	Schleswig-Holstein	37 km²
Poel	Ostsee	Mecklenburg-Vorpommern	36 km²
Borkum	Nordsee	Niedersachsen	31 km²
Norderney	Nordsee	Niedersachsen	26,29 km²
Amrum	Nordsee	Schleswig-Holstein	20,46 km²

Die Küstenlänge Deutschlands beträgt (ohne Inseln) 1200 Kilometer. Der längste Sandstrand Deutschlands ist die 40 Kilometer lange Westküste von Sylt, und die beste Luft gibt es auf Helgoland.

Verkehr

Straßennetz: 231 359 km (Gesamtlänge), davon Autobahnen: 12 531 km; Bundesstraßen: 40 711 km; Landstraßen: 86 597 km; Kreisstraßen: 91 520 km; Fahrradwege: 40 113 km

Schienennetz: 8206 km
Binnenschifffahrt: 476 km

Wichtigste Binnen-häfen:	Duisburg, Köln, Hamburg, Mannheim, Ludwigs-hafen
Wichtigste Seehäfen:	Hamburg, Bremen/Bremerhaven, Wilhelmshaven, Lübeck, Rostock
Luftverkehr:	19 internationale Flughäfen

Ein Volk – ein Fakt: Das öffentliche Kanalnetz in Deutschland hat eine Gesamtlänge von etwa 500 000 Kilometern.

Deutsche Staatsoberhäupter

Reichspräsidenten des Deutschen Reichs

1919–1925	Friedrich Ebert
März–Mai 1925	Walter Simons (Präsident des Reichsgerichts)
1925–1934	Paul von Hindenburg
1934–1945	Adolf Hitler (Führer und Reichskanzler)
Mai 1945	Karl Dönitz

Deutsche Demokratische Republik

1949–1960	Wilhelm Pieck (Präsident)
1960–1973	Walter Ulbricht (Vorsitzender des Staatsrats)
1973–1976	Willi Stoph (Vorsitzender des Staatsrats)
1976–1989	Erich Honecker (Vorsitzender des Staatsrats)
Okt.–Dez. 1989	Egon Krenz (Vorsitzender des Staatsrats)
Dez. 1989–März 1990	Manfred Gerlach (Vorsitzender des Staatsrats)
März 1990–2. Okt. 1990	Sabine Bergmann-Pohl (amtierendes Staats-oberhaupt)

Die Bundespräsidenten der Bundesrepublik Deutschland

1949–1959	Theodor Heuss
1959–1969	Heinrich Lübke
1969–1974	Gustav Heinemann
1974–1979	Walter Scheel
1979–1984	Karl Carstens
1984–1994	Richard von Weizsäcker
1994–1999	Roman Herzog
1999–2004	Johannes Rau
seit 2004	Horst Köhler

Die Bundeskanzler der Bundesrepublik Deutschland

1949–1963	Konrad Adenauer, CDU
1963–1966	Ludwig Erhard, CDU
1966–1969	Kurt Georg Kiesinger, CDU
1969–1974	Willy Brandt, SPD
1974–1982	Helmut Schmidt, SPD
1982–1998	Helmut Kohl, CDU
1998–2005	Gerhard Schröder, SPD
seit 2005	Angela Merkel, CDU

Die frühe Geschichte Deutschlands

vor 100 000 – 40 000 Jahr.	Der **Homo sapiens** wandert aus Zentralasien ein.
vor 40 000 Jahren	Der Säbelzahntiger stirbt aus.
vor 35 000 Jahren	Erste Kunstgegenstände im Lonetal aus Mammutelfenbein.
vor 30 000 Jahren	**Neandertaler** (Foto) stirbt aus.
vor 26 000 Jahren	Die Eiszeit beginnt.
vor 25 000 Jahren	Höhlenbär stirbt aus.
vor 20 000–18 000 Jahren	Kältemaximum während der Eiszeit auf heute deutschem Gebiet.
vor 14 000 Jahren	Der Wolfshund wird domestiziert.
vor 12 000 Jahren	Letzter Vulkanausbruch in der Eifel.
vor 11 500 Jahren	**Ende der Eiszeit**, Entstehung von Ost- und Teilen der Nordsee und der Waldlandschaft.
7000– 5400 v. Chr.	Beginn der Jungsteinzeit: Sesshaftigkeit, erste Befestigungsanlagen. Wandel vom Jäger und Sammler zu Bauern mit domestizierten Nutztieren und erste Bildung von Berufsgruppen.
4000 v. Chr.	**Megalithgräber** aus tonnenschweren Steinen entstehen.
2200–750 v. Chr.	Bronzezeit: Durch die enorme Nachfrage nach Bronze (Waffen- Schmuck- Gebrauchsgüterproduktion) entstehen Arbeitsstätten und Handelswege; **Himmelsscheibe von Nebra** (Foto) zeigt weltweit älteste Himmelsdarstellung (1999 von Grabräubern in Sachsen-Anhalt gefunden).
500 v. Chr.	Besiedelung im Norden: germanisch, im Süden: keltisch.
750–15 v.Chr.	Eisenzeit: im Süden Deutschlands von Kelten geprägt.
58 v. Chr. – ca. 455 n. Chr.	Die Gebiete um den Rhein und südlich der Donau gehören zum römischen Imperium.
9 n. Chr.	**Varusschlacht**: Niederlage der Römer gegen germanische Stämme unter der Führung des Cheruskers Arminius beim Versuch, das Römische Reich bis zur Elbe auszudehnen.
ab 375 n. Chr.	**Völkerwanderung** (Übergang der Spätantike zum Mittelalter), die unterschiedlichsten Stämme ziehen durch Europa und organisieren ihre Lebensbereiche neu, die

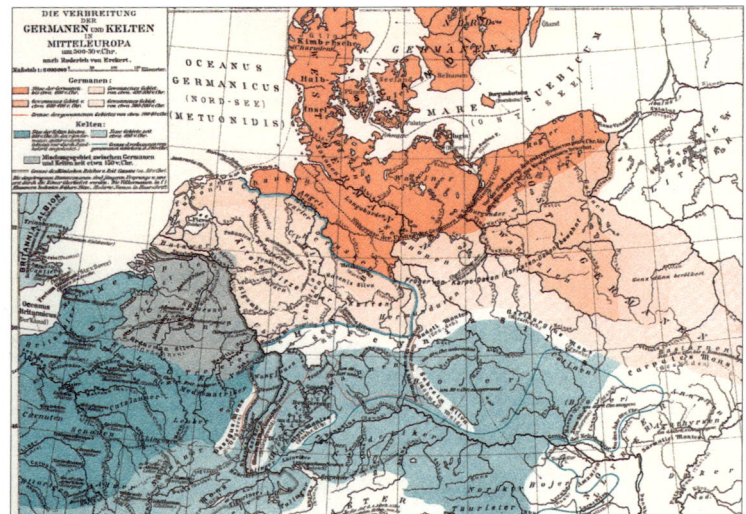

Römer werden bis 449 n. Chr. aus heute deutschem Gebiet verdrängt.

Architektur

180 n. Chr. Bau der Porta Nigra in Trier. Die Römer bauen Straßennetze und Brücken und gründen die Städte Kempten, Augsburg, Regensburg, Mainz, Bonn, Köln, Trier oder bauen sie aus. Die Kelten und Germanen lebten in primitiven, strohgedeckten Lehmhütten.

Alltag/Gesellschaft

Cäsar beschreibt in seinem Buch »De bello Gallico« 58 v. Chr. die Germanen als hochgewachsene, kräftige Urmenschen mit blauen Augen und roten Haaren, in primitiven, freizügigen Pelzüberwürfen, anspruchslos, ständig Bier trinkend, ohne Religion und zudem äußerst ungastlich. Lobende Erwähnung findet, dass die Barbaren bis zu ihrem 20. Lebensjahr enthaltsam und danach streng monogam leben würden, was, nach Meinung Cäsars, ihrer körperlichen Stärke äußerst zuträglich sei.

Bedeutende Persönlichkeiten

Arminius (Hermann), der Cheruskerfürst, der von den römischen Besatzern zum Offizier ausgebildet worden war und als Vertrauter des römischen Feldherrn Varus galt, organisierte ein germanisches Heer, das 9 n. Chr. den Römern in der Varusschlacht im Teutoburger Wald eine vernichtende Niederlage bereitete und die Römer endgültig hinter den Limes verbannte.

75 Gründe, warum Deutschland das beste Land der Welt ist

ADAC
Adventskranz
Aspirin
Audi
Bauhaus
Bayreuther Festspiele
Bier
Birkenstock
Blasmusik
BMW
Brandenburger Tor
Bratwurst
Brezel
Brot
Christkindlsmarkt
Christstollen
Dackel
Dirndl
DOCUMENTA
Exportweltmeister
Fachwerkhäuser
Filzhut
Fischer Dübel
Frankfurter Buch-
messe
Freiwillige Feuerwehr

Gartenzwerg
Gemischte Sauna
Glühwein
Goldbären
Grimms Märchen
Grundgesetz
Hofbräuhaus
Jugendherbergen
Kaffeekränzchen
Karneval
Kegeln
Kindergarten
Kneippkuren
Knödel
Kuckucksuhr
Kölner Dom
Lebkuchen
Lederhose
Loreley
Maibaum
Mercedes
Modelleisenbahnen
Mülltrennung
Neuschwanstein
Oktoberfest
Opel

Ostfriesland
Reinheitsgebot
Rhein
Romantik
Sandmännchen
Sauerkraut
Schafkopfen
Schrebergarten
Schwarzwälder
Kirschtorte
Skat
Soziale Marktwirt-
schaft
Spargel
Tatort
TÜV
Vereine
Volkslieder
Volkswagen
Wanderlust
Weihnachtsbaum
Weinkönigin
Weißwurst
Wetten, dass …?
Wirtschaftswunder
Zugspitze

Mittelalter

»Dunkle« 1000 Jahre zwischen der Antike und der Neuzeit. Mit Otto dem Großen im 10. Jahrhundert beginnt die deutsche Geschichte.

5. Jahrhundert Auf dem Gebiet des ehemaligen Römischen Reiches entstehen
mehrere **germanische Königreiche**. Einige Stämme schließen sich
im Rheingebiet mit den Franken zusammen, das sich im 5. Jh. (unter dem Merowinger Chlodwig I.) zu einem Großreich entwickelt.

Frühmittelalter

Ab 500 bis Ende des 9. Jahrhunderts: Zeit der Merowinger und Karolinger

7. Jh. Das Christentum breitet sich unter den ursprünglich heidnischen
Germanen durch irische Missionare aus.

768 Karl der Große (Karolinger) wird König der Franken. Unter
ihm expandiert das Reich von Frankreich und dem Rheinland bis
Sachsen und Baiern.

800 **Karl der Große** wird vom Papst zum Kaiser gekrönt (Abb. oben).

814 Tod Karls des Großen; mit der Aufteilung des Reiches an die drei
Söhne beginnt der Zerfall des Großreiches. Aus der westlichen
Hälfte entsteht das spätere Frankreich.

Ende 9. Jh. Die Wikinger fallen im Norden ein, rauben und wüten. Bei Schles-
wig entsteht der normannische Handelsknotenpunkt **Haithabu**.

Hochmittelalter
Ab dem 10. Jahrhundert bis ca. 1250

962   Die Osthälfte des Reiches wird unter Otto dem Großen zum Deutschen Reich (größtes zusammenhängendes Reich Europas). **Otto I.** wird der erste deutsche Kaiser.

1077   Im **Gang nach Canossa** gipfelt der schon lange geführte Streit um die Bischofsbenennung (Investiturstreit). Heinrich IV. kriecht beim Papst zu Kreuze.

1095–1291   **Kreuzzüge** ins Heilige Land

Ab Mitte des 11. Jahrhundert Entstehung von Handwerk, Zünften und des Bürgertums, Zeit der Stadtgründungen.

1152   Der Schwabenherzog Friedrich III. wird als **Friedrich I. Barbarossa** zum römisch-deutschen König gewählt.

1155   Friedrich I. Barbarossa wird in Rom zum Kaiser des Heiligen Römischen Reiches gekrönt.

1164   Bei einer schweren Sturmflut entsteht der Jadebusen, 20 000 Menschen sterben.

12. Jh.   Thronstreitereien und Auseinandersetzungen mit der Kirche stärken die Privilegien der Reichsfürsten und schaden dem Einheitsstaat.

Spätmittelalter
etwa von 1250 bis 1500

1347–1351   **Pestwelle**: Ein Drittel der gesamten Bevölkerung erliegt dem Schwarzen Tod.

1356	Die Goldene Bulle unter Kaiser Karl IV. gilt als **erste Verfassungs-urkunde**. Sie regelt die Wahl der Könige durch die Kurfürsten, stärkt deren Eigeninteressen und fördert die Territorialisierung.
1376–1417	Abendländisches Schisma: Zeit der Päpste und Gegenpäpste.
1385	In Heidelberg wird die erste Universität auf deutschem Boden gegründet.

Architektur

764	karolingisch: Torhalle des Klosters Lorsch
768–800	karolingisch: Pfalzkapelle Aachen
1005–1181	romanisch: Dom zu Worms
1030–1061	romanisch: Dom zu Speyer
ab 1205	gotisch: Freiburger Münster
1248–1880	gotisch: Kölner Dom (s. Abbildung)

Eine der am besten erhaltenen Städte des Mittelalters ist Rothenburg ob der Tauber.

Kunst

Kulturträger sind vor allem die Klöster, die meisten Mönche können lesen und schreiben. Anonyme Kirchen- und Glasmalerei.

Musik

Spielleute mit Psalter (Zither), Drehleier, Schalmei (orientalisches Blasinstrument) ziehen von Burg zu Burg. Dichter Anfang des 13. Jahrhunderts: Wolfram von Eschenbach, Walther von der Vogelweide. Das einfache Volk tanzt lebhafte, gesprungene Reigentänze.

Alltag/Gesellschaft

Mit dem Abzug der Römer gehen den Germanen die technischen Errungenschaften bald verloren. Die römischen Städte werden bedeutungslos, die Menschen zu primitiven Bauern und Selbstversorgern.
Grundbesitz wird die Basis für Macht und Reichtum, die einfachen Leute werden zu unfreien Bauern (Lehen und Ständesystem). Angst, Hunger, strenger Glaube und das Ständesystem lähmen Ideen und Eigeninitiative. Erst im 12. Jahrhundert entstehen um Klöster und Burgen neue Märkte und Siedlungen, aus denen Städte erwachsen. Die Neustrukturierung der Gesellschaft nach der Pestwelle hat belebende Wirkung.

Essen

Zu Mus gekochte Pflanzen (Gemüse) und Brot

Mode

Einfache Schnitte aus Wolle, Leinen und Pelz. Mit dem zunehmenden Marienkult lassen Männer und Frauen ihre Haare wachsen. Ab 1200 werden mit der Gotik (Sprengen der Grenzen) Hüte höher, die Kleider und Ärmel länger, die Schuhe spitzer.

Erfindungen/Neuerungen

Wassermühlen (als neue Energiequelle nach Abschaffung der Sklaverei), Tretwebstühle, Papier, Schwarzpulver.

Bedeutende Persönlichkeiten

1098–1179   Hildegard von Bingen. Die Schriften der Äbtissin finden bis heute in der Heilkunde Beachtung.

um 1215   Gottfried von Straßburg. Der Dichter des Versromans »Tristan«.

26.12.1194–13.12.1250 Friedrich II. Römisch-deutscher Kaiser aus dem Haus der Stauffer. Er war hochgebildet, förderte Wissenschaft, Künste und das Recht.

Deutsche Rekorde aus dem Guinness-Buch

»Der Ehrgeiz ist für die Seele, was der Hunger für den Leib ist.«
LUDWIG BÖRNE, DEUTSCHER JOURNALIST (1786–1837)

Geld gibt es nicht für die erbrachte Leistung, aber darum geht es den Rekordhaltern auch nicht: Dabeisein ist alles – und sich einen Platz sichern in dem Buch, das nach der Bibel und dem Koran das meistverkaufte der Welt ist; und übrigens das weltweit meistgestohlene in öffentlichen Bibliotheken: das Guinness-Buch der Rekorde.

Mario Barth versammelte das **größte Live-Publikum** eines Comedians: Am 12. Juli 2008 spielte er im ausverkauften Berliner Olympiastadion vor 67 733 Fans sein Programm »Männer sind primitiv, aber glücklich«. Der bisherige Rekordhalter Chris Rock (USA) hatte in London vor »nur« 15 900 Zuschauern gespielt.

Der **schiefste Turm** gehört zur eher unbekannten protestantischen Kirche in Suurhusen (nördlich von Emden): Mit seiner Neigung von 5,1939 Grad löste er den Schiefen Turm von Pisa als Rekordhalter ab. Dessen Neigung beträgt lediglich 5,08 Grad.

Hans-Dieter Busch von der K&U-Bäckerei in Rust stellte am 16. Juli 2006 die **schwerste Schwarzwälder Kirschtorte** her: 2963 Kilogramm wog sie.

Die Bäckerei Flesch und der Karnevalsclub »Freunde der Bütt« stellten am 1. September 2007 in Bitburg den **längsten Strudel** her: Er maß 63 Meter 81.

Gabriele Hein-Fischer präsentierte am 21. Juni 2003 das **größte Dirndl**: Es ist gefertigt nach der Vorlage eines traditionellen bayerischen Dirndls, allein der Rock ist allerdings 2 Meter 90 lang, sein Durchmesser misst stolze 9 Meter, und die Ärmel der Trachtenbluse sind 1 Meter 50 lang.

Die **schmalste Gasse** ist in Reutlingen zu finden: Die Spreuerhofstraße ist an der schmalsten Stelle 31, an der breitesten 50 Zentimeter breit.

Den **höchsten Kaltwasser-Geysir** gibt es in Andernach. In kaltem Grundwasser lösen sich große Mengen an CO_2. Das Gas-Wasser-Gemisch steigt durch Bodenspalten empor. Die höchste Fontäne wurde am 19. September 2002 gemessen: 61 Meter 50 hoch schossen etwa 7800 Liter Wasser hervor.

Hugo Eckeners Flug von Lakehurst, New Jersey (USA), nach Friedrichshafen mit dem Luftschiff Graf Zeppelin im November 1928 war die **längste Fahrt eines Luftschiffs**: 6384,5 Kilometer.

Den **höchsten Kirchturm** hat das Ulmer Münster (rechts): 161 Meter 53.

Das **älteste erhaltene hölzerne Weinfass** steht in Halberstadt. Es stammt aus dem Jahr 1594 und fasst 144 000 Liter.

Der Allgemeine Deutsche Tanzlehrerverband motivierte am 3. November 2007 47 795 Menschen in 309 Tanzschulen, den größten Cha-Cha-Cha zu tanzen. Michael Hull hatte mit 1068 die **meisten wechselnden Tanzpartner in 24 Stunden**.

Die **meisten gespaltenen Holzscheite** gehen auf das Konto von Robert Ebner: Am 27. November 2007 schaffte er in 30 Sekunden 70 Scheite.

Die **weiteste Strecke im Kopfüberklettern** schaffte Nele Bruckmann: Am 1. September 2007 gelangen ihr in einer Minute 9 Meter 73 an einer Stange.

Die **längste Reise mit einer Autorikscha** unternahmen Susi Bemsel und Daniel Snaider. Zwischen dem 8. Februar und dem 17. Dezember 2005 legten sie auf der Fahrt von Bangkok nach Eichstätt 37 410 Kilometer zurück.

Bemerkenswerte Sammlungen: Kathrin Koch besitzt 1820 verschiedene Kerzen. Gerold Weschenmoser 5121 verschiedene Masken. Birgit Berends hat mit 5098 Exponaten die größte Pinguinsammlung. Soeren Christian Hesse hat 161 offiziell lizenzierte Sportmaskottchen von sportlichen Großereignissen. Felix Rotter besitzt 8661 verschiedene Teebeutelanhänger.

Beim größten **Korn-Slam** tranken am 9. Juni 2007 in Nordhausen 1300 Menschen nacheinander einen kleinen Korn.

Die größte **kletternde Fuchsie** besitzt Reinhard Biehler: Sie erreichte stolze 11 Meter 40.

Der **längste Kugelschreiber** ist 3 Meter 33 lang und wiegt 8 Kilogramm. Gebaut hat ihn 2005 Olaf Fügner.

Der **teuerste Serienwagen** ist der Mercedes-Benz CLK/LM. Als er 1997 auf den Markt kam, kostete er umgerechnet etwa 914 000 Euro. Spitzengeschwindigkeit: 320 Stundenkilometer, Beschleunigung in 3,8 Sekunden von 0 auf 100.

Das **schwerste Motorrad** hat Tilo Niebel im November 2007 vorgestellt: Das Panzerbike der Harzer Bike-Schmiede wiegt 4,749 Tonnen, ist 5 Meter 28 lang, 2 Meter 29 hoch und wird von einem Panzermotor angetrieben.

Das **älteste mechanisch gedruckte Buch** ist die Gutenberg-Bibel, die 1455/1456 in Mainz gedruckt wurde.

Den **schnellsten Fallschirmsprung** im freien Fall (5,18 Sekunden) absolvierte Marco Pflüger am 15. September 2007 über Eisenach.

In einer Schempp-Hirth Nimbus 4 DM erreichte Klaus Ohlmann am 22. Dezember 2006 mit 306,8 Stundenkilometern die **höchste Geschwindigkeit eines Segelflugzeugs**.

15. Jahrhundert

In der Endphase des Spätmittelalters stehen Humanismus und der Beginn der Renaissance für die Sehnsucht der Menschen nach religiöser und geistiger Erneuerung und die bewusste Abkehr vom primitiven Mittelalter sowie die Rückbesinnung auf die edlen Werte und Normen der griechischen und römischen Antike.

1410	König Sigismund von Luxemburg wird deutscher König.
1414	Das **Konstanzer Konzil** unter König Sigismund eint die zerrissene katholische Kirche und setzt die drei verfeindeten Päpste ab. Martin V. wird Papst.
1438	Herzog Albrecht von Österreich wird deutscher König. Damit beginnt der Aufstieg der **Habsburger Kaiserdynastie**.
1447	**Johannes Gutenberg** erfindet den Buchdruck mit beweglichen Metalllettern und bricht damit das Informationsmonopol der Kirche.
1452	Friedrich III. wird zum Kaiser gekrönt.
1486	Friedrichs III. Sohn Maximilian wird deutscher König.
1487	Heinrich Krämer, ein Dominikaner, schreibt den sogenannten **Hexenhammer**, ein Regelwerk für die systematische Verfolgung und Vernichtung vermeintlicher Hexen und Zauberer.
ab 1492	Durch Christoph Kolumbus' Entdeckung Amerikas entsteht ein vollkommen neues Weltbild.
ab 1490	Verdrängung des Rittertums durch Fußtruppen und Handfeuerwaffen.
ab 1493	Die Infektionskrankheit **Syphilis** breitet sich von Spanien aus.
1495	Maximilian I. von Habsburg verbietet durch Erlass des »Ewigen Landfriedens« Fehden (Selbstjustiz) und übergibt die Rechtsprechung an Reichskammergerichte.

Architektur
1410	Bremer Rathaus

Kunst
1471–1528	Albrecht Dürer
1460–1531	Tilmann Riemenschneider

Literatur
um 1401	Heinrich Wittenwiler (Lebensdaten unbekannt): »Der Ring«
um 1465	Michael Beheim (1416–1474): Reimchronik
1457–1521	Sebastian Brant: »Das Narrenschiff« (1494)

Musik
Meistersang und Fastnachtsspiel: Wichtige Vertreter sind Hans Rosenplüt und Hans Folz.

Alltag/Gesellschaft

Das Regelwerk »Hexenhammer« gießt Öl in das Feuer des Hexenwahns. Das lateinische Wort für Frau (femina) sei angeblich aus fides (Glaube) und minus (weniger) entstanden. Falsche Geständnisse werden durch Folter erpresst, Hexenproben enden oft mit dem Tod. Die Blütezeit der Hanse bricht an.

Paartanz und Fußbodenheizung. Erste Müllhalden außerhalb der Stadtgrenzen werden ebenso angelegt wie erste öffentliche Toiletten innerhalb der Stadtmauern. Fast alle Gebäude sind aus Holz, was den Wald rasch schwinden lässt. Feuersbrünste und Krankheiten erschweren das Stadtleben. Die Städte stellen Ärzte und Apotheker an. In Siechenhäusern vor den Toren der Stadt warten die Pest- und Leprakranken auf ihr Ende.

Am Ende des 15. Jahrhunderts gibt es in Deutschland rund 3000 Städte. Davon haben nur etwa 15 mehr als 10 000 Einwohner, etwa 20 zwischen 2000 und 10 000. Nur 10 bis 15 Prozent der Bevölkerung (von etwa 12,5 Millionen) leben in den Städten. Humanisten treiben die Bildung voran und kritisieren die Kirche, was den Boden für die Reformation bereitet.

Essen

Ein Großteil der Bevölkerung ernährt sich überwiegend von schmalen Rationen an Roggen- und Weizenbrot. Wer es sich leisten kann, brät sich dazu ein Stück Ochsenfleisch, hält sich zudem Rinder und Geflügel.

Mode

Hörnerhauben oder Kruseler (Schleier mit eingekräuselten Kanten), V-Ausschnitte und hochgegürtete Taillen bei den Frauen. Schecken (kurze Jacken) und enge Oberhosen für die Männer.

Erfindungen/Neuerungen

Gutenbergs (ca. 1400–1468) Erfindung des Buchdrucks (Druck mit beweglichen Lettern) ermöglicht die Verbreitung von Schriften. In Esslingen wird 1430 das erste Kaufhaus, das Steuerhaus, eröffnet mit Warenhalle und Bürgersaal.

Bedeutende Persönlichkeiten

1401 Die Vitalienbrüder Klaus Störtebeker und Godeke Michels, Seeräuber auf Nord- und Ostsee, werden in Hamburg enthauptet.

1435 Agnes Bernauer wird als Hexe in der Donau bei Straubing ertränkt. Den Befehl gibt der bayerische Herzog Ernst, der die Verbindung der Bernauerin mit seinem Sohn Albrecht für nicht standesgemäß hält.
Nicolaus Cusanus (1401–1464), Philosoph, Theologe, Mathematiker und einer der ersten deutschen Humanisten.

Welche Namen wir tragen

Die häufigsten Nachnamen in Deutschland

1. Müller	5. Meyer,	9. Schulz	15. Klein
2. Schmidt,	Meier, Mayer,	10. Hoffmann	16. Schröder
Schmitt,	Maier	11. Schäfer	17. Wolf
Schmid	6. Weber	12. Koch	18. Neumann
3. Schneider	7. Wagner	13. Bauer	19. Schwarz
4. Fischer	8. Becker	14. Richter	20. Zimmermann

Die häufigsten Einträge in Deutschlands Telefonbüchern lauten auf den Namen Wolfgang Müller.

Übrigens: Familiennamen, die ursprünglich nach dem Berufsstand vergeben wurden, zeigen bis heute Zusammenhänge mit der berufsspezifischen Körperstruktur. Eine Untersuchung aus dem Jahr 1980, die Männer namens Schmidt und Schneider nach Größe und Gewicht verglich, ergab, dass die *Schmidts* im Durchschnitt 2,4 kg schwerer und 0,7 cm größer sind als die Männer mit dem Nachnamen Schneider. Auch im Sport beweist sich noch heute diese Korrelation: Spitzensportler namens Schmidt finden sich häufiger in Sportarten der Schwerathletik, bei denen Größe, Gewicht und Stämmigkeit von Vorteil sind, während viele Leichtathleten und Langstreckenläufer den Nachnamen Schneider tragen.

Nachnamensrecht

Bis zum 1. Juli 1976 mussten Frauen nach der Heirat den Nachnamen ihres Ehemannes annehmen. Der Mädchenname konnte zwar ab 1957 angehängt werden, ein gemeinsamer Ehename war jedoch verpflichtend. Seit 1994 sind Doppelnamen in beliebiger Reihenfolge, die Beibehaltung der Geburtsnamen und die gegenseitige Übernahme eines Nachnamens möglich. Festgelegt werden muss allerdings ein verbindlicher Familienname für alle gemeinsamen Kinder.

Bis heute übernehmen nur äußerst selten die Männer den Namen ihrer Frau, und nur um die 12 Prozent der Eheleute behielten im Jahr 2006 ihre jeweiligen Geburtsnamen. Bei 75 Prozent der Eheschließungen ist nach wie vor der Nachname des Mannes als Ehename üblich.

Im Scheidungsfall behalten die Kinder den Familiennamen, die Mutter kann sich dagegen zwischen ihrem Mädchennamen und dem gemeinsamen Familiennamen entscheiden.

Vornamen

Im Wesentlichen haben die traditionellen deutschen Vornamen christlichen Ursprungs in den alten Bundesländern immer die vorderen Plätze der Beliebtheitsskala belegt. In der ehemaligen DDR kamen außerdem ausländische Vornamen wie Ronny, Rene, Mike, Henry, Sandro, Mario, Sandy, Mandy oder Peggy in größerer Zahl dazu. Russische Namen, außer Anja, Tanja und Sascha, waren eher selten. Heute haben sich die Vorlieben in Ost und West weitgehend angepasst.

Die 10 häufigsten Mädchennamen in Deutschland

1900	1935	1965	1980	2007
Anna	Helga	Sabine	Julia	Marie
Frieda	Ingrid	Petra	Katrin	Sophie
Martha	Ursula	Claudia	Melanie	Maria
Maria	Gisela	Susanne	Stefanie	Anna
Emma	Christa	Martina	Sandra	Leonie
Marie	Inge	Andrea	Anja	Lena
Elisabeth	Karin	Anja	Nadine	Johanna
Bertha	Renate	Birgit	Nicole	Charlotte
Margarethe	Gerda	Bettina	Christina	Hanna
Gertrud	Erika	Christine	Daniela	Sophia

Die 10 häufigsten Jungennamen in Deutschland

1900	1935	1965	1980	2007
Wilhelm	Hans	Thomas	Christian	Leon
Karl	Günter	Michael	Michael	Maximilian
Heinrich	Horst	Andreas	Sebastian	Alexander
Hermann	Klaus	Stefan	Stefan	Paul
Friedrich	Karl	Frank	Jan	Luca
Paul	Peter	Torsten	Daniel	Lucas
Otto	Werner	Jörg	Martin	Felix
Ernst	Dieter	Ralf	Dennis	Elias
Hans	Heinz	Mathias	Alexander	David
Walter	Gerhard	Christian	Thomas	Jonas

Ein Volk – ein Fakt: Die Wahl der Vornamen ist heute so vielfältig, dass nur jeder hundertste neugeborene Junge den Lieblingsnamen Leon trägt.

Vornamensrecht

Das Vornamensrecht in Deutschland ist nicht gesetzlich, sondern nur durch eine Dienstanweisung für Standesbeamte geregelt. Es liegt dann im Ermessen des Standesbeamten, zu beurteilen, ob der Vorname seriös ist und den Richtlinien eines deutschen Vornamens entspricht oder ob zu befürchten ist, dass durch die Namenswahl das Persönlichkeitsrecht des Kindes verletzt werden könnte. Maximal dürfen nur 5 bis 7 Vornamen vergeben werden. Ein Zweitname für Vornamen wie Kim oder Pascale, die nicht eindeutig geschlechtsspezifisch sind, ist seit einem Gerichtsbeschluss aus dem Jahr 2006 nicht mehr zwingend.

Grundsätzlich sind in Deutschland aber Markennamen, Adelstitel, geographische Namen, Kosenamen, sowie Familiennamen nicht zulässig. Ausnahmen können erteilt werden, wenn die Vornamen bereits in anderen Ländern etabliert sind, wie Orlando oder Chayenne. Auch Jesus kann ein Kind getauft werden, weil der Name in Südamerika absolut gängig ist. Ob Sie also mit Ihrem Traumnamen Paris, Ariel, Eagle-eye oder Petterson durchkommen, hängt zunächst nur vom persönlichen Geschmack des zuständigen Standesbeamten ab.

Wenn Sie einen ausgefallenen Namen für Ihr Kind durchsetzen wollen, können Sie sich Unterstützung bei der Namensforschungsstelle oder bei der Gesellschaft für Deutsche Sprache einholen oder Ihr Glück vor Gericht versuchen.

Folgende Namen etwa wurden durch Gerichtsentscheid eintragungsfähig: Fanta, Pumuckl, Sunshine, Godot, November, Jazz, Windsbraut und Birkenfeld.

Vom Gericht abgelehnt wurden dagegen u. a.: Borussia, Lord, Cezanne, Moewe, Pfefferminze, Puschkin, Verleihnix und Woodstock.

Ein Volk – ein Fakt: Im 16. Deutschen Bundestag (2005–2009) heißen die meisten Männer Peter, in der Bundesliga kicken zurzeit hauptsächlich Christians.

16. Jahrhundert

Die Zeit der Renaissance, des Beginns der frühen Neuzeit. Städte und Bürgertum werden immer einflussreicher. Humanismus und ein fortschrittlicheres geistiges Klima breiten sich in Deutschland aus. An der Spitze des Reiches steht der König. Seine Macht verdankt er der Wahl der Kurfürsten. Ihm gebührt gleichzeitig die höchste Krone der Christenheit, die römische Kaiserkrone.

1502 Ein geplanter Aufstand der Bauern und Leibeigenen wird verraten, und die Beteiligten werden grausam bestraft.

1508 Maximilian I. wird Kaiser. Die mächtigen Kurfürsten sichern sich dafür Privilegien (z. B. Unteilbarkeit ihrer Gebiete, Münz- und Bergwerkrecht).

1514 Bauernaufstand in Württemberg wird blutig niedergeschlagen.

1517 Beginn der Reformation: **Martin Luther** veröffentlicht seine 95 Thesen, in denen er die Unfehlbarkeit des Papstes in Frage stellt und die Inquisition und den **Ablasshandel** kritisiert.

1519 Maximilian I. stirbt. Sein Enkel Karl V. (König von Spanien) erhält die Reichskrone mit der finanziellen Hilfe der reichen Fugger.

1520 Luther wird vom Papst mit dem Bann belegt.

1521 Martin Luther vertritt seine Thesen vor dem Reichstag zu Worms. Er widerruft nicht. Über ihn wird die Reichsacht verhängt, er gilt

als vogelfrei und flieht auf die Eisenacher **Wartburg**, wo er damit beginnt, die Bibel ins Deutsche zu übersetzen.

1524	Deutscher **Bauernkrieg**.
1525	Der Augsburger **Jakob Fugger** (1459–1525), unter dem die Fugger zu einer der bedeutendsten Handels- und Bankiersdynastien Europas wurden, stirbt. Er finanzierte mit seinem enormen Reichtum ganze Kriege und Königswahlen.
1531	Karl V. bekämpft den Bund der Protestanten.
1552	Aufstand der Fürsten gegen Karl V.
1555	Augsburger **Religionsfrieden**: Die Ergebnisse der Reformation werden anerkannt. Jeder Fürst darf für sein Gebiet die Religion frei wählen. Auf ein einheitliches religiöses Bekenntnis im Reich wird verzichtet.
1556	Karl V. dankt ab. Sein Bruder Ferdinand I. wird Kaiser.
ab 1564	**Gegenreformation**: Die römisch-katholische Kirche versucht, den sich etablierenden Protestantismus zu verdrängen.
1564	Ferdinands I. Sohn Maximilian II. wird Kaiser.
1576	Maximilians II. Sohn Rudolf II. wird Kaiser.
1580	Die Hexenverfolgung erreicht einen Höhepunkt.
1582	Papst Gregor XIII. führt den **gregorianischen Kalender** ein, der bis heute in vielen Teilen der Welt gilt.

Architektur

1556–1559	Ottheinrichsbau des Heidelberger Schlosses.

Kunst

1447–1533	Veit Stoß (Englischer Gruß)
1471–1528	Albrecht Dürer (Feldhase, Betende Hände)
1472–1553	Lucas Cranach (Martin Luther, Katharina von Bora)
1475–1528	Matthias Grünewald (Isenheimer Altar)
1497–1543	Hans Holbein (Jane Seymour)
1484–1545	Hans Baldung (Amor mit Pfeil)

Literatur

1509	»Fortunatus«, der erste deutsche Prosaroman (Verfasser unbekannt)
1510	Das Volksbuch »Till Eulenspiegel« von Hermann Bote
1554	»Der jungen Knaben Spiegel« (1554) und »Goldfaden« (1557) von Jörg Wickram
1558	Der Meistersinger und Dichter Hans Sachs verfasst mehr als 4000 Lieder, rund 100 Tragödien und Komödien und 85 Fastnachtsspiele.

Alltag/Gesellschaft

Bauernaufstände: Die Forderungen der überwiegend süddeutschen Bauern werden auch als erste Menschenrechtserklärung der Welt betrachtet. Das Heilige Römische Reich Deutscher Nation war in zahlreiche kleine Feudalherrschaften zersplittert, die ihren Bauern kaum genug zum Leben ließen. Weit über 100 000 Bauern, die mit Sensen und Dreschflegeln nur unzureichend bewaffnet waren, starben auf den Schlachtfeldern. Als die Aufstände 1526 niedergeschlagen waren, hatten die Bauern wenig erreicht.

Essen

Roggen- und Weizenbrot, Hirsebrei, Nüsse, Lauch, Zwiebeln, Bohnen, Erbsen, Rüben, Kohl für die Bauern und nicht so Wohlhabenden. Wildbret, Käse und Obst für die Reichen. Honig war für die meisten das einzige verfügbare Süßungsmittel.

Mode

Wohlhabende Männer tragen waagerecht gestutzte Haare und Vollbärte unter flachen Baretts mit wallenden Federn, dazu Wämser mit langem Faltenschoß und weiten, geschlitzten Ärmeln und Kuhmaulschuhe, ihre Frauen tragen Röhrenfaltenrock mit Leibchen, Hauben in allen Varianten und betonen ihre Hüften: mit teuren Reifröcken oder dem sogenannten Weiberspeck, einem ringartigen Wulst. Immer mehr Korsetts und gesteifte Halskrausen, Schamkapseln und kegelförmige Reifröcke kommen auf. Eine hohe Stirn gilt als Ideal: der Haaransatz und oft auch die Augenbrauen werden entfernt (siehe Mona Lisa).

Erfindungen/Neuerungen

Taschenuhren, Feuerlöschwagen, öffentliche Poststrecken mit reitenden Boten, der Gold- und Silbergulden (Taler) werden eingeführt.

Bedeutende Persönlichkeiten

1470–1525 Joß Fritz, Bauernanführer
1483–1546 Martin Luther, Augustinermönch und Theologieprofessor
1497–1560 Philipp Melanchthon, Philosoph, Theologe und Humanist, Wegbereiter der Reformation neben Martin Luther und Verfasser der »Confessio Augustana« (Bekenntnis zum lutherischen Glauben)
1489–1525 Thomas Müntzer, Theologe und Revolutionär zu Zeiten der Bauernkriege (s. Abbildung)

Unsere Sprache

Deutsch gehört zur (west-)germanischen Gruppe der indogermanischen Sprache und wird von etwa 100 Millionen Menschen in Deutschland, Österreich, der deutschsprachigen Schweiz, Liechtenstein, Luxemburg, Belgien (Eupen-Malmédy), Frankreich (Elsass, Lothringen), Dänemark (Nordschleswig) und Italien (Südtirol) gesprochen. Zudem gibt es Sprachinseln in Ost- und Südosteuropa, Kanada, USA (Pennsylvaniadeutsch), Südamerika, Australien und Afrika (Namibia, Südafrika).

Deutsch ist alleinige Amtssprache in Deutschland, Österreich und Liechtenstein und gilt als eine der wortreichsten Sprachen. Der (standard-)deutsche Wortschatz wird auf etwa 500 000 Wörter geschätzt.

Ein Volk – ein Fakt: Hochdeutsch ist keine Sprache, sondern ein Ideal, so etwas wie gesprochenes Schriftdeutsch ohne Dialekt oder mundartliche Einfärbung. Diesem Ideal am nächsten ist die Mundart der Hannoveraner, das niederdeutsche Ostfälische.

Deutsche Wörter, die in andere Sprachen übernommen wurden

Ahnentafel, Alpenglühen, Angst, Arbeit, Autobahn, Besserwisser, Biergarten, Bildungsroman, Blitzkrieg, Bratwurst, Butterbrot, Dachshund, Doppelgänger, Dummkopf, Edelweiß, Ehrgeiz, Eisberg, fertig, Fingerspitzengefühl, Gemütlichkeit, Glockenspiel, Götterdämmerung, Hamster, Hausfrau, Hinterland, Jugendstil, Kaffeeklatsch, kaputt, Kindergarten, Kitsch, Knackwurst, Knödel, Koks, Kristallnacht, Lederhose, Leitmotiv, Licht, Müsli, Neandertaler, Panzer, Poltergeist, Pumpernickel, Rollmops, Rucksack, Sauerkraut, Schadenfreude, Schlafrock, Schmirgelpapier, Schnitzel, Sturm und Drang, U-Boot, verboten, Waldmeister, Waldsterben, Wanderlust, Weltschmerz, Wunderkind, Zeitgeist, Zeitnot, Zickzack

Deutsche Ausdrücke, die Nicht-Muttersprachler als seltsam empfinden

Beischlaf, Beisetzung, Klugscheißer, Krümelkacker, Landei, Leberkäs, Lückenbüßer, Lüsterklemme, Mutterkuchen, Quotenfrau, Rabenmutter, Torschlusspanik, Ulknudel. Übrigens: Nur im Deutschen gibt es ein Wort für jemanden, der in einer Kneipe nicht bezahlt (Zechpreller). Dafür gibt es im Albanischen 27 Wörter für Schnurrbärte und im Russischen ein Wort für jemanden, der mit gestohlenen Katzen handelt.

Ein Volk – ein Fakt: Die Bildung von zusammengesetzten Substantiven, sogenannten Komposita, ist eine Besonderheit der deutschen Sprache: Neue Wörter werden aus mehreren einzelnen Wörtern gebildet. Selbst Donaudampfschifffahrtsgesellschaft ließe sich noch erweitern (etwa durch »-skapitän«), was Mark Twain dazu veranlasste, 1879 in seinem Essay »Die schreckliche deutsche Sprache« von »Demonstrationszügen von Buchstaben« und »Wortgebirgen« zu sprechen.

Die schönsten deutschen Wörter

Habseligkeiten, Geborgenheit, lieben, Augenblick, Rhabarbermarmelade, Anmut, Blütenschimmer, Schlaraffenland, Frühlingserwachen, Wonneproppen, Gemütlichkeit, Wirrwarr, Augenstern, Fernweh, schlaftrunken, Purzelbaum, Himmelszelt, Regenbogenforelle, behutsam, Kinkerlitzchen, Wundertüte, Marzipankartoffel, Herbstzeitlose, Habseligkeiten, Lichtung, Sommerwind, Pusteblume, Luftikus, Anstand (aus den Einsendungen zu dem internationalen Wettbewerb »Das schönste deutsche Wort« des Deutschen Sprachrats in Zusammenarbeit mit dem Goethe-Institut, 2004). Libelle wurde »Das schönste Wort der Kinder«.

Die hässlichsten deutschen Wörter

Gör, Krücke, Blagen, Brust, Fratze, Bestuhlung, Grützbeutel, Bockwurst, Presssack, Pickelhaube, vergrätzen, Petze, Glatzkopf, Mitesser, Quasselstrippe, Pestbeule, Warze

Der deutsche Wortschatz und die häufigsten Wörter

Im Deutschen gibt es um die 400 000 Wörter des sogenannten allgemeinen Gebrauchs. Zudem gibt es rund eine Million Wörter der sogenannten Fach-Idiome. Ein überdurchschnittlich gebildeter Deutscher hat einen aktiven Wortschatz von 20 000 Wörtern. Der passive Wortschatz eines durchschnittlichen Deutschen beträgt 94 000 Wörter.

30 besonders häufige Wörter stellen im Durchschnitt 31,8 Prozent eines Textes: Die, der, und, in, zu, den, das, nicht, von, sie, ist, des, sich, mit, dem, dass, er, es, ein, ich, auf, so, eine, auch, als, an, nach, wie, im, für.
Zu den häufigsten Hauptwörtern im Deutschen gehören: Zeit, Herr, Leben, Jahr, Weise, Mann, Liebe, Hand, Mensch, Seite, Welt, Frau, Paragraph, Prozent, Berlin, Frage.

Goethes Wortschatz bestand aus rund 90 000 Wörtern, was umso bemerkenswerter ist, da zu seiner Zeit der Durchschnittswortschatz eines Menschen erheblich geringer gewesen sein muss als heute. Schiller hatte angeblich einen Wortschatz von etwa 32 000 Wörtern.
Rhetorische Wendungen, die Goethe für entbehrlich hielt: gewissermaßen, unmaßgeblich, mich deucht, ich leugne nicht, wie ich mich erinnere, nach meiner Einsicht, wie man zu sagen pflegt, warum soll ich nicht gestehen, wenn ich die Zeiten nicht verwechsle, irgendwo, zugegeben, man verzeihe mir, ohne Umschweife gesagt, verzeiht den derben Ausdruck.

Neue Wörter

Eine lebende Sprache ist ständig in Bewegung: Soziale, politische und technische Entwicklungen schlagen sich in Begriffen nieder, von denen ein Teil dann auch seinen Weg in die Lexika findet. So sind Abgeltungssteuer, Brötchentaste, E-Pass, Jobcenter, Plasmafernseher und Weblog neu im Duden.

Weitere Neuschöpfungen: Betreuungsgeld, Bundestrojaner, Cyber-Cop, Ein-Euro-Laden, Emissionsplakette, Flatrateparty, Geisterspiel, Gigaliner, Klimacent, Klimaticket, Raucherpolizei, Rudelgucken, Silver Sex, Virales Marketing.

Dialekte und Mundarten

Dialekte und Mundarten sind sogenannte nichtstandardisierte Sprachvarianten. Ein Dialekt ist nicht zu verwechseln mit einem Akzent, der lediglich durch Besonderheiten in der Aussprache gekennzeichnet ist. Seit den Zeiten der Völkerwanderungen (als die Sachsen, Alemannen, Franken, Baiern, Thüringer und andere Stämme sich ihre Gebiete suchten) teilt sich das sogenannte deutsche Sprachgebiet in verschiedene Mundart-gebiete. Die Dialekte und Mundarten stehen auch für ein Identitäts- und regionales Zugehörigkeitsgefühl und haben ganz eigene Begriffe und Wortkonstruktionen hervorgebracht.

Sprachreichtum am Beispiel der Kartoffel (Grundnahrungsmittel, von dem in Deutschland jährlich elf Millionen Tonnen angebaut werden): Da die Italiener die Kartoffel im 17. Jahrhundert zunächst für eine Art Trüffel gehalten haben, nannten sie sie *tartuffolo*. Als die Preußen und Sachsen die Knolle via Italien bekamen, nannten sie das Nachtschatten-gewächs erst *Tartuffel* und schließlich *Kartoffel*. In Brandenburg hat sich bis heute *Kartuffel* gehalten. Auf ihrem Weg in den Süden Deutschlands, in Schwaben und Bayern, wurde sie zum *Erdapfel* (*Erdbirne* gab es, hat sich aber nicht durchgesetzt). Die Rheinhessen und Pfälzer sahen in der Knolle eine *Grundbirne*, weswegen sie dort bis heute *Krumbeer*, *Grumbeer* oder *Grumbier* genannt wird. Die Badener und Oberpfälzer sprechen von *Krumbiere* oder auch von *Härdepfel* (Herdapfel). Im Erzgebirge hat man die Erdäpfel sprachlich zu *Arepl* oder *Appern* eingekocht. Im Vogtland heißen sie knapp *Knollen*, in der Oberlausitz auch *Knödeln*. Die Franken haben sich auf die alte Bezeichnung der spanischen Eroberer, *patata*, be-sonnen und sprechen besonders im Raum Nürnberg und Erlangen gele-gentlich von *Potaken*. Die Schleswig-Holsteiner essen *Kantüffeln*, die Nie-dersachsen *Toffeln*, die Saale-Anrainer gar *Pantoffeln*.

Die 5 schönsten Begriffe aus der DDR-Bürokratie

Aktendulli: Heftstreifen
Feierabendheim: Altersheim
Jahresendflügelfigur: Weihnachtsengel (vermutlich aus »Eulenspiegel«)
Sättigungsbeilage: gastronomischer Begriff für Kartoffeln, Reis, Nu-
                         deln etc.
Winkelement: Fähnchen für Großveranstaltungen (auch sarkas-
                         tisch: Jubelfetzen)

17. Jahrhundert

Frühe Neuzeit. Religions- und Machtstreitigkeiten entladen sich im Dreißigjährigen Krieg. Danach bleibt das Land ausgeblutet, zerstört und in Kleinstaaterei zerfallen zurück. Der Absolutismus bringt die Idee von der uneingeschränkten, zentralen Staatsgewalt (Paradebeispiel: Ludwig XIV.). Der üppige, seine Pracht entfaltende Barock ist das Stilideal des Absolutismus und der Gegenreformation.

1612	Rudolfs II. Bruder Matthias wird Kaiser.
1612/13	Die protestantische Union verbündet sich mit England und den Niederlanden; die katholische Liga mit dem Kaiser und Spanien.
1618	Ferdinand II. wird Kaiser.
1618	**Prager Fenstersturz**: Protestanten werfen aus Protest gegen die katholikenfreundlichen Habsburger zwei Regierungsmitglieder aus dem Fenster der Prager Burg.
1618	Der **Dreißigjährige Krieg** beginnt, nachdem es wegen Auseinandersetzungen um Religion und Macht bereits 20 Kriege im Europa des 17. Jhs. gab.
1625	Der böhmische **Graf Albrecht von Wallenstein** (1583–1634) wird Oberbefehlshaber des kaiserlichen Heeres von Ferdinand II.
1627	Die Armeen Wallensteins und des Feldherrn **Johann von Tilly** stoßen bis Jütland vor. Mai 1631 Belagerung und Zerstörung Magdeburgs. Mehr als 20 000 Tote.
1634	Der Kaiser lässt Wallenstein in Eger ermorden, weil er ihm zu (eigen-)mächtig geworden ist.
1648	Ende des Dreißigjährigen Kriegs; **Westfälischer Friede** zu Münster und Osnabrück: Die einzelnen Herrscher erhalten die Macht, jeweils in ihrem Territorium über die Religion zu bestimmen.
ab 1648	Die Angst vor **Hexen** und Zauberern eint die verfeindeten Protestanten und Katholiken und wird zu einem Massenwahn.
ab 1649	Die deutsche Kleinstaaterei beginnt. Es gibt große Flächenstaaten wie Bayern und Sachsen, aber auch etliche eigenständige Städte mit wenigen tausend Einwohnern.
1658	Mainz, Köln, Braunschweig-Lüneburg, Frankreich und Schweden schließen sich zum »Rheinbund« zusammen.

ab 1650	Fürstenstaaten, Territorialherrscher und Rheinbund gewinnen gegenüber dem Heiligen Römischen Reich deutscher Nation an Macht.
1681	Straßburg wird von Frankreich annektiert.
ab 1685	**Hugenotten** (französische Protestanten) fliehen nach der Aufhebung des Edikts von Nantes (Sonderrechte) ins Reich.

Architektur

1605–1614	Schloss Johannisburg/Aschaffenburg, Baumeister Georg Ridinger
1615–1624	Augsburger Rathaus (rechts), Stadtbaumeister Elias Holl, Renaissancebauten, ab 1650 Hochbarock

Kunst

1578–1610	Adam Elsheimer
1597–1631	Johann Liss

Literatur

1632	Auf der Buchmesse in Leipzig werden erstmals mehr Bücher vorgestellt als in Frankfurt am Main. Bis 1945 bleibt Leipzig das Zentrum des deutschen Buchhandels.
1668	Hans Jacob Christoffel von Grimmelshausen (Schelmenroman »Der Abentheuerliche Simplicissimus Teutsch«). Lyrik von Christian Hoffmann von Hoffmannswaldau (1616–1679), Paul Fleming (1609–1640) und Andreas Gryphius (1616–1664)

Musik

Bedeutendster Komponist: Heinrich Schütz (1585–1672), vor allem geistliche Werke, Vokalmusik. Tanz: steife Gruppentänze.

Alltag/Gesellschaft

Im Dreißigjährigen Krieg werden ganze Landstriche zerstört, geplündert und entvölkert. Weit mehr Menschen, nämlich etwa ein Drittel der Bevölkerung, sterben an Seuchen, Hunger und durch Übergriffe der Söldner als im Kampf.

Während die katholische Kirche die Macht der Klöster und Kirchenoberen betont, werden das bescheidene, selbstlose evangelische Pfarrhaus und seine Bewohner zum Vorbild für die Gemeinschaften, Familien und Gemeinden.

Hexenverfolgung: In der Rhein-Main-Mosel-Region, in Bamberg, Würzburg, Mainz und Köln werden besonders viele Männer und Frauen gefoltert und verbrannt.

Vor allem im Textilgewerbe entstehen ab 1670 zahlreiche Manufakturen mit Lohnarbeitern und rationalisierter Arbeitsteilung.

Essen

Die Armen essen fast nur Hafergrütze, Mehlsuppen und Brot. Die Wohlhabenden haben Fleisch und Geflügel, kochen Nüsse und Gemüse zu dicken Pasten, trinken gewürzten Wein und zuckern bis ca. 1650 alle Hauptgerichte. Erst später wurde Zucker nur noch für Nachspeisen verwendet.

Mode

Bis 1620 nach spanischem Vorbild bevorzugt schwarze, steife Pluder-Kniebundhose, Stulpenstrümpfe. Da die »spanischen Trachten« sehr hohe Kragen haben, bevorzugen Männer kurze Haare. Die Frauen kämmen sie nach oben und befestigen sie an einem Drahtgestell. Nach 1650 dominiert bei den Damen der Queroder Rundscheitel. Locken oder Ponyfransen bedecken die Stirn. Bei den Männern kommen Lockenköpfe und Spitzbärte in Mode. Die Kleidung wird wieder weiter.

Als Mantel dient die »Schaube«. Sie ist weit geschnitten und reicht bis zum Knie. Die Ärmel der Schaube gibt es geschlitzt, lang oder kurz gebauscht.

Erfindungen/Neuerungen

1608	Hans Lipperhey erfindet das Fernrohr.
1609	Der Astronom Johannes Keppler veröffentlicht seine Erkenntnisse zu den Planetenbahnen.
1649	Der »Große Kurfürst« Friedrich Wilhelm I. von Brandenburg eröffnet den ersten öffentlichen und lückenlosen Postdienst von Memel über Königsberg, Berlin und Bielefeld bis nach Kleve, eine Strecke von 1500 Kilometern.
1650	Die erste deutsche Tageszeitung erscheint in Leipzig.
1678	Das erste deutsche Opernhaus, die Oper am Gänsemarkt, wird in Hamburg eingeweiht.

Bedeutende Persönlichkeiten

Gottfried Wilhelm Leibniz (1646–1716), Philosoph und Universalgelehrter, hat 1667 etwa gleichzeitig mit Isaac Newton die Differenzialrechnung entwickelt und 1686 die Integralrechnung begründet.

35 Sätze, die jede(r) Deutsche schon mal gehört hat

»Ich bin mal gespannt, wie die Tätowierungen aussehen, wenn die Leute alt sind.«

»Ich schau mir Harald Schmidt nicht mehr an. Er war früher einfach besser.«

»Wenn man in der Bahn den Gesprächen zuhört, dann fragt man sich wirklich, was die Leute für einen Blödsinn erzählen.«

»Wenn das Benzin wirklich ausgehen würde, dann würden die Automobilkonzerne auch schnell auf andere Energiequellen umstellen.«

»Der deutsche Wein ist besser als sein Ruf.«

»Ich sehe schrecklich aus auf dem Bild in meinem Führerschein.«

»Heute sehen alle Fußgängerzonen gleich aus.«

»Ich kann gar keinen Unterschied feststellen zwischen SPD und CDU.«

»Mich nerven diese Radiomoderatoren in der Früh.«

»Ich möchte gar nicht überall erreichbar sein.«

»Ich glaube nicht an Gott, aber ich glaube schon, dass es etwas gibt, das wir uns nicht erklären können.«

»Dieses Jahr schenken wir uns nichts zu Weihnachten.«

»Da wäre auch noch ein Parkplatz gewesen.«

»Du wärst bestimmt ein guter Vater.«

»Das kann ich von der Steuer absetzen.«

»Ich vertrage wirklich überhaupt nichts mehr.«

»Dem kann man nichts schenken, der hat schon alles.«

»Das hat bei Stiftung Warentest aber ›sehr gut‹ bekommen.«

»Sollen die Ohren frei bleiben?«

»Ich hab das auch, das ist von IKEA, oder?«

»Was denkst du gerade?«

»Ich war schon ewig nicht mehr bei McDonalds.«

»Ich stehe voll auf britischen Humor.«

»Am meisten vermisse ich das deutsche Brot.« (Auswanderer)

»Das Hinterland von Mallorca ist schöner, als man denkt.«

»Mein Computer kann viel mehr, als ich überhaupt nutzen kann.«

»Kinofilme schau ich mir eigentlich nur im Original an.«

»Man müsste mal in Osteuropa Urlaub machen.«

»Irgendwie war es früher schöner, als es noch die analoge Fotografie gab.«

»Es gibt auch anspruchsvolle Computerspiele.«

»Gottschalk macht doch auch immer die gleichen Witze.«

»Verona Pooth ist gar nicht so dumm, wie sie tut.«

»Ich finde diese ewigen Cappuccino- und Latte-Macchiato-Trinker total peinlich. Die Italiener trinken nur Espresso.«

»Es ist unglaublich, dass schon im Oktober Nikoläuse in den Schaufenstern stehen.«

»Ich möchte gar nicht überall erreichbar sein.«

18. Jahrhundert

Die Moderne beginnt in Europa mit dem Jahrhundert des Absolutismus und der Aufklärung. Zunächst herrscht noch der Adel, aber die Französische Revolution wirkt sich aus: Das Bürgertum gewinnt an Geld und politischem Einfluss, die Wirtschaft wird liberaler, die industrielle Revolution wirft ihre Schatten voraus.

1709 König Friedrich I. macht Berlin (57 000 Einwohner) zur Haupt- und Residenzstadt Preußens.

1710 Gottfried Wilhelm Leibniz erklärt in seiner zweibändigen »Theodizee« das Böse in der Welt mit dem Umstand, dass Gott allein vollkommen sei und deswegen mit der Welt nur etwas Unvollkommenes habe schaffen können.

1717 Die Weihnachtsflut an der Nordsee fordert rund 11 500 Menschenleben.

1730 Kronprinz Friedrich, der spätere König **Friedrich II.**, musisch interessiert, versucht vor seinem kulturell freudlosen, unnachgiebigen Vater, dem sogenannten Soldatenkönig Friedrich Wilhelm I. von Preußen, zu fliehen. Er wird gefasst und vom eigenen Vater vor ein Kriegsgericht gestellt. Das Gericht verurteilt Friedrichs Freund und Fluchthelfer, Leutnant Hans Hermann von Katte, zum Tode.

1731 Der Reichstag erlässt die Reichshandwerksordnung: Unabhängigkeit und Freiheiten für Zünfte und Handwerk.

bis 1740 Verdoppelung des preußischen Heeres auf 80 000 Soldaten. Die Staatsausgaben bestehen zu zwei Dritteln aus Armeekosten. Die männlichen Kinder werden schon bei der Geburt in Rekrutierungslisten eingetragen.

1740 Regierungsantritt **Friedrichs II.**, der Preußen durch zahlreiche Eroberungsfeldzüge zur Großmacht macht.

1754 Dorothea Erxleben wird als erster deutscher Frau der Doktortitel der Medizin verliehen.

1763 Der Frieden von Hubertusburg beendet den **Siebenjährigen Krieg** zwischen Preußen und Österreich, Russland, Frankreich.

1771/72 Hungersnot, woraufhin der **Kartoffelanbau** staatlich gefördert wird.

1775 Die letzte vermeintliche Hexe, Anna Schwegelin, wird in Kempten im Allgäu wegen angeblicher Teufelsbuhlschaft verbrannt.

1779 Friedrich II. erklärt die Gleichheit aller Untertanen vor dem Gesetz, was ihm den Beinamen »nordischer Salomo« einbringt.

1786 Friedrich II. stirbt. Sein Neffe Friedrich Wilhelm II. folgt ihm auf den Thron.

1789 Beginn der **Französischen Revolution**.

1794 Das erste moderne Gesetzbuch Deutschlands, das Preußische Allgemeine Landrecht, tritt in Kraft. Es enthält bereits Ansätze des Rechts auf Ausbildung und verbietet jede »Sklaverey«.

Architektur

bis 1720	Hochbarock, 1720–1770 Rokoko, ab 1770 Klassik
1719	Matthäus Daniel Pöppelmann vollendet den Dresdner Zwinger (oben).
1720	Bau der Würzburger Residenz (Glanzstück des Barock) von Balthasar Neumann
1747	Das Potsdamer Schloss Sanssouci wird vollendet.
1754	Wieskirche (Oberbayern); streng geometrische Stadt- und Gartenanlagen (z. B. Mannheim, Karlsruhe)

Kunst

Gebrüder Asam (Kirchenmaler und Stuckateure des Hochbarock und Rokoko); Balthasar Permoser (Skulpturen für den Dresdener Zwinger); Johann Friedrich August Tischbein (1786 entstand das berühmte Gemälde von Goethe als Reisender in der römischen Campagna); Andreas Schlüter (erschafft ab 1701 das Bernsteinzimmer).

Literatur

1729–1781	Gotthold Ephraim Lessing
1749–1832	Johann Wolfgang v. Goethe
1759–1805	Friedrich Schiller
1744–1803	Johann Gottfried Herder
1751–1792	Jakob Michael Reinhold Lenz
1733–1813	Christoph Martin Wieland
ab 1798	Lesen wird zunehmend zum bürgerlichen Zeitvertreib und ist nicht mehr nur den Wissenschaftlern vorbehalten.

Musik

Oper und Orgelmusik. Das auf Streichinstrumenten aufgebaute Orchester wird durch Blasinstrumente ergänzt.
Komponisten: Georg Philipp Telemann, Johann Sebastian Bach, Georg Friedrich Händel. Mit dem Tod Johann Sebastian Bachs 1750 endet die musikalische Epoche des Barock. Von 1780 bis 1828 folgt die Wiener Klassik (Mozart, Haydn, Beethoven).
Tanz: Menuette.

Alltag/Gesellschaft

1715–1788: Das sogenannte »Jahrhundert des Absolutismus und der Aufklärung«. Die Monarchen herrschten selbstgerecht und prunkvoll, bis die Französische Revolution die europäische Gesellschaftsordnung erschütterte. Die Aufklärer wollten die Menschen aus der geistigen und politischen Bevormundung befreien. »Habe den Mut, dich deines eigenen Verstandes zu bedienen!«, formuliert der Königsberger Gelehrte Immanuel Kant den Kerngedanken der Aufklärung. Es war der Beginn der modernen Welt, in der Standesdenken und religiöse Zwänge von sozialen Errungenschaften und der Freiheit des Einzelnen geschwächt wurden.

Kinder wurden bis ins 18. Jahrhundert generell als kleine Erwachsene angesehen. Mehr als ein Drittel der Kinder stirbt vor Erreichen des zehnten Lebensjahres. Gründe sind meist mangelhafte Hygiene, fehlende ärztliche Versorgung und Unterernährung. Die wenigsten besuchten regelmäßig eine Schule. Doch 1717 kommt es zur Einführung der allgemeinen Schulpflicht für Kinder auch in Preußen, die in Sachsen-Gotha bereits seit 1642 bestand; Bayern folgt erst 1802.

Ab 1792 befürchten Preußen und andere Mächte Unruhen wegen der Französischen Revolution und lassen sich auf einen Krieg mit Frankreich ein. Zehn Prozent der Bevölkerung gehören Adel und Klerus an, 90 Prozent der Bevölkerung sind Bürger und Bauern. Der Unterschied zwischen Stadt- und Landvolk wird größer.

Essen

Die Armen essen Kartoffeln, Kraut, Rüben, Erbsen, Linsen, in Hungerzeiten werden Gras, Blätter und Unkrautsamen vermahlen und verkocht.

Mode

Spitzbart, kunstvolle Perücken nach französischem Vorbild, riesige Aufbaufrisuren, stark ausgeschnittene, lange Kleider. Kleider werden selten gewechselt und selten gewaschen. Haare verkümmern unter den Perücken. Wasser gilt als ungesund. Parfums ersetzen das Bad. Im Alltag tragen Frauen Hauben, beim Ausgehen Mantillen und Fransentücher über der Schulter.

Erfindungen/Neuerungen

1708   Johann Friedrich Böttger und Ehrenfried von Tschirnhaus erfinden das Porzellan, zwei Jahre später gründet der sächsische Kurfürst August der Starke die erste Porzellanmanufaktur in Meißen.

1710   Gründung der Charité aufgrund der Pestwelle. In Ostpreußen stirbt ein Drittel der Bevölkerung.

ab 1713   Ausbau des Volksschulwesens und einer effizienten Verwaltung (Beamtentum) in Preußen.

1725   Die erste Frauenzeitschrift erscheint: »Die vernünftigen Tadlerinnen«. Es geht um Mode, Kindererziehung und Haushalt. Zweck ist die Bildung von Geschmack und Bestand bei den Damen des immer wichtiger werdenden Bürgertums.

1737   In Hamburg wird die erste Freimaurerloge gegründet.

1738   Die erste Kontaktanzeige erscheint in den »Franckfurter Frag- und Anzeigsnachrichten«.

1747   Der Geistliche Johann Julius Hecker gründet in Berlin die erste Realschule.

1772   In Sachsen wird das erste Papiergeld ausgegeben.

1791   Das Brandenburger Tor wird eingeweiht.

1792   Der Englische Garten in München wird eröffnet.

1794   Der Mechaniker Johann Lorenz Böckmann richtet die erste deutsche Telegraphenlinie in Karlsruhe ein. Markgraf Karl Friedrich von Baden bekommt die erste Nachricht: Geburtstagsglückwünsche.

Bedeutende Persönlichkeiten

1695–1723   Johann Christian Günther, deutscher Lyriker

1761–1819   August von Kotzebue, Schriftsteller und Dramatiker

1763–1825   Jean Paul, bedeutender Romancier

1789–1786   Moses Mendelssohn, deutsch-jüdischer Philosoph

1769–1859   Alexander von Humboldt, Naturforscher (rechts)

1717–1768   Johann Joachim Winckelmann, Archäologe und Kunsthistoriker

1724–1804   Immanuel Kant, Philosoph und Aufklärer

Unsere Gesellschaft

Religionszugehörigkeit

(Anteil an der deutschen Bevölkerung in Prozent, bis 1990 nur West-deutschland)

Religion	1950	1970	1990	2007
Evangelisch	50,6	49,0	36,9	30,2
Römisch-katholisch	45,8	44,6	35,4	31,0
Muslimisch	–	1,3	3,7	4,2
Konfessionslos	–	3,9	22,4	32,8
Sonstige	3,6	1,2	1,6	1,8

Ordensgemeinschaften

Ende 2007 gab es in Deutschland 5204 Ordensmänner in 509 Klöstern von 64 verschiedenen Ordensgemeinschaften. Die meisten dieser Orden leben nach den Regeln des heiligen Benedikt. In den letzten 30 Jahren ging die Zahl der Ordensbrüder um 53 Prozent zurück. Über die Hälfte der Glaubensbrüder ist heute über 65 Jahre alt. 2007 gab es immerhin 103 Neuzugänge, und 38 Ordensmänner erhielten die Priesterweihe.
Bei den Frauenorden ist die Mitgliederzahl in Deutschland um ein Vielfaches größer: Es gibt ca. 23 200 Ordensfrauen, die in etwa 1724 Klöstern leben. 81 Prozent der Schwestern sind bereits über 65 Jahre. Im Jahr 2007 freuten sich die Orden über 127 Novizinnen. Über 100 waren es die letzten Jahre dann meist nie gewesen.

Moscheen

Rund 2500 Moscheegemeinden gibt es in Deutschland. Ungefähr 200 von ihnen verfügen über ein repräsentatives Gotteshaus. Die meisten davon wurden in den letzten zehn Jahren errichtet. Etwa 120 weitere sind in Planung.

Synagogen

Heute gibt es in Deutschland wieder ca. 110 jüdische Gemeinden, die ihren Glauben in rund 100 Synagogen praktizieren. Allein in der Reichspogromnacht vom 9. 11. 1938 wurden rund 1400 Synagogen zerstört, bis Kriegsende waren es insgesamt mehr als 2200.

Deutsche Haushalte

Durch die abnehmenden Kinderzahlen, die zunehmenden Trennungen und die vielen alleinstehenden Rentner werden Deutschlands Haushalte zahlenmäßig immer kleiner. Die Einpersonenhaushalte sind mit fast 40 Prozent mittlerweile die häufigste Haushaltsform.

2007 lebte fast die Hälfte (46 Prozent) aller 24-jährigen Männer noch bei den Eltern. 14 Prozent der 30-jährigen und 4 Prozent der 40-jährigen unverheirateten Söhne blieben im Hotel Mama.

Eheschließungen und Scheidungsrate

Jede dritte Ehe wird heute in Deutschland geschieden – Tendenz steigend! Die wenigsten Ehepaare trennen sich in den ersten beiden Ehejahren. Danach steigt die Scheidungsrate kontinuierlich an und findet ihren vorläufigen Höhepunkt im sechsten und nicht etwa im sprichwörtlichen verflixten siebten Jahr. Danach nimmt sie bis zum 16. Ehejahr wieder ab. Bei Paaren mit Kindern schnellt die Zahl der Trennungen danach bis zum 20. Ehejahr auf den absoluten Höchstwert, um dann in den folgenden zehn Jahren wieder abzuebben. Bei kinderlosen Ehepaaren steigt die Scheidungswelle dagegen ab dem 16. Ehejahr langsam, aber dafür stetig über die nächsten zehn Jahre an.

Die Zahl der Eheschließungen ist in Deutschland seit 1950 nahezu um die Hälfte zurückgegangen. Das durchschnittliche Heiratsalter der Ehepaare nahm dagegen kontinuierlich zu. Frauen heiraten derzeit mit 29,6 Jahren, Männer sind durchschnittlich 32,6 Jahre alt. 19 Prozent der Paare hatten zum Zeitpunkt der Eheschließung bereits gemeinsame Kinder.

Ein Volk – ein Fakt: Bis 1977 hatte ein Ehemann das Recht, den Job seiner Frau zu kündigen, wenn er der Meinung war, sie würde Haushalt und Kindererziehung vernachlässigen.

**Heiratslust in den 50 größten deutschen Städten –
die ersten und letzten fünf**

1. Bremen
2. Saarbrücken
3. Freiburg
4. Bonn
5. Oberhausen

46. Berlin
47. Chemnitz
48. Halle
49. Dresden
50. Leipzig

Besonders viele Heiratsmuffel gibt es im Osten. Aber auch die Metropolen München, Stuttgart, Hamburg und Frankfurt/M. rangieren unter den letzten zehn im Heiratsranking.

Mischehen

Von 100 deutschen Frauen heirateten in den letzten Jahren etwa sechs einen Mann mit ausländischer Staatsangehörigkeit. Bevorzugt werden türkische Männer geehelicht. Italiener rangieren weit abgeschlagen an zweiter Stelle, knapp gefolgt von Männern aus Serbien und Montenegro und US-Amerikanern. Deutsche Männer dagegen heirateten bevorzugt Frauen aus Polen, Thailand und Russland und in den letzten Jahren auch vermehrt Türkinnen.

Kosenamen

Fast jeder Zweite nennt seinen Partner »Liebling«, »Schatz« oder »Darling«. Jeder neunte Mann genießt es, seine gefühlte Überlegenheit gegenüber der Partnerin durch Kosenamen wie »Baby« oder »Kleines« zu verdeutlichen. Jeder sechste Mann glaubt, dass »Mausi«, »Bärchen« oder »Hasi« lieber die Schlappen bringen als Susi, Tanja und Regine.
Frauen finden es dagegen lustig, ihren Angebeteten »Krümelmonster«, »Knutschkugel« oder »Dickerchen« zu rufen.

Deutschland schrumpft

Bilanz zwischen Geborenen und Gestorbenen in Deutschland:

50er Jahre	+343 000
60er Jahre	+381 000
70er Jahre	−102 000
80er Jahre	−74 000
90er Jahre	−78 000
2000–2006	−120 000

Babys und Nachwuchs

In Deutschland werden durchschnittlich immer etwas mehr Jungs als Mädchen geboren. Das Verhältnis liegt bei etwa 51 zu 49 Prozent. Seltsamerweise liegt in Herne der männliche Nachwuchs im Jahr sogar bei durchschnittlich 54 Prozent. Dagegen erblicken überdurchschnittlich viele Mädchen in Bremen das Licht der Welt.

In den Jahren 2007 und 2008 wurden in Deutschland etwa 685 000 Kinder geboren. Rein rechnerisch ergibt dies eine Geburtenziffer von 1,34 Kindern pro Frau. 1971 war Deutschland mit einer Geburtenziffer von immerhin noch 1,9 Kindern pro Frau bereits weltweit das Land mit der geringsten Geburtenrate.

In den 60er Jahren lag die Geburtenziffer noch bei 2,5 Kindern je Frau, bevor 1965, mit dem sogenannten Pillenknick, eine 20-jährige Talfahrt begann, die mit 1,25 Kindern pro Frau in den 80er Jahren ihren vorläufigen Tiefpunkt erreichte. Als dann die geburtenstarken Jahrgänge der 60er Jahre ins gebärfähige Alter kamen, stiegen die Neugeborenenzahlen wieder etwas an.

Statistisch betrachtet liegt das gebärfähige Alter zwischen 15 und 49 Jahren. Die Anzahl potenzieller Mütter in dieser Altersgruppe nimmt seit 1998 kontinuierlich ab. Zwischen 2005 und 2006 war der Rückgang um 133 000 Frauen dieser Altersgruppe besonders dramatisch. Mit nur 673 000 Neugeborenen im Jahr 2006 lag die Geburtenrate damit sogar um 27 Prozent niedriger als im ersten Nachkriegsjahr 1946.

Die meisten Mütter, die im Jahr 2006 Kinder zur Welt brachten, waren zwischen 30 und 34 Jahre alt. Noch zu Anfang der 70er Jahre lag das Alter der Mütter im Schnitt bei 26 Jahren.

Kamen vor dem Zweiten Weltkrieg nur zwischen acht und 13 Prozent aller Neugeborenen unehelich zur Welt, sind es heute bereits 30 Prozent. Im europäischen Vergleich ist diese Rate allerdings relativ niedrig. In Großbritannien liegt sie mittlerweile bei 43, in Frankreich bei 48 und in Schweden bzw. Norwegen sogar bei 55 Prozent.

Geburt und Staatszugehörigkeit

Ein Kind bekommt mit seiner Geburt die deutsche Staatsbürgerschaft, wenn mindestens ein Elternteil deutsch ist. Seit Anfang 2000 können in Deutschland geborene Kinder auch die deutsche Staatsbürgerschaft erhalten, wenn mindestens ein Elternteil seit über acht Jahren rechtmäßig in Deutschland wohnhaft ist und über eine Aufenthalts- bzw. Niederlassungsgenehmigung verfügt. Nur vier Prozent aller Neugeborenen in Deutschland im Jahr 2006 hatten eine ausländische Staatszugehörigkeit.

Unerfüllte Kinderwünsche und Abtreibungen

Ein Drittel aller Frauen mit hohem Bildungsstand bleibt heute bewusst kinderlos.

Die Zahl unerfüllter Kinderwünsche unter deutschen Paaren steigt parallel dazu immer mehr an. Man schätzt, dass heute ca. 20 Prozent aller zeugungswilligen Paare davon betroffen sind. Das liegt zum einen daran, dass berufsbedingt Frauen mit Kinderwunsch immer älter werden. Zum anderen nimmt die Qualität der Samen von Männern in Industrieländern durch die Umweltbelastung stetig ab. Bis zu 90 000 künstliche Befruchtungen werden in Deutschland jährlich durchgeführt.

Etwa 117 000 Frauen lassen heute pro Jahr abtreiben. Die Zahlen sind, wie die Geburtenziffern auch, rückläufig. In den 70er Jahren bewirkten westdeutsche Frauen mit ihren Protesten eine Neuregelung des § 218. Ab 1974 waren Schwangerschaftsabbrüche unter bestimmten medizinischen und sozialen Voraussetzungen nicht mehr strafbar.

In der DDR ging man weniger restriktiv mit dem Thema Abtreibung um. Die Wende machte eine Angleichung der Gesetze notwendig. Seit 1995 gilt die Fristenlösung. Sie erlaubt Frauen einen Schwangerschaftsabbruch in den ersten drei Monaten, nach einem offiziellen Beratungsgespräch.

Ein Volk – ein Fakt: Im Jahr 2007 wurden laut dem Statistischen Bundesamt 28 200 Kinder und Jugendliche von Jugendämtern in Obhut genommen. Das sind durchschnittlich 77 Kinder pro Tag. Jedes siebte Kind in Deutschland lebt heute unter der Armutsgrenze.

19. Jahrhundert

Zeitalter der Gegensätze und des Umbruchs: Restauration und Revolution, Industrialisierung und Sozialismus.

1806	Unter **Napoleon** wird das Heilige Römische Reich Deutscher Nation aufgelöst, und es werden u. a. die Bauernbefreiung, die städtische Selbstverwaltung und die Gewerbefreiheit eingeführt.
1815	Nach der letzten Niederlage Napoleons (**Waterloo**) versucht der Wiener Kongress die alte Ordnung wiederherzustellen (Restauration). Es entsteht der Deutsche Bund, ein lockerer Staatenbund aus 39 Monarchien, dominiert von Preußen und Österreich.
1816	Das Jahr ohne Sommer (Folge eines **Vulkanausbruchs in Indonesien**) und damit einhergehende Missernten lösen die erste Auswanderungswelle aus.
18. 10. 1817	Etwa 500 Studenten und Burschenschaftler demonstrieren auf der Wartburg für einen deutschen Nationalstaat mit freiheitlicher Verfassung.
1819	In den Karlsbader Beschlüssen werden alle oppositionellen Bewegungen verboten. Die Demagogenverfolgungen beginnen: Schriftsteller, Journalisten und Studentenführer werden verhaftet.
1820–1830	Epoche des **Biedermeier**, Rückzug der bürgerlichen Gesellschaft in die spießige Familienidylle mit heiterer Klaviermusik, Gemütlichkeit, Bescherung und Weihnachtsbaum.
1842	Durch einen Großbrand wird beinahe ein Drittel der Hamburger Innenstadt zerstört.
1845–1858	Abwanderungswellen wegen Bevölkerungsexplosion überwiegend in die USA.
1848	**Märzrevolution**: Trotz des anfangs fast sicheren Sieges des Bürgertums gewinnen die Fürstenhäuser.
ab 1850	Eine schnell fortschreitende Industrialisierung, Landflucht und soziale Missstände, Gründung der Arbeiterbewegung.
ab 1862	Ministerpräsident **Otto von Bismarck**, zuständig für die Regierungsgeschäfte des preußischen Königs, will Deutschland unter preußischer Führung einigen.
1866	Preußisch-österreichischer Krieg, Sieg Preußens, Auflösung des Deutschen Bundes. Nördlich des Mains entstehen der Norddeutsche Bund

unter preußischer Führung und damit der Grundstein für ein gesamtdeutsches Reich.

1869   Die Dresdner Semperoper wird bei einem Brand zerstört.

1870/71   Im Deutsch-Französischen Krieg gelingt es Otto von Bismarck, das aufflammende Nationalgefühl zu nutzen und die süddeutschen Staaten für die Gründung eines deutschen Reichs zu gewinnen. **Elsass-Lothringen** fällt an Deutschland.

1871   Otto von Bismarck wird erster deutscher **Reichskanzler**, der preußische König wird zum deutschen Kaiser Wilhelm I.

Beginn der Gründerjahre, Wirtschaftsaufschwung und Baufieber durch die französischen Kriegsentschädigungszahlungen.

1871/72   Verheerende Pockenwelle.

1873   **Wirtschaftskrise**: Arbeitervereine und sozialdemokratische Parteien erleben starken Zulauf.

1879   Bismarcks Sozialistengesetze sollen die Bedingungen für Arbeiter verbessern, verbieten aber gleichzeitig Gewerkschaften und sozialistische Vereine.

ab 1884   Erwerb von Kolonien.

1888   **Wilhelm II.** wird Kaiser.

1890   Kontroversen mit dem neuen Kaiser zwingen Bismarck zum Rücktritt – das Wilhelminische Zeitalter beginnt.
Ausbau des Militärs und Aufrüstung der deutschen Flotte.

Architektur

Klassizismus nach Vorbildern der griechischen Antike. Leo von Klenze: Königsplatz München (ab 1815–1830) mit Glyptothek und Propyläen. Friedrich Schinkel: 1821 Konzerthaus Berlin am Gendarmenmarkt (unten).

Möbel

Biedermeier: Sekretäre, Sofas, romantische Gemälde, Einzug der bürgerlichen Gemütlichkeit.

Kunst

Carl Spitzweg, Caspar David Friedrich, Romantik und idealisierter Realismus.

Literatur

Heinrich Heine, Georg Büchner, Eduard Mörike, Joseph von Eichendorff, Theodor Storm, Wilhelm Busch, Heinrich Hoffmann, Theodor Fontane.

Musik

Robert Schumann, Felix Mendelssohn-Bartholdy, Richard Wagner, Johannes Brahms. Tanz: Walzer, Ländler.

Alltag/Gesellschaft

Um 1850 liegt die Lebenserwartung bei 34 Jahren. Durch bessere Ernährung, ein verbessertes Hygienebewusstsein und Neuerungen in der Medizin, steigt die Lebenserwartung bis 1900 auf 47 Jahre.
1830 sind noch vier Fünftel der Bevölkerung in der Landwirtschaft tätig, 1880 nur noch die Hälfte. Arbeiter werden in Fabriken ausgenutzt und hausen in Baracken.
Die Geburtenrate liegt bei 6,5 Kindern pro Frau. Kondome aus Kautschuk bleiben für die meisten unerschwinglich. Bäuerinnen schieben eine Holzscheibe vor den Uterus. Mit der Industrialisierung kommt es zur zunehmenden Unterdrückung und Tabuisierung von sexuellen Themen. Aus dieser Zeit stammen u. a. die Ausdrücke für Schwangere: »in anderen Umständen« oder »guter Hoffnung sein«.
Eine neue Wahrnehmung für Kinder und Erziehung etabliert sich, 1840 wird der erste Kindergarten eröffnet. Kinderbücher und Spielzeug gewinnen an Bedeutung.

Mode

Das aufstrebende Bürgertum trägt schlichten Tuchrock und flache Schuhe. Farben und Zierat gelten im fortschrittlichen Deutschland als Ausdruck von Müßiggang.
Damenmode: knöchellanger Rock, mit unzähligen Unterröcken oder Stahlreifenkrinoline, anliegendes Oberteil mit schmaler Taille und großen Keulenärmeln. Ab 1840 wird die pludrige Unterhose bei Damen zur Pflicht, die einfachen Frauen bleiben bis Ende des Jahrhunderts unten ohne.

Damenfrisuren: straffe Mittelscheitel mit hochgesteckten Zöpfen, bisweilen turmartige Aufbauten. Ab 1830 Nackenknoten mit Korkenzieherlocken.

Herrenmode: ab 1815 erstmals lange, enge Hosen, weiße Hemden mit Vatermörderkragen und kunstvoll gebundenen Krawattentuch, Gehrock tailliert oder mit Schnürgürtel, Zylinder, lange Koteletten, Stiefelette.

Bartmode: der Knebelbart: Kinnbart in Kombination mit einem gezwirbelten Schnurrbart, Zwirbelbart oder Kaiser-Wilhelm-Bart: Schnurrbart mit nach oben gezwirbelten Enden. Der Vollbart wird zum Symbol des Liberalismus (Marx, Wilhelm Busch).

Erfindungen/Neuerungen

1823	Die erste Gasstraßenlaternen.
1835	Die erste Dampflok »Adler« verkehrt auf der Eisenbahnlinie Nürnberg-Fürth.
1847	Zwischen Bremen und Bremerhaven entsteht die längste Telegraphenstrecke Europas.
1849	Die erste deutsche Briefmarke, der Schwarze Einser, wird herausgegeben.
1851	Paul Julius Reuter gründet von London aus die erste Nachrichtenagentur.
1856	Das erste moderne Kanalisationssystem entsteht in Hamburg.
1876	Carl Linde konstruiert den ersten Kühlschrank.
1882	Der deutsche Arzt Wilhelm Peter Mensinga erfindet das Diaphragma.
1886	Erstes Automobil.
1891	Die ersten Gleitflugversuche von Otto Lilienthal.
1895	Röntgenstrahlen, Einführung der Narkose, erster Impfungen und des Kunstdüngers.

Bedeutende Persönlichkeiten

1777–1855	Carl Friedrich Gauß (Mathematiker)
1818–1883	Karl Marx (Abbildung rechts)
1819–1895	Louise Otto-Peters (Begründerin der deutschen Frauenbewegung)
1820–1895	Friedrich Engels (Das Kommunistische Manifest)
1840–1913	August Bebel (Sozialdemokrat)

Wir Deutsche und die Sexualität

Der Durchschnittsbürger denkt täglich an Sex, hat fünfmal pro Woche Lust auf Sex, und er behauptet, zweimal wöchentlich Sex zu haben. Nach Ansicht von Sexualwissenschaftlern übertreiben die Befragten da gerne. Ihrer Meinung nach liegt der realistische Wert bei allerhöchstens vier- bis sechsmal im Monat.

Die größten Sexprotze kommen so gesehen aus Mecklenburg-Vorpommern. Sie geben an, durchschnittlich dreimal die Woche Sex zu haben. Am ehrlichsten scheinen die Bundesbürger aus Rheinland-Pfalz zu sein, die mit 1,8-mal pro Woche am realistischsten scheinen.

Nicht umsonst ist jeder dritte Deutsche mit seinem Liebesleben unzufrieden. 38 Prozent der Frauen wünschen sich einfühlsameren, phantasievolleren Sex. 37 Prozent der Männer wünschen sich schlicht und ergreifend einfach mehr Sex.

Lieblingspraktiken

Männer	Frauen
Oral	Missionarsstellung
Reiten	Hündchen
Hündchen	Reiten
(mit Beleuchtung)	(im Dunkeln)

Über 90 Prozent der Sexualakte findet immer noch in Deutschlands Betten statt. 14 Prozent der deutschen Paare waren schon mal auf dem Küchentisch aktiv, 12 Prozent auf dem Teppich.

75 Prozent aller Ostdeutschen liebten sich schon mal im Freien, bei den Westdeutschen sind es nur 58 Prozent.

So verhüten Paare in Deutschland

Pille	54 %
Kondom	28 %
Spirale	13 %
Sterilisation	3,5 %

Die deutschen Männer gelten als die schlechtesten Liebhaber Europas – und weitere Fakten über die deutsche Sexualität

- Einmal im Leben verliebt sich der Durchschnittsdeutsche in eine Kollegin.
- Mit 11,3 Jahren sind deutsche Kinder bereits aufgeklärt. Der europäische Durchschnitt liegt bei 13,1 Jahren.
- Mit durchschnittlich 15,9 Jahren verlieren deutsche Teenager ihre Unschuld. Nur die Jugendlichen aus Island sind mit 15,7 Jahren noch früher dran. Im internationalen Vergleich ist das »Erste Mal« mit 17,7 Jahren üblich.
- Deutsche Männer finden von allen Berufen Krankenschwestern am erotischsten (54 %), deutsche Frauen Feuerwehrmänner (47 %).
- Paare, die mit der Hormonspirale verhüten, sind, sexuell am aktivsten.
- 30 % aller deutschen Männer behaupten, lieber zwei Wochen auf Sex zu verzichten, als während dieser Zeit keinen Zugang zum Internet zu haben.
- 83 % aller deutschen Frauen würden für 100 000 Euro ein Jahr lang ganz auf Sex verzichten.
- Im Alter ab 35 Jahren hat bereits jeder Zweite seinen Partner mindestens einmal betrogen.
- Frauen (38,9 %) gehen im Durchschnitt sogar etwas häufiger fremd als Männer (37,1 %).
- Über 6 Millionen Deutsche haben ihren Partner im Internet kennengelernt.
- 88 % der Frauen und 67 % der Männer in der Altersgruppe der jungen Erwachsenen (Durchschnittsalter 23 Jahre) entfernen sich regelmäßig die Schambehaarung.
- Im Laufe seines Lebens hat jeder Bundesbürger zwischen 6 und 10 Sexualpartner. Die Einwohner der Städte Berlin, Bremen und Hamburg wechseln häufiger als der Bundesdurchschnitt.
- 2007 wurden in Deutschland knapp 2 Millionen Packungen Viagra verkauft.
- 76 % aller deutschen Frauen würden ihrer besten Freundin den Mann ausspannen, wenn er es ihnen wert erscheint.
- Mit einem neuen Partner kommt jeder dritte Deutsche innerhalb des ersten Monats zur Sache. Länger als drei Monate wartet fast niemand.
- Nur jede dritte Frau hat regelmäßig einen Orgasmus.
- Jede dritte Frau besitzt einen Vibrator.
- Im Laufe seines Lebens hat der deutsche Mann 301 125 Erektionen und ejakuliert über 50 Liter Sperma.
- Der Akt dauert 17 Minuten und 36 Sekunden.

> **Ein Volk – ein Fakt:** Nur 40 Prozent der deutschen Frauen rasieren sich regelmäßig die Beine! Damit belegen sie im internationalen Vergleich den allerletzten Platz. Angeführt wird die Tabelle übrigens von den Ladys aus Großbritannien (93 %), auf Platz zwei liegen die Spanierinnen (82 %). Im guten Mittelfeld bewegen sich die Damen aus Frankreich und Italien.

Samenspende

Seit 1986 ist in Deutschland die Samenspende eine legale Behandlungsmethode der künstlichen Befruchtung, wohingegen Spenden von Eizellen und Leihmutterschaft verboten sind. Samenbanken gibt es in mehreren deutschen Großstädten. Ein übliches Honorar für eine Samenspende in guter Qualität liegt bei 100 Euro. Anders als in anderen europäischen Ländern ist in Deutschland gleichgeschlechtlichen Paaren der Zugang zu einer Samenbank verwehrt.

Homosexualität (betrifft 1 bis 10 Prozent der Deutschen)

1871 wurde der § 175 eingeführt, der homosexuelle Handlungen zwischen Männern unter Strafe stellte. Unter den Nationalsozialisten wurde der Paragraph noch verschärft, wurden Homosexuelle zu Volksfeinden erklärt und bisweilen in Konzentrationslagern zu »freiwilligen Kastrationen« gezwungen. In der DDR wurden 1957 gleichgeschlechtliche sexuelle Handlungen für über 21-Jährige legalisiert und das legale Alter bis 1989 schrittweise sogar bis auf 14 Jahre herabgesetzt. In der BRD erlaubte man gleichgeschlechtliche Sexualität unter Volljährigen erst im Jahr 1969. Homosexuelle wurden trotz der Legalisierung weiterhin auf der sogenannten »Rosa Liste« polizeilich geführt. Nach der Wende einigte man sich auf Straffreiheit für homosexuelle Handlungen ab 16 Jahren.

> **Ein Volk – ein Fakt:** Während sich mehrere Spielerinnen der Fußball-Bundesliga der Frauen zu ihrer Homosexualität bekennen, ist kein entsprechender Fall bei den Männern bekannt.

Sex und Dialekt

Deutsche Dialekte haben auf die Bundesbürger eher keine erotische Wirkung. 42 Prozent der Frauen und 44 Prozent der Männer finden Liebesbezeugungen auf Hochdeutsch eindeutig am schönsten. Ganz unten auf der Erotik-Skala stehen Sächsisch und Fränkisch … und wenn es sich gar nicht vermeiden lässt, dann halt Bayrisch! »I mog di, Spatzerl!« empfindet jeder fünfte Deutsche zumindest als »charmant«.

Pioniere

Magnus Hirschfeld (1868–1935)

Der Arzt und Sexualforscher war Mitbegründer der ersten Homosexuellen-Bewegung. Getreu seinem Lebensmotto: »Durch Wissenschaft zur Gerechtigkeit« (das sich auch auf seinem Grabstein findet) wollte er beweisen, dass Homosexualität angeboren ist, und damit für homosexuelle Handlungen Straffreiheit erwirken. 1919 gründete er mit dem Institut für Sexualwissenschaft die erste Einrichtung für Sexualforschung weltweit, die allerdings 1933 von den Nazis zerstört wurde. Hirschfeld selbst war bereits ein Jahr zuvor ins Exil gegangen.

Beate Uhse (1919–2001)

1945, nach ihrer ersten »Karriere« als Pilotin, begann die alleinerziehende Witwe Frauen unentgeltlich über Verhütungsmethoden aufzuklären.

1946 ließ sie eine dreiseitige Broschüre zur Geburtskontrolle drucken, die reißenden Absatz fand. Später verschickte sie auch Kondome und Salben, und die Geschichte des erotischen Versandhandels nahm unaufhaltsam ihren Lauf.

Oswalt Kolle (*1928)

In den sechziger und siebziger Jahren veröffentlicht der Journalist einige Artikel und Bücher zur sexuellen Aufklärung. Seine von ihm selbst produzierten Filme wie »Deine Frau, das unbekannte Wesen« schockten die prüde Gesellschaft und brachten ihm große Kritik ein, sie bescherten ihm jedoch auch 140 Millionen neugieriger Kinobesucher. Heute gilt er als »Aufklärer der Nation«, und noch immer ist der über 80-Jährige in seiner Mission aktiv.

Alice Schwarzer (*1942)

Die bekannteste deutsche Feministin initiierte 1971 in Deutschland im Kampf gegen den § 218 eine Abtreibungskampagne nach französischem Vorbild. In der Zeitschrift »Stern« bekannten sich 374 deutsche Frauen zu ihrer Abtreibung. Darunter namhafte Schauspielerinnen wie Romy Schneider und Senta Berger. Später setzte sie sich besonders für die finanzielle Unabhängigkeit von Frauen ein und kämpfte gegen Pornographie. 1977 gründete sie die Zeitschrift »Emma«.

Deutsche Frauen, die sich u. a. für den Playboy ausgezogen haben

Mariella Ahrens, Meret Becker, Iris Berben, Nina Bott, Heidi Brühl, Corinna Drews, Jenny Elvers, Jasmin Gerat, Cosma Shiva Hagen, Regina Halmich, Nastassja Kinski, Diana Körner, Sarah Kuttner, Michelle, Alexandra Neldel, Eva Padberg, Christina Plate, Andrea Sawatzki, Ingrid Steeger, Jessica Stockmann, Tanja Szewczenko, Katarina Witt.

Ein Volk – ein Fakt: Studien ergaben, dass deutsche Männer dazu neigen, die wahre Größe ihres »besten Stückes« zu überschätzen. Etwa 35 Prozent aller Kondomkäufer sollen demnach zur falschen Packung greifen. Abhilfe könnte in Zukunft die Erfindung des Kondomberaters Jan Vinzenz Krause schaffen: das Sprühkondom aus der Dose! 30 Düsen sprühen passgenau eine Latexschicht auf den Penis.

Die Hitliste der Düfte

Damendüfte

August 1999	März 2009
»Cool Water«, Davidoff	»Diamonds for Women«, Armani
»J. S. Sun«, Jil Sander	»Armani code woman«, Armani
»CK one«, Calvin Klein	»the one«, dolce & gabbana
»Laura«, Laura Biagiotti	»Juicy Couture«, Juicy Couture
»Roma«, Laura Biagiotti	»Chanel No 5«, Chanel
»Hugo Woman«, Hugo Boss	»pour elle«, Annayake
»Elle«, Armani	»Hugo XX«, Hugo Boss
»Aromatonic«, Lancôme	»Gucci«, Gucci

Herrendüfte

August 1999	März 2009
»Cool Water«, Davidoff	»Le Male«, Jean Paul Gaultier
»Hugo«, Hugo Boss	»Tomo«, Annayake
»Boss«, Hugo Boss	»R.S.V.P.«, Kenneth Cole
»Roma Uomo«, Laura Biagiotti	»Fuel for Life Homme«, Diesel
»Jil Sander for man«, Jil Sander	»Armani code«, Armani
»Fahrenheit«, Christian Dior	»Hugo XY«, Hugo Boss
»Elements Aqua«, Hugo Boss	»go«, Joop
»Empori Armani Lui«, Armani	»Allure Homme Sport«, Chanel

1900–1909

1900	Reichskanzler Bernhard Fürst von Bülow formuliert die deutsche Forderung nach Kolonien in dem Satz: »Wir wollen niemand in den Schatten stellen, aber wir verlangen auch unseren Platz an der Sonne.« In Samoa wird die deutsche Flagge gehisst.
1. 1. 1900	Das Bürgerliche Gesetzbuch **(BGB)** tritt in Kraft.
28. 1. 1900	In Leipzig wird der Deutsche Fußball-Bund gegründet.
20. 6. 1900	Klemens von Ketteler, deutscher Gesandter in Peking, wird während der Unruhen des chinesischen Boxer-Aufstandes ermordet. Die Europäer entsenden eine Strafexpedition.
2. 7. 1900	Das **Luftschiff LZ 1** (128 Meter lang, gefüllt mit mehr als 11 000 m³ Wasserstoff, Konstrukteur: Ferdinand Graf von Zeppelin) startet in Friedrichshafen zu seiner erfolgreichen Jungfernfahrt, die allerdings auf dem Bodensee endet.
27. 7. 1900	**Wilhelm II.** hält bei der Verabschiedung des deutschen Expeditionskorps zur Niederschlagung des Boxer-Aufstandes seine berühmt-berüchtigte »Hunnenrede« (»Gefangene werden nicht gemacht!«).
1902	In Berlin wird die letzte Pferdebahn von der elektrisch betriebenen Straßenbahn abgelöst.
1903	Bei Stürmen an deutschen Küsten sinken 83 Schiffe. Eine Kältewelle fordert mindestens 194 Menschenleben.
1904–1909	»Hottentottenaufstand« in **Deutsch-Südwestafrika**
1905	Der als Patentprüfer in Bern arbeitende deutsche Physiker Albert Einstein formuliert die Gesetze der speziellen **Relativitätstheorie**. In Berlin nehmen die ersten motorgetriebenen Omnibusse den Betrieb auf.
1906	Das Kinderarbeitsverbot wird gelockert: Kinder unter zehn Jahren dürfen in familieneigenen Betrieben arbeiten.
17 .1. 1906	Erster politischer Massenstreik in Hamburg: Rund 80 000 Arbeiter protestieren gegen Wahlrechtseinschränkungen.
16. 10. 1906	Der arbeitslose **Schuster Wilhelm Voigt** verkleidet sich als Hauptmann und lässt den Bürgermeister von Köpenick verhaften und die Stadtkasse beschlagnahmen.
12. 10. 1907	Das Reichsgericht verurteilt den Sozialdemokraten **Karl Liebknecht** wegen »Vorbereitung eines hochverräterischen Unternehmens« zu 18 Monaten Haft.
10. 1. 1908	Zehntausende demonstrieren in Berlin für die Einführung des allgemeinen Wahlrechts in Preußen.
21. 10. 1909	Bei den Landtagswahlen in Sachsen erhalten die Sozialdemokraten aufgrund des neuen Wahlrechts trotz 53,8 % der Stimmen nur 25 von 91 Sitzen.

Kultur

8. Oktober 1901: Thomas Manns Roman »Die Buddenbrooks« über den Niedergang einer Lübecker Familie erscheint, zunächst noch in zwei Bänden, Startauflage 1000 Exemplare. Der Verkauf läuft schleppend an. 1918 sind 100 000 Stück verkauft; 1930 erscheint eine Volksausgabe für 2,85 Mark, Auflage: 1 Million.
Volkslieder sind bei allen Ständen beliebt.
Premieren: »Salome« (1905, Dresden) und »Elektra« (1909, Dresden), Opern von Richard Strauss.

Alltag/Gesellschaft

Zwischen 1900 und 1910 wandern rund 250 000 Menschen von Deutschland nach Amerika aus.
Jeder Deutsche telefoniert rund zehnmal pro Jahr, und der von Melitta Bentz erfundene Kaffeefilter kommt auf den Markt.
Kinderarbeit ist üblich. Durch großen Lehrermangel sitzen rund 80 Kinder in einer Klasse. Jeder fünfte Säugling stirbt.

Alltag der Frauen um 1900

Ist eine Frau verheiratet, ist es mit der Berufstätigkeit schwierig. Das bürgerliche Recht (BGB von 1900) legt fest, dass die Ehefrau »berechtigt und verpflichtet (ist), das gemeinschaftliche Hauswesen zu leiten«. Eine Berufstätigkeit bedarf damit der Einwilligung des Ehemanns. Verheiratete Frauen werden dementsprechend auch vom Staat nicht eingestellt. So müssen z. B. Lehrerinnen ledig sein bzw. werden entlassen, wenn sie heiraten.

Die beliebtesten Vornamen 1900–1909

1.	Gertrud	Walter
2.	Anna	Karl
3.	Martha	Hans
4.	Frieda	Wilhelm
5.	Erna	Heinrich
6.	Margarethe	Otto
7.	Elisabeth	Paul
8.	Hertha	Hermann
9.	Else	Ernst
10.	Käthe	Willy

Möbel

Gründerzeit-Buffet, Kultobjekt: Grammophon.

Mode

Strohhüte, Atlasgürtel, Korsett, Schärpen, Quetschfalten, Schleppen, hohe Spitzenkrägen.

Frisur: Zwischen 1900 und 1910 tragen Frauen die Haare lang und stecken sie sich auf verschiedene Weise hoch. Friseursalons sind noch nicht verbreitet (über 80 Prozent der Friseure sind Männer, die überwiegend als Barbiere arbeiten), die erste Dauerwelle (Heißwelle) wird 1908 gemacht.

Auto

Anfang 1908 befahren laut Statistik 36 022 Automobile die Straßen des Deutschen Reichs, 1543 davon sind Lastkraftwagen. Von den Personenkraftwagen sind rund 19 000 sogenannte Krafträder. Den drastischen Unfallzahlen begegnet Wilhelm II. (s. Foto, auf der Rückbank) mit kaiserlichem Beispiel: Er lässt seinen »Leibchauffeur« schwören, keinerlei Alkohol zu trinken. Dieser Eid zeigt das Dilemma des neuen Fortbewegungsmittels: Es fehlen noch gesetzliche Vorschriften, um die wenigen, die sich den Luxus eines eigenen Automobils leisten können, zu angemessenem Fahrverhalten zwingen zu können. Die Führerscheinprüfung ist noch nicht eingeführt.

Wovor wir Angst haben, wovon wir träumen

Unsere Ängste

Frauen haben prozentual gesehen mehr Angst als Männer, wobei Männer sich mehr Sorgen um den Arbeitsplatz und Frauen besonders viele Sorgen um die Beziehung machen. Ost und West gleichen sich einander an, wobei im Osten die Angst vor Arbeitslosigkeit und dem Absinken des Lebensstandards ein wenig überwiegt, während man im Westen mehr Angst vor zunehmenden Naturkatastrophen und Terroranschlägen hat. Die jungen Menschen bis 20 Jahre blicken im Schnitt zuversichtlicher in die Zukunft als die Menschen zwischen 40 und 50 Jahren.

1. Steigende Lebenshaltungskosten   76 %
2. Verschlechterung der Wirtschaftslage   58 %
3. Naturkatastrophen   58 %
4. Pflegebedürftigkeit im Alter   53 %
5. Schwere Erkrankung   51 %
6. Überforderung und Unfähigkeit der Politiker   49 %
7. Eigene Arbeitslosigkeit   48 %
8. Arbeitslosigkeit   47 %
9. Drogensucht der Kinder   42 %
10. Einbußen beim Lebensstandard im Alter   41 %

(2460 Befragte ab 14 Jahren im Jahr 2008)

Unsere Träume

Viel Geld, dicke Autos, Designerklamotten, schicke Häuser spielen gar keine so große Rolle für ein zufriedenes Leben, finden die Deutschen: Nur knapp 20 Prozent würden ihr Glück an Luxusgütern und Statussymbolen messen. Zwei Dritteln sind eine glückliche Familie, Liebe, Partnerschaft, Freunde, einen befriedigenden Beruf und Zeit für sich zu haben wichtiger.

1. Gesundheit   38 %
2. Eine intakte Familie   22 %
3. Solider Lebensstandard   20 %
4. Gute Ausbildung für die Kinder   20 %
5. Selbstverwirklichung/tun, wozu man Lust hat   15 %
6. Viel Geld   10 %
7. Nie mehr arbeiten   5 %

> **Ein Volk – ein Fakt:** Unter den Spezialwünschen rangieren drei Wochen Südsee all-inclusive und die 34,5-Stunden-Woche ganz oben.

Materielle Wünsche der Deutschen

Wenn die berühmte Märchenfee käme und ihnen einen Wunsch gewähren würde, würden sich die Deutschen wie folgt entscheiden:

1. Ferienwohnung
2. Großes Auto
3. Flachbild-TV
4. Schicke Küche
5. Hochwertige Digitalkamera
6. Luxuriös ausgestattetes Badezimmer
7. Gutsortierter Weinkeller
8. Hochwertiges Notebook
9. Handgenähte Schuhe
10. Designermode
11. Hochwertiges Fahrrad
12. Exklusive Gartenmöbel
13. Kostbarer Schmuck

Traumschwiegersöhne

Jede Zeit hat ihre Traumschwiegersöhne. Das waren einst Curd Jürgens, Peter Alexander, Peter Kraus, Jürgen Markus, Sascha Hehn, Roger Willemsen, Günther Jauch, Reinhold Beckmann – und sind heute (noch):

1. Maxi Arland (Schlagersänger)
2. Cem Özdemir (Politiker)
3. Sasha (Pop-Sänger)
4. Oliver Bierhoff (Fußballstar)
5. Bodo Wartke (Kabarettist)
6. Kai Pflaume (Moderator)
7. Johannes B. Kerner (Talker)
8. Florian Silbereisen (Moderator von Volksmusiksendungen)
9. Til Schweiger (Schauspieler)

Traumziele

Wenn Geld keine Rolle spielen würde, wären die Deutschen auf und davon. Die zehn beliebtesten Destinationen:

1. Neuseeland   11,8 %
2. USA (besonders L. A.)   10,9 %
3. Australien   9,4 %
4. Kanada   8,9 %
5. Karibik   8,2 %
6. Thailand, Indonesien, Malaysia   7,7 %
7. Norwegen   5,5 %
8. Mallorca und Costa Brava   4,6 %
9. Brasilien   4,2 %
10. Island   4,0 %

Wenig hingezogen fühlen sich die meisten Deutschen in den Iran, Irak, nach Israel und Afghanistan.

Unser Aberglaube

Umfragen zufolge glaubt nur ein knappes Drittel der Deutschen nicht an gute oder schlechte Vorzeichen. Vor 40 Jahren waren es immerhin noch deutlich über 40 Prozent. Über die Jahrzehnte hat der Aberglaube beständig zugenommen.
Interessanterweise unterscheidet sich die Bevölkerung in Ostdeutschland, die generell in Glaubensfragen viel zurückhaltender ist als die westdeutsche, was ihren Aberglauben angeht, kaum von der in Westdeutschland.

Als bedeutungträchtige Vorzeichen sehen wir an:

1. Vierblättriges Kleeblatt   42 %
2. Sternschnuppe   40 %
3. Schornsteinfeger   36 %
4. Die Zahl 13 (und Freitag, der 13.)   28 %
5. Schwarze Katze von links nach rechts   25 %
6. Hufeisen   17 %
7. Spinne am Morgen bringt Sorgen   12 %
8. Stehengebliebene Uhr   10 %

1910–1919

1. 1. 1910	Für Fabrikarbeiterinnen im Deutschen Reich wird der Zehnstundentag eingeführt.
22. 6. 1910	Das erste Passagierluftschiff der Welt fliegt von Friedrichshafen nach Düsseldorf.
25. 8. 1910	Kaiser Wilhelm II. fordert in seiner »Königsberger Rede« von den Männern »kriegerische Tugenden« und von den Frauen »stille Arbeit im Hause und in der Familie«.
1912	In Berlin studieren 845 Studentinnen (im Vorjahr: 745).
19. 3. 1912	Militär und Polizei beenden den Streik von 170 000 Bergarbeitern im Ruhrgebiet.
5. 12. 1912	Das Bündnis zwischen Deutschland, Österreich-Ungarn und Italien wird um sechs Jahre verlängert.
29. 3. 1913	Das deutsche Heer wird in Friedenszeiten auf 661 176 Mann vergrößert.
5. 11. 1913	Prinzregent Ludwig wird bayerischer König: **Ludwig III.**
	In Berlin werden Hilfsküchen für die notleidende Bevölkerung eingerichtet.
28. 6. 1914	Der österreichisch-ungarische Thronfolger Erzherzog Franz Ferdinand und seine Frau werden von einem bosnischen Nationalisten in Sarajevo erschossen. Das Attentat löst den **Ersten Weltkrieg** aus, der am 28. Juli beginnt, als Österreich-Ungarn Serbien den Krieg erklärt.
31. 7. 1914	Das Deutsche Reich verlangt von Russland den Stopp der Kriegsvorbereitungen gegen Österreich-Ungarn und von Frankreich die Zusage der Neutralität für den Fall eines deutsch-russischen Krieges.
1. 8. 1914	Das Deutsche Reich erklärt Russland den Krieg.
3. 8. 1914	Das Deutsche Reich erklärt Frankreich den Krieg.
November 1914	100 000 deutsche Soldaten sterben bei der Flandern-Offensive.
1914	An der **Westfront** beginnt ein langwieriger Stellungskrieg.
7. 2. 1915	In der Schlacht in Masuren schlagen die deutschen Truppen die russische Armee und erobern Ostpreußen zurück.
23. 9. 1915	Die Herbstoffensive der Alliierten an der Westfront scheitert. Die Deutschen verlieren 150 000, Briten und Franzosen 250 000 Mann.
9. 3. 1916	35 deutsche Handelsschiffe werden in Portugal beschlagnahmt. Daraufhin erklärt das Deutsche Reich Portugal den Krieg.
21. 11. 1916	Der Österreichische **Kaiser Franz Joseph I.** stirbt, sein Nachfolger wird Karl I.
6. 4. 1917	Die USA erklären dem Deutschen Reich den Krieg.
März 1918	An der Westfront beginnt die letzte große deutsche Offensive. Im August bricht die deutsche Westfront zusammen.
9. 11. 1918	Philipp Scheidemann und **Karl Liebknecht** rufen unabhängig voneinander in Berlin die Republik aus (Novemberrevolution).

10. 11. 1918	Die erste Regierung wird gebildet: Friedrich Ebert (SPD) wird Reichskanzler.
28. 11. 1918	Kaiser Wilhelm II. dankt ab
12. 1. 1919	Der Spartakusaufstand zum Sturz der Regierung in Berlin wird blutig niedergeschlagen.
15. 1. 1919	Rosa Luxemburg und Karl Liebknecht werden von Freikorpssoldaten ermordet.
11. 2. 1919	In Weimar tritt das erste verfassunggebende deutsche Parlament zusammen. Die Abgeordneten wählen Friedrich Ebert zum Reichspräsidenten.
28. 6. 1919	Die alliierten Siegermächte diktieren Deutschland im Friedensvertrag von Versailles die Friedensbedingungen.
31. 7. 1919	Die Verfassung der Weimarer Republik wird verabschiedet.
18. 11. 1919	Paul von Hindenburg erklärt vor dem Untersuchungsausschuss der Nationalversammlung, die deutsche Armee sei nicht vom Gegner besiegt worden, sondern durch revolutionäre Einwirkung in der Heimat »erdolcht« worden: die Dolchstoßlegende.

Architektur

Walter Gropius gründet am 21. 3. 1919 in Weimar das ›Bauhaus‹, eine Hochschule für Gestaltung.

Kultur

Thomas Mann publiziert »Der Tod in Venedig« (1912), Franz Kafka »Das Urteil« (1912) und Heinrich Mann »Der Untertan« (1918). Die Erzählung »Biene Maja und ihre Abenteuer« (1912) von Waldemar Bonsels wird ein Bestseller. Franz Marc malt »Der Turm der blauen Pferde« (1913), sein Hauptwerk.

Auf den deutschen Tanzparketts dominieren die Modetänze »Blues«, »Foxtrott« und One-Step«. Wie die »Vossische Zeitung« berichtet, erfolgt in Berlin die erste Verurteilung eines Tango-Tänzers. Der aus Südamerika stammende Tanz verstoße mit seinen erotischen und »ungehörigen« Bewegungen gegen die guten Sitten.

Kino

Die erste deutsche Wochenschau »Eiko-Woche« kommt in die Kinos. Die Kriegswochenschauen machen den Film zur Propagandawaffe. Der Erfolg lässt sich an der Zahl der Freiwilligen ablesen, die sich gleich nach der Vorstellung zum Kriegseinsatz melden.

Alltag/Gesellschaft

Schüler werden zum Sammeln von Unkräutern aufgerufen – gegen die Lebensmittelnot. Der Brot- und der Mehlverbrauch werden rationiert. Brotkarten werden eingeführt. Als Ersatz für Fleisch wird Klippfisch (getrockneter Kabeljau) verkauft. Das Deutsche Reich verfügt mit 20 Zoos über mehr Anlagen als jedes andere Land auf der Welt.

Mode

Der Berliner Polizeipräsident verbietet Frauen das Tragen großer Hüte in Theaterlogen bei Androhung einer Geldstrafe von 100 Mark. Garmisch-Partenkirchen erlässt ein Hosenverbot für Frauen, Ausnahme bei Sport.

Erfindungen/Neuerungen

Das elektrische Bügeleisen (1911) wird Massenware, und AEG bringt den ersten elektrischen Universalmotor mit diversen Aufsätzen auf den Markt. Gewicht: 17 Kilogramm, Kosten: 200 Mark.

Krupp baut den ersten 42-cm-Mörser (1914), Spitzname: »Dicke Berta«.

Beiersdorf bringt die Hautcreme »Nivea« auf den Markt.

Wir sind Papst

Der erste Bischof von Rom, für den die Bezeichnung »papa« bezeugt ist, war Marcellinus (gest. 304), der ab 296 Bischof von Rom war; vor ihm gab es jedoch bereits 28 Päpste. Bis ins 15. Jahrhundert hinein gab es immer wieder Streitigkeiten, wer der rechtmäßige Papst sei (mit der Folge, dass recht häufig Gegenpäpste auftraten, wenn sich etwa das Heilige Kardinalskollegium heillos zerstritt und aufspaltete). Aus diesem Grund ist eine durchgängige Numerierung der Päpste kaum möglich. Es lassen sich jedoch 306 kirchenhistorisch relevante Päpste zählen. Sieben davon waren Deutsche. Der achte Deutsche ist der derzeit amtierende Papst, Benedikt XVI. (bürgerlich Joseph Alois Ratzinger, geboren 1927 in Marktl am Inn).

Ein Volk – ein Fakt: Im Schnitt dauerte ein deutsches Pontifikat bisher etwa zwei Jahre. Benedikt XVI. wird den Schnitt nach oben verändern. Zum Zeitpunkt seiner Wahl am 19. April 2005 war er 78 Jahre alt und damit nach Clemens XII. der älteste neue Papst. Das Durchschnittsalter liegt bei etwa 47 Jahren.

Die deutschen Päpste

GREGOR V.

Weltlicher Name:	Bruno von Kärnten
Amtszeit:	3. Mai 996 – 8. Februar 999
Herkunft:	Sohn von Otto von Wormsgau, dem späteren Herzog von Kärnten, und Judith von Bayern, Geburtsort nicht genau bekannt. Sprach über Frankreich das erste Interdikt (Ausschluss aus der christlichen Gemeinschaft) der Geschichte aus. Beigesetzt im Petersdom in Rom.

CLEMENS II.

Weltlicher Name:	Suitger, Graf von Morsleben und Hornburg
Amtszeit:	24. Dezember 1046 – 9. Oktober 1047
Herkunft:	Geboren in Hornburg (heute in Niedersachsen), stammt aus sächsischem Adel. Wurde im Bamberger Dom begraben; sein Grab ist das einzige erhaltene, von der Kirche anerkannte Papstgrab nördlich der Alpen. Wurde (vermutlich von Neidern) vergiftet.

DAMASUS II.

Weltlicher Name: Poppo von Brixen

Amtszeit: 17. Juli 1048 – 9. August 1048

Herkunft: Stammt aus einem fränkisch-bayerischen Adelsgeschlecht, Geburtsort unbekannt, wurde *Baginarius* (der Bayer) genannt; er war Bischof von Brixen am Eisack.
Eines der kürzesten Pontifikate der Geschichte: 24 Tage. Damasus starb vermutlich an Malaria, möglich ist auch eine Vergiftung durch den römischen Adel; beigesetzt in der Kirche San Lorenzo fuori le mura in Rom.

LEO IX. (Hl.)

Weltlicher Name: Bruno Graf von Egisheim-Dagsburg

Amtszeit: 12. Februar 1049 – 19. April 1054

Herkunft: Geboren in Egisheim (Elsass), Vetter Heinrichs III.; setzte sich ein gegen Simonie (Kauf und Verkauf geistiger Ämter) und Laieninvestitur (geistliche Ämter für Laien); ordnete das Zölibat für Priester an; wurde heiliggesprochen; beigesetzt im Petersdom in Rom.

VIKTOR II.

Weltlicher Name: Gebhard von Dollnstein-Hirschberg

Amtszeit: 13. April 1055 – 28. Juli 1057

Herkunft: Sohn von Hartwich und Beliza aus der Sippe der Grafen von Dollstein-Hirschberg; war Bischof von Eichstätt (Bayern); der letzte von einem Kaiser (Heinrich III.) eingesetzte Papst; verteidigte das von Leo IX. angeordnete Zölibat der Priester. Beigesetzt in der Kirche Santa Maria Rotonda in Ravenna.

STEPHAN IX.

Weltlicher Name: Friedrich von Lothringen

Amtszeit: 3. August 1057 – 29. März 1058

Herkunft: Sohn Gozelos I., Herzogs von Lothringen; setzte sich für das Zölibat der Priester und gegen Simonie (Kauf und Verkauf geistiger Ämter) ein. Wird von Frankreich als »französischer« Papst gesehen. Beigesetzt in der Kirche Santa Reparata in Florenz.

HADRIAN VI.

Weltlicher Name: Adriaan Florisz Boeyens
Amtszeit: 9. Januar 1522 – 14. September 1523
Herkunft: Geboren in Utrecht (heute Niederlande) in armen Verhältnissen; versuchte vergeblich, den Reformator Martin Luther zu ächten und die Einheit des Glaubens zu bewahren. Er war der letzte nichtitalienische Papst bis 1978. Beigesetzt in der deutschen katholischen Nationalkirche Santa Maria dell'Anima in Rom.

BENEDIKT XVI.

Weltlicher Name: Joseph Alois Ratzinger
Amtszeit: seit 19. April 2005
Herkunft: Geboren in Marktl/Inn, Erzbischof von München und Freising (Bayern). Galt als einer der einflussreichsten Kardinäle (und war nach 28 Jahren zudem einer der dienstältesten überhaupt) und als engster Berater seines Vorgängers Johannes Paul II. in theologischen und kirchenpolitischen Fragen.
                  Die 115 Kardinäle in der Sixtinischen Kapelle einigten sich bereits im 4. Wahlgang (nach 26 Stunden) auf Ratzinger als Nachfolger von Johannes Paul II.

Ein Volk – ein Fakt: Anhänger einer veralteten Geschichtsauffassung betrachten auch Bonifatius II. (530–532) als »deutschen« Papst, da er Ostgote war und gemäß traditioneller Vorstellung alle Germanen (ein ohnehin schwammiger Begriff) »frühe« Deutsche sind.

Die zwanziger Jahre

10. 1. 1920	**Versailler Frieden** tritt in Kraft: u. a. werden Elsass-Lothringen, Danzig und das Memelgebiet vom Deutschen Reich abgetrennt.
11. 5. 1921	Die deutsche Regierung akzeptiert das Londoner Ultimatum der Alliierten. Deutschland muss in 66 Jahresraten insgesamt 132 Milliarden Goldmark an **Reparationen** bezahlen.
29. 7. 1921	Adolf Hitler wird Vorsitzender der NSDAP.
29. 8. 1921	Ebert verhängt den Ausnahmezustand nach dem Mord an Matthias Erzberger (Finanzminister).
16. 4. 1922	Das Deutsche Reich und die Sowjetunion schließen den **Vertrag von Rapallo**: Die UdSSR verzichtet auf deutsche Reparationszahlungen.
11. 1. 1923	Französische und belgische Truppen besetzen das Ruhrgebiet, weil Deutschland den Reparationszahlungen nicht nachkommt.
8. 11. 1923	**Adolf Hitler** verkündet im Münchner Bürgerbräukeller die »nationale Revolution«. Der Putsch wird am nächsten Tag niedergeschlagen.
1. 4. 1924	Hitler wird wegen Hochverrats zu fünf Jahren Festungshaft verurteilt, aber schon im Dezember auf Bewährung entlassen.
4. 5. 1924	Bei den Reichstagswahlen verlieren die Parteien der Mitte und die SPD massiv Wählerstimmen.
27. 2. 1925	Adolf Hitler gründet die **NSDAP** neu.
28. 2. 1925	In Berlin stirbt Reichspräsident Friedrich Ebert (SPD) an einer Blinddarmentzündung. Sein Nachfolger wird Generalfeldmarschall **Paul von Hindenburg**.
16. 10. 1925	Deutschland erkennt seine Westgrenze im Vertrag von Locarno an, seine Ostgrenze nicht.
10. 9. 1926	Das Deutsche Reich wird in den Völkerbund aufgenommen.
1. 11. 1926	Joseph Goebbels wird Gauleiter der NSDAP in Berlin.
17. 12. 1926	Die bürgerliche Regierung unter Wilhelm Marx wird durch ein Misstrauensvotum der SPD gestürzt.
16. 11. 1928	In einer Rede in Berlin vor 16 000 Zuschauern fordert Adolf Hitler den Wiederaufstieg Deutschlands durch »Wehrhaftigkeit, Ehrbegriffe, Rassenstolz und wirtschaftliche Autarkie«.
25. 10. 1929	Börsenkrach (»**Schwarzer Freitag**«) an der New Yorker Wall Street, der Europa erst mit Verzögerung erreicht.

Kultur

Thomas Mann veröffentlicht »Der Zauberberg« (1924), Erich Kästner sein Kinderbuch »Emil und die Detektive« (1929). »Im Westen nichts Neues« (1929) von Erich Maria Remarque erscheint und ist gleich ausverkauft. Außerdem neu auf dem Buchmarkt: »Berlin Alexanderplatz« (1929) von Alfred Döblin.

Die Münchner Kammerspiele zeigen das erste Stück von Bertolt Brecht: »Trommeln in der Nacht«. Fritz Langs »Dr. Mabuse« kommt in die Kinos.
Musik: Charleston, Swing & Schlager. Marlene Dietrich: »Ich bin von Kopf bis Fuß auf Liebe eingestellt«.
Medien: In Berlin nimmt der erste öffentliche Rundfunk seinen Betrieb auf.

Mode

Im Nachkriegsdeutschland wird die Damenmode verspielt und extravagant. Die Taille bleibt tief, der Saum wird kürzer. Frisurentrend: Bubikopf.

Alltag

Im Jahr 1921 sind 40 Prozent aller Kinder unterernährt oder krank. Im September 1926 erkranken 1728 Deutsche an Typhus, 73 davon sterben.

Völkerschauen

In den Zoos sind nicht nur Tiere beliebt, sondern auch Völkerschauen. Im Berliner Panoptikum wird etwa beworben: »50 wilde Kongoweiber, Männer und Kinder in ihrem aufgebauten Kongodorfe«. Aber auch Eskimos, Indianer und Hula tanzende Südseeinsulaner kommen beim Publikum gut an. 1910 brach die Sioux-Völkerschau mit 1,1 Millionen Besuchern bei Hagenbeck in Hamburg alle Rekorde.

Auto

Die Höchstgeschwindigkeit in geschlossenen Ortschaften wird von 15 auf 30 km/h erhöht. In Hannover stellt die letzte Postkutsche 1923 ihren Betrieb ein. Im Deut-

schen Reich sind 200 000 Pkws und 100 000 Motorräder zugelassen. Bei einer Verkehrszählung auf der Berliner Straße »Unter den Linden« werden 123 Autos pro Minute gezählt.

Erfindungen/Neuerungen

1920 In Berlin wird das Arbeitsamt gegründet. Die ersten Rolltreppen werden in Kaufhäusern eingeweiht.

1925 Heisenberg erklärt mit seiner Quantenmechanik mikrophysikalische Prozesse.

1926 Die erste Verkehrsampel wird in Berlin in Betrieb genommen.

1928 Die Lufthansa fliegt von Berlin über Königsberg, Riga und Smolensk nach Moskau. Flugzeit: 15 Stunden.

Deutsche Schriftsteller und was die Deutschen lesen

Lesen

Im Schnitt liest jeder Deutsche eine Dreiviertelstunde pro Tag. Die größte Konkurrenz fürs Buch sind Zeitungen (22 Minuten), Zeitschriften (7 Minuten) sowie Beipackzettel und Gebrauchsanweisungen (5 Minuten)! Auf die Buchlektüre entfallen pro Tag rund acht Minuten. Junge Menschen zwischen zehn und 24 Jahren lesen nur etwa eine halbe Stunde pro Tag, Menschen ab 40 etwa doppelt so lange. Je älter sie sind, desto mehr lesen sie. Insgesamt lesen Frauen mehr als Männer, aber die Gruppe, die uneinholbar vorn liegt, sind die über 65-jährigen Männer mit 75 Minuten pro Tag. Dies ist vor allem auf die ausführliche Zeitungslektüre zurückzuführen.

Die 15 wichtigsten deutschsprachigen Autoren

Heinrich Böll (1917–1985)
Bedeutender Autor der Bundesrepublik, etwa in »Ansichten eines Clowns« (1963) und »Die verlorene Ehre der Katharina Blum« (1974). Für »Gruppenbild mit Dame« (1971) erhielt Heinrich Böll 1972 den Nobelpreis für Literatur. Sein Roman über eine Frau, die unbeirrbar ihren Weg geht, obwohl sie sich durch die Liebe zu einem russischen Kriegsgefangenen nur Ärger einhandelt, habe »durch ihren zeitgeschichtlichen Weitblick« erneuernd gewirkt.

Bertolt Brecht (1898–1956)
Einer der einflussreichsten deutschen Dramatiker und Lyriker des 20. Jahrhunderts; Erfinder des epischen Dramas, das nicht aufs Mitfühlen, sondern aufs Mitdenken des Publikums setzt; prangert die Verführungskraft des Kapitalismus an und die Deformation des Menschen durch bürgerliche Normen (Abbildung rechts).

Georg Büchner (1813–1837)

Der Mediziner und Rebell gegen die alte monarchische Ordnung wurde nur 23 Jahre alt, aber sein Werk gehört zweifelsohne zur Weltliteratur. Kaum jemand hat so tief, mit derart klarem Blick in die zerrissene Seele des Menschen, in den Abgrund zwischen Natur und Zivilisation geblickt. »Von überraschender Gegenwärtigkeit« sei die enorme Unruhe, die Büchner mit Werken wie »Woyzeck« (1837) und »Lenz« (1825, 1839 posthum erschienen) stiftete, sagte Heinrich Böll. »Ich wüsste nicht, was mich in meinem Leben, das an Eindrücken nicht arm war, je so getroffen hätte«, stellte Elias Canetti fest.

Theodor Fontane (1819–1898)

Ein deutscher Romancier und poetischer Realist, der die Gesellschaft seiner Zeit mit großer Hellsicht porträtiert hat. Seien es unüberwindliche Standesschranken (»Irrungen, Wirrungen, 1888), das Kräftemessen zwischen Bildung und Besitz (»Frau Jenny Treibel«, 1892), Konventionen und strikte Ehrvorstellungen, an denen ein Mensch zerbricht (»Effi Briest«, 1894/94), oder der melancholische Übergang in eine neue Zeit in »Der Stechlin« (1898).

Johann Wolfgang von Goethe (1749–1832)

Der ruhmreichste und bekannteste deutsche Schriftsteller, von einzigartigem intellektuellem Tiefgang, unerreichter sprachlicher Ästhetik und einer in allen Facetten schillernden Persönlichkeit. Unerhört gebil-

det, versiert und interessiert, hinterließ er mehr gebrochene Frauenherzen als mancher Gigolo, zudem allein 15 000 Briefe und eine 143-bändige Werkausgabe. »Die Leiden des jungen Werther« (1774) bewegten selbst Napoleon Bonaparte. Die rätselhaft-tragischen »Wahlverwandtschaften« (1809) ließen weit ins bewegte Privatleben des Genies blicken, und »Wilhelm Meisters Lehrjahre« (1795/96) ist der Bildungsroman schlechthin.

Günter Grass (*1927)

Einer der bedeutendsten deutschen Schriftsteller der Gegenwart. Politisch aktiv, nicht immer dezent, aber bei einem Millionenpublikum beliebt. 1999 erhielt es den Nobelpreis für Literatur; er habe »in munteren schwarzen Farben das vergessene Gesicht der Geschichte gezeichnet.« – »Die Blechtrommel« (1959), »Der Butt« (1977), »Die Rättin« (1986), »Im Krebsgang« (2002) und »Beim Häuten der Zwiebel« (2006). (Abbildung links)

Heinrich Heine (1797–1856)

Einer der einflussreichsten deutschen Lyriker des 19. Jahrhunderts, der wegen seiner leichten, eleganten Sprache verehrt wird (»Buch der Lieder«, 1827). Seine »Harzreise«, 1826, eine der bekanntesten Wanderungen der deutschen Literatur. Seine Feuilleton-Stücke (»Reisebilder«, 1826–1830) wurden als Kunstform anerkannt. Heine war aber auch ein Satiriker und Polemiker, kritisch, ironisch, skeptisch, der immer wieder angefeindet wurde (rechts).

Hermann Hesse (1877–1962)

Dem Pietismus seiner protestantischen Vorfahren schließt er sich nicht an, was ihn einsam macht. Seine Abneigung gegen jedweden Zwang stürzt ihn in eine schwere Krise. Werke wie »Unterm Rad« (1906), »Demian« (1919) und »Der Steppenwolf« (1927) zeugen von der ständigen Suche nach sich selbst und der großen Abneigung gegen Willkür, Unmenschlichkeit und Unfreiheit. 1946 bekam er den Nobelpreis für Literatur.

Franz Kafka (1883–1924)

Einer der bedeutendsten Schriftsteller der Weltliteratur, der mit die »klarste und schönste deutsche Prosa« (Kurt Tucholsky) geschaffen hat. Kafka muss geradezu besessen vom Schreiben gewesen sein, bezeichnete es als »Hinabgehen zu den dunklen Mächten«. Und so sind seine weltberühmten Prosastücke denn auch von Orten und Räumen losgelöste Alptraumszenarien. Seien es »Das Urteil« (1913), »Die Verwandlung« (1915) oder »Der Prozess« (1925).

Gotthold Ephraim Lessing (1729–1781)

Der bedeutendste Schriftsteller der deutschen Aufklärung setzte ganz auf Vernunft und Toleranz, brachte dem Islam Respekt entgegen (den selbst ein großer Geist wie Immanuel Kant für eine gefahrvolle Schwärmerei hielt) und hinterließ der Welt mit seinem Drama »Nathan der Weise« (1779) ein Paradestück der Religionstoleranz und Humanität.

Thomas Mann (1875–1955)

An Selbstbewusstsein hat es dem ruhmreichsten deutschen Schriftsteller des 20. Jahrhunderts nicht gefehlt: »Wo ich bin, ist deutsche Kultur«, ließ er im amerikanischen Exil verlauten. Aber hat er nicht recht, der Autor des Gesellschaftsromans über den Verfall einer Familie (Buddenbrooks, 1901, Nobelpreis für Literatur 1929), des Reifeprozesses des jungen Hans Castorp (Der Zauberberg, 1924) und der »Tragödie einer Entwürdigung«, wie er über »Der Tod in Venedig« (1912) selbst sagte?

Karl May (1842–1912)

Der Junge aus ärmsten Verhältnissen einer sächsischen Weber-Familie hatte eine fulminante Phantasie – und Generationen von Lesern ließen sich von ihm entführen, etwa in das wildromantische Reich des edlen Indianerhäuptlings: »Winnetou I–III« (1893); (Abbildung rechts).

Rainer Maria Rilke (1875–1926)

Einer der verehrtesten Lyriker des 20. Jahrhunderts, dessen Werk durch eine mystische Welterfahrung und virtuosmysteriöse Sprachkunstfertigkeit geprägt ist, über deren Interpretation sich die Germanisten wohl niemals einig werden. »Gedichte« (1896, 1907), »Die Sonette an Orpheus« (1923).

Friedrich Schiller (1759–1805)

Der deutsche Dramatiker schlechthin: »Die Räuber«, »Don Carlos«, »Wallenstein«. Menschlichkeit und Empfindsamkeit setzte er der roh waltenden aristokratischen Herrschsucht entgegen. Ob in »Der Verbrecher aus verlorener Ehre« (1786) oder in »Ode an die Freude« (1786), für Schiller fußte eine bessere Welt auf Freiheit und Gerechtigkeit.

Theodor Storm (1817–1888)

Er war klein, trug einen Beamtenrock, in späteren Jahren einen schneeweißen Bart und blickte milde in die Welt: Der Jurist Storm kam daher wie ein freundlicher Märchenonkel. Und tatsächlich erzählen seine Werke, etwa »Immensee« (1850) und selbst »Der kleine Häwelmann« (1849), von Vernunft und biedermeierlicher Abgeklärtheit. Aber da ist noch etwa anderes sichtbar, etwa in »Der Schimmelreiter« (1888): Angst und Ungewissheit und eine gar nicht nur heile Welt.

Die Lieblingsbücher der Deutschen

Bei einer großen Umfrage des ZDF gaben 250 000 Befragte folgende Lieblingsbücher an. (Auf Deutsch geschriebene Werke sind mit einem * markiert.)

1. Der Herr der Ringe, Romantrilogie von J. R. R. Tolkien
2. Die Bibel – Sammlung heiliger Schriften*
3. Die Säulen der Erde, Roman von Ken Follett
4. Das Parfum, Roman von Patrick Süskind*
5. Der kleine Prinz, Märchen von Antoine de Saint-Exupéry
6. Buddenbrooks, Roman von Thomas Mann*
7. Der Medicus, Roman von Noah Gordon
8. Der Alchimist, Roman von Paulo Coelho
9. Harry Potter und der Stein der Weisen, Roman von Joanne K. Rowling
10. Die Päpstin, Roman von Donna W. Cross
11. Tintenherz, Roman von Cornelia Funke*
12. Feuer und Stein, Roman von Diana Gabaldon
13. Das Geisterhaus, Roman von Isabel Allende
14. Der Vorleser, Roman von Bernhard Schlink*
15. Faust. Der Tragödie erster Teil, Schauspiel von Johann Wolfgang von Goethe*
16. Der Schatten des Windes, Roman von Carlos Ruiz Zafón
17. Stolz und Vorurteil, Roman von Jane Austen
18. Der Name der Rose, Roman von Umberto Eco
19. Illuminati, Roman von Dan Brown
20. Effi Briest, Roman von Theodor Fontane*
21. Harry Potter und der Orden des Phönix, Roman von Joanne K. Rowling
22. Der Zauberberg, Roman von Thomas Mann*
23. Vom Winde verweht, Roman von Margaret Mitchell
24. Siddhartha, Erzählung von Hermann Hesse*
25. Die Entdeckung des Himmels, Roman von Harry Mulisch
26. Die unendliche Geschichte, Roman von Michael Ende*
27. Das verborgene Wort, Roman von Ulla Hahn*
28. Die Asche meiner Mutter, Roman von Frank McCourt
29. Narziß und Goldmund, Roman von Hermann Hesse*
30. Die Nebel von Avalon, Roman von Marion Zimmer Bradley
31. Deutschstunde, Roman von Siegfried Lenz*
32. Die Glut, Roman von Sándor Márai
33. Homo Faber, Roman von Max Frisch*
34. Die Entdeckung der Langsamkeit, Roman von Sten Nadolny*

35. Die unerträgliche Leichtigkeit des Seins, Roman von Milan Kundera
36. Hundert Jahre Einsamkeit, Roman von Gabriel García Márquez
37. Owen Meany, Roman von John Irving
38. Sofies Welt, Roman von Jostein Gaarder
39. Per Anhalter durch die Galaxis, Roman von Douglas Adams
40. Die Wand, Roman von Marlen Haushofer*
41. Gottes Werk und Teufels Beitrag, Roman von John Irving
42. Die Liebe in den Zeiten der Cholera, Roman von Gabriel García Márquez
43. Der Stechlin, Roman von Theodor Fontane*
44. Der Steppenwolf, Roman von Hermann Hesse*
45. Wer die Nachtigall stört, Roman von Harper Lee
46. Joseph und seine Brüder, Romantetralogie von Thomas Mann*
47. Der Laden, Roman von Erwin Strittmatter*
48. Die Blechtrommel, Roman von Günter Grass*
49. Im Westen nichts Neues, Roman von Erich Maria Remarque*
50. Der Schwarm, Roman von Frank Schätzing*

Berühmte deutsche Balladen

Johann Wolfgang Goethe bezeichnete sie als das »Ur-Ei der Dichtung«: die Ballade, die Lyrik, Epik und Dramatik miteinander verbindet und seit dem Sturm und Drang bis weit ins 20. Jahrhundert hinein mindestens so beliebt war wie heute die großen Hollywood-Blockbuster.
Zum Erinnern und Wiedererkennen: die 25 berühmtesten alten deutschen Balladen und ihre bekanntesten Zeilen:

Königskinder
»Sie konnten zusammen nicht kommen: das Wasser war viel zu tief.« (Entstanden aus einer handschriftlichen Aufzeichnung in westfälischem Dialekt der Dichterin *Annette von Droste-Hülshoff*, der Stoff stammt aus dem 15. Jahrhundert.)

Der Rattenfänger von Hameln
»Das Gift ist selbst der Teufel wohl, der uns die lieben Kinder stohl.« (Aus »Des Knaben Wunderhorn«, gesammelt von *Achim von Arnim* und *Clemens Brentano*, 1845/46)

Heidenröslein
»Sah ein Knab ein Röslein stehen, Röslein auf der Heiden.«
(Johann Wolfgang von Goethe)

Der Fischer

»Halb zog sie ihn, halb sank er hin, und ward nicht mehr gesehn.«

(Johann Wolfgang von Goethe)

Erlkönig

»Wer reitet so spät durch Nacht und Wind, es ist der Vater mit seinem Kind.«

(Johann Wolfgang von Goethe)

Der Zauberlehrling

»Herr, die Not ist groß! Die ich rief, die Geister, werd' ich nun nicht los.«

(Johann Wolfgang von Goethe)

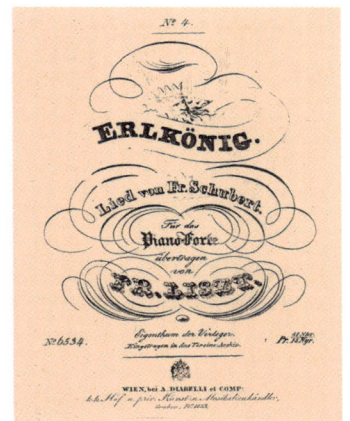

Der Reiter und der Bodensee

»Da recket die Magd die Arm' in die Höh': Herr Gott! So rittest du über den See.«

(Gustav Schwab)

Die Kraniche des Ibykus

»Von euch, ihr Kraniche dort oben! Wenn keine andere Stimme spricht, sei meines Mordes Klag erhoben!«

(Friedrich Schiller)

Der Taucher

»Da treibts ihn, den köstlichen Preis zu erwerben, und stürzt hinunter auf Leben und Sterben.«

(Friedrich Schiller)

Der Handschuh

»Und er wirft ihr den Handschuh ins Gesicht: Den Dank, Dame, begehr ich nicht.«

(Friedrich Schiller)

Die Bürgschaft

»Ich sei, gewährt mir die Bitte, in eurem Bunde der Dritte.«

(Friedrich Schiller)

Lureley

»Zu Bacharach am Rheine, wohnt eine Zauberin.«

(Clemens Brentano)

95

Der Knabe im Moor

»Ja, im Geröhre war's fürchterlich, o schaurig war's in der Heide!«

(Annette von Droste-Hülshoff)

John Maynard

»Er hat uns gerettet, er trägt die Kron', er starb für *uns*, unsre Liebe sein Lohn. John Maynard.«

(Theodor Fontane)

Herr von Ribbeck auf Ribbeck im Havelland

»So spendet Segen noch immer die Hand des von Ribbeck auf Ribbeck im Havelland.«

(Theodor Fontane)

Der Weg zum Erfolg war nicht immer ein geradliniger

Der junge **Goethe** wollte 1769 sein Lustspiel »Die Mitschuldigen« bei dem Frankfurter Buchhändler Johann Georg Fleischer drucken lassen. Fleischer lehnte jedoch ab.

Im Jahr 1821 entschied sich Brockhaus gegen die Gedichte eines jungen **Heinrich Heine**. 1822 brachte dieser seinen Erstling dann bei Maurer (Berlin) unter.

Im Jahr 1893 blitzte der blutjunge **Rainer Maria Rilke** mit seinem Werk »Leben und Lieder. Bilder und Tagebuchblätter« bei der renommierten Cotta'schen Buchhandlung ab. Eine Chance bekam er in Gottfried Ludwig Kattentidts Jung Deutschland Verlag.

Arthur Schnitzlers Roman »Anatol« (1893) hielt der für sein literarisches Gespür berühmte Verleger Samuel Fischer für ein chancenloses Liebhaberstück. Es sollte Schnitzlers Ruhm als Autor begründen.

Erich Maria Remarques Antikriegsroman »Im Westen nichts Neues« räumte Samuel Fischer kaum Erfolgsaussichten ein, da das Interesse an Büchern über den Weltkrieg erlahmt sei. Der Roman erschien im Berliner Propyläen-Verlag und wurde das erfolgreichste deutsche Buch des 20. Jahrhunderts. Noch in seinem Erscheinungsjahr 1929 wurde es in 29 Sprachen übersetzt. Heute gibt es Ausgaben in rund 50 Sprachen. Weltweit wurden rund 20 Millionen Exemplare verkauft.

Mehr als ein Dutzend Verlage, darunter so namhafte wie Piper, Ullstein und Langen Müller, lehnten Hans Reimanns Roman »Feuerzangenbowle« ab, der 1935 im Droste-Verlag erschien und mit Heinz Rühmann zu einem Klassiker verfilmt wurde.

Patrick Süskinds Roman »Das Parfum« (1985), der mit etwa 15 Millionen verkauften Exemplaren in rund 40 Sprachen zu den erfolgreichsten Büchern unserer Zeit zählt, soll unter anderem vom Frankfurter Suhrkamp Verlag abgelehnt worden sein, ehe er beim Diogenes Verlag in Zürich erschien.

Literarische Kuriositäten

Für die drei Klassen der Mittelstufe brauchte der Schriftsteller und Nobelpreisträger Thomas Mann (»Die Buddenbrooks«) fünf Jahre. Im Fach Deutsch hatte er ein »befriedigend«. »Ich verabscheue die Schule«, hat er gesagt.

Der erfolgreichste deutsche Schriftsteller ist wohl Karl May: Seine rund 80 Bücher sind weltweit rund 215 Millionen Mal verkauft worden.

»Über allen Gipfeln ist Ruh« von Goethe ist das bekannteste deutsche Gedicht. Der Dichterfürst hatte die acht Zeilen nicht etwa auf edlem Papier notiert, sondern in der Dämmerung des 6. September 1780 auf die Bretter der Jagdhütte auf dem Kickelhahn bei Ilmenau gekritzelt. Die Hütte wurde eine Art Kultstätte, bis sie 1870 abbrannte.

Als Heinrich Böll 1972 den Literaturnobelpreis bekam, entschloss er sich nach langem Ringen erst am Tag der Verleihung, einen Frack zu tragen – aber in seiner Größe waren alle ausgeliehen. Deswegen erschien Böll im viel zu langen, viel zu weiten Frack mit eingeschlagenen Hosenbeinen.

So wie Goethes »Leiden des jungen Werther« eine Selbstmordwelle auslöste, entstanden in Sachsen nach der Veröffentlichung von Schillers Trauerspiel »Die Räuber« etliche Räuberbanden.

In Arno Holz' (1863–1929) Lyrikzyklus »Phantasus« (1924) erstreckt sich der längste Satz über 70 Seiten.

Die dreißiger Jahre

20. 1. 1930	Gemäß Haager Schlussakte soll Deutschland 34,5 Milliarden Reichsmark an **Reparationen** an die Sieger des Ersten Weltkrieges zahlen.
27. 3. 1930	Die letzte Regierung mit parlamentarischer Mehrheit tritt zurück: **Heinrich Brüning** (Zentrum) wird neuer Reichskanzler.
12. 6. 1930	Max Schmeling wird Schwergewichts-Boxweltmeister.
18. 7. 1930	Reichspräsident Hindenburg löst den Reichstag auf, nachdem sich die Abgeordneten gegen eine Notverordnung gewehrt hatten.
14. 9. 1930	Ergebnis der **Reichstagswahl**: SPD 24,5 %, NSDAP 18,3 %, KPD 13,1 %.
31. 7. 1932	Die NSDAP erhält bei den Reichstagswahlen 37,4 %. Damit ist sie stärkste Kraft, besitzt jedoch keine regierungsfähige Mehrheit.
30. 8. 1932	Die Abgeordneten des Reichstags wählen Hermann Göring zum Reichstagspräsidenten.
30. 1. 1933	**Adolf Hitler** wird zum Reichskanzler ernannt.
28. 2. 1933	Reichspräsident Hindenburg setzt mit einer Notverordnung viele Grundrechte außer Kraft. Anlass: Der **Brand des Reichtags** am Tag zuvor.
14. 10. 1933	Das Deutsche Reich zieht sich von internationalen Abrüstungsverhandlungen zurück und tritt aus dem Völkerbund aus.
26. 1. 1934	Deutschland und Polen schließen einen Nichtangriffspakt.
24. 3. 1934	Die Regierung entzieht Nobelpreisträger **Albert Einstein** wegen seiner jüdischen Herkunft die deutsche Staatsbürgerschaft.

2. 8. 1934	Reichspräsident **Paul von Hindenburg** stirbt im Alter von 86 Jahren. Reichskanzler Adolf Hitler übernimmt noch am gleichen Tag das Amt des Reichspräsidenten.
15. 9. 1935	Auf dem Reichsparteitag der NSDAP in Nürnberg wird das Gesetz zum Schutz des deutschen Bluts angekündigt. So werden jüdische Bürger weiter ausgegrenzt.
7. 3. 1936	Die Wehrmacht marschiert ins entmilitarisierte Rheinland.
6. 2. 1936	IV. Olympische Winterspiele in Garmisch-Partenkirchen.
1. 8. 1936	Adolf Hitler eröffnet in Berlin die **XI. Olympischen Sommerspiele**.
23. 11. 1936	Der deutsche Publizist Carl von Ossietzky erhält den Friedensnobelpreis nachträglich für das Jahr 1935. Doch er sitzt seit Februar 1934 im KZ Papenburg.
15. 1. 1937	In einer Rundfunkansprache nennt SS-Chef Heinrich Himmler als wichtigste Aufgabe der Polizei die Bekämpfung von Homosexualität und Abtreibung.
12. 3. 1938	Die Wehrmacht besetzt **Österreich** und wird von der Bevölkerung großenteils begeistert empfangen. Hitler erlässt das Gesetz über die Vereinigung Österreichs mit dem Deutschen Reich. 90 % der Bevölkerung stimmen im April einem Anschluss Österreichs an das Deutsche Reich zu.
30. 9. 1938	Die Regierungschefs von Großbritannien, Frankreich und Italien (ohne Beteiligung von Vertretern der Tschechoslowakei) tolerieren im **Münchner Abkommen** die Annexion der sudetendeutschen Gebiete durch das Deutsche Reich. Damit verhindern sie vorerst einen Krieg. Am ersten Oktober marschieren die deutschen Truppen im Sudetenland ein.
9. 11. 1938	Im Novemberpogrom (**»Reichskristallnacht«**) zerstören SA-Truppen unzählige jüdische Einrichtungen, verhöhnen und misshandeln Juden. Insgesamt werden 91 von ihnen getötet und 26 000 verhaftet.
15. 3. 1939	Einmarsch der deutschen Truppen in die Tschechoslowakei.
31. 3. 1939	Großbritannien garantiert Polen Unterstützung im Angriffsfall.
23. 8. 1939	Das Deutsche Reich und die Sowjetunion schließen einen geheimen Nichtangriffspakt (Hitler-Stalin-Pakt).
1. 9. 1939	Deutschland überfällt Polen ohne vorherige Kriegserklärung. Beginn des **Zweiten Weltkrieges**.
3. 9. 1939	Großbritannien und Frankreich erklären dem Deutschen Reich den Krieg.

Kultur

Gustav Gründgens spielt 1933 am Staatlichen Schauspielhaus in Berlin den Mephisto in Goethes »Faust«. Die Reichsregierung bürgert Bertold Brecht aus. Der deutsche Schriftsteller Kurt Tucholsky begeht 1934 in Schweden Selbstmord. In München wird 1937 die Ausstellung »Entartete Kunst« eröffnet, deren Künstler laut NS-Regierung »die Ideale der germanischen Rasse« attackieren.

Kino: »M – Eine Stadt sucht einen Mörder« mit Peter Lorre und Gustav Gründgens und »Der blaue Engel« mit Marlene Dietrich und Emil Jannings.
Musik: Comedian Harmonists: »Mein kleiner grüner Kaktus«. Aus den USA kommt der Swing.

Medien

Über Kurzwelle meldet sich erstmals ein Reporter aus den Vereinigten Staaten live im deutschen Rundfunk. In Berlin startet das erste Fernsehprogramm der Welt. Kultobjekt: der Volksempfänger.

Alltag

Im Jahr 1930 müssen 22 700 Firmen wegen der Wirtschaftskrise Insolvenz anmelden. Zwei Jahre später, auf dem Höhepunkt der Weltwirtschaftskrise, sind 44 Prozent der Erwerbsfähigen im Deutschen Reich arbeitslos. Ehen werden ab 1935 mit »Jawohl, Heil Hitler« geschlossen. Allein 1937 wandern 24 000 Juden aus dem Deutschen Reich aus. Das erfolgreichste Spielzeug der dreißiger Jahre sind Trix-Express-Modelleisenbahnen. Brot, Milch, Fleisch, Marmelade und Zucker werden ab 1939 rationalisiert.

Auto

Die vierspurige Autobahn Köln-Bonn ist die erste kreuzungsfreie Straße, die nur dem Autoverkehr vorbehalten ist. Im Mai 1935 wird das erste vollendete Teilstück der sogenannten Reichsautobahn eingeweiht, es verbindet Frankfurt am Main mit Heidelberg. Im Bau sind zu dieser Zeit insgesamt 1500 Kilometer, die von 15 000 Arbeitern an 22 Baustellen errichtet werden – ein weit größeres Streckennetz ist in Planung. In Wolfsburg legt Adolf Hitler 1938 den Grundstein zum Bau des Volkswagenwerks. Ziel: Kraft-durch-Freude-Wagen für 990 Reichsmark zu produzieren.

Theater in Deutschland

In Deutschland gibt es gut 150 Stadttheater, Staatstheater und Landes-bühnen in öffentlicher Trägerschaft, die durch Landes- und Kommunal-haushalte unterstützt werden. Im Durchschnitt wird eine Theaterkarte in Deutschland mit rund 95 Euro subventioniert. Der Preis, den der Zu-schauer im Durchschnitt zahlt, beläuft sich auf ein knappes Viertel der tatsächlich anfallenden Gesamtkosten. An der öffentlichen Finanzierung der Theater wird festgehalten, da die Gelder aber vielerorts gekürzt wer-den, spielen Mäzene, Fördervereine, Sponsoren und Kulturstiftungen eine zunehmend wichtigere Rolle.

In Deutschland gibt es zudem etwa 280 Privattheater unterschiedlichs-ter Größe, künstlerischer Ausrichtung und Tradition. Zu den bekanntes-ten gehören das Alte Schauspielhaus Stuttgart, das Ohnsorg-Theater und das Schmidt-Theater in Hamburg, die Komödie am Kurfürstendamm in Berlin und die Komödie im Bayerischen Hof in München.

Theater des Jahres

Die Zeitschrift »Theater heute« verleiht jährlich den Titel »Theater des Jahres« an ein deutschsprachiges Theater. Die Preisträger der letzten zehn Jahre:

2008 Deutsches Theater Berlin, Intendanz: Bernd Wilms
2007 Thalia Theater Hamburg, Intendanz: Ulrich Khuon
2006 Staatstheater Stuttgart, Intendanz: Hasko Weber
2005 Deutsches Theater Berlin, Intendanz: Bernd Wilms
      Münchner Kammerspiele, Intendanz: Frank Baumbauer
      Neue Bühne, Senftenberg, Intendanz: Sewan Latchinian
      Deutsches Schauspielhaus Hamburg, Intendanz: Tom Stromberg
2004 Hebbel am Ufer in Berlin, Intendanz: Matthias Lilienthal
2003 Thalia Theater Hamburg, Intendanz: Ulrich Khuon
2002 Zürcher Schauspielhaus, Intendanz: Christoph Marthaler
2001 Zürcher Schauspielhaus, Intendanz: Christoph Marthaler
2000 Deutsches Schauspielhaus Hamburg, Intendanz: Frank Baumbauer
1999 Schauspiel Basel, Intendanz: Stefan Bachmann

> **Ein Volk – ein Fakt:** In der Spielzeit 2006/2007 waren auf Deutschlands Bühnen 3365 Werke zu sehen. Knapp 27 Millionen Tickets wurden verkauft, davon rund 18 Millionen in öffentlichen und knapp 8 Millionen in privaten Theatern.

Die beliebtesten klassischen Schauspielwerke in Deutschland

»**Kabale und Liebe**« von Friedrich Schiller (Uraufführung 1784 in Frankfurt am Main)

»**Faust**« von Johann Wolfgang Goethe (Uraufführung 1829 in Braunschweig)

»**Die Dreigroschenoper**« von Bertolt Brecht (Uraufführung 1928 in Berlin)

»**Die Räuber**« von Friedrich Schiller (Uraufführung 1782 in Mannheim)

»**Nathan der Weise**« von Gotthold Ephraim Lessing (Uraufführung 1783 in Berlin)

»**Antigone**« von Sophokles (Uraufführung 442 v. Chr. in Athen)

»**Ein Sommernachtstraum**« von William Shakespeare (Uraufführung ca. 1598)

»**Woyzeck**« von Georg Büchner (Uraufführung 1913 in München)

»**Romeo und Julia**« von William Shakespeare (Uraufführung ca. 1597)

»**Was ihr wollt**« von William Shakespeare (Uraufführung ca. 1601)

»**Don Carlos**« von Friedrich Schiller (Uraufführung 1787 in Hamburg)

»**Leonce und Lena**« von Georg Büchner (Uraufführung 1895 in München)

»**Der zerbrochene Krug**« von Heinrich von Kleist (Uraufführung 1808 in Weimar)

»**Hamlet**« von William Shakespeare (Uraufführung 1602 in London)

»Der Kirschgarten« von Anton Tschechow (Uraufführung 1904 im Künstlertheater in Moskau)

Die beliebtesten modernen Schauspielwerke in Deutschland

»Der Kontrabass« von Patrick Süskind (1981, Uraufführung am Cuvilliés-Theater, München)

»Klamms Krieg« von Kai Hensel (2000, Uraufführung am Staatsschauspiel Dresden)

»Ladies Night« von Stephen Sinclair (1987, Uraufführung am Mercury Theatre, Auckland, Neuseeland)

»Die Kuh Rosmarie« von Andri Beyeler (2002, Uraufführung am Pavillon, Luzern)

»Elling« von Axel Hellstenius (1999, Uraufführung am Oslo Nye Teater, Oslo)

»Sechs Tanzstunden in sechs Wochen« von Richard Alfieri (2001, Uraufführung am Geffen Playhouse, Los Angeles)

»Warten auf Godot« von Samuel Beckett (1953, Uraufführung am Théâtre de Babylone, Paris)

»Geschlossene Gesellschaft« von Jean-Paul Sartre (1944, Uraufführung am Théâtre Vieux-Colombier, Paris)

»Tod eines Handlungsreisenden« von Arthur Miller (1949, Uraufführung am Broadway, Morosco Theatre, New York)

»Der Besuch der alten Dame« von Friedrich Dürrenmatt (1956, Uraufführung am Schauspielhaus Zürich)

»Die Jagdgesellschaft« von Thomas Bernhard (1974, Uraufführung am Burgtheater Wien)

»Die Hypochonder« von Botho Strauß (1971, Uraufführung am Deutschen Schauspielhaus, Hamburg)

»**Die Katze auf dem heißen Blechdach**« von Tennessee Williams (1955, Uraufführung am Broadway, Morosco Theatre, New York)

Draußen vor der Tür« von Wolfgang Borchert (1947, Uraufführung an den Kammerspielen Hamburg)

»**Stallerhof**« von Franz Xaver Kroetz (1971, Uraufführung am Deutschen Schauspielhaus, Hamburg)

Der Iffland-Ring

Der Iffland-Ring mit dem Konterfei des deutschen Schauspielers, Theaterdirektors und Dramatikers August Wilhelm Iffland wird jeweils per Testament vom Träger an den nach Meinung des vorherigen Trägers bedeutendsten deutschsprachigen Schauspieler weitergegeben. Iffland, der am Mannheimer Nationaltheater in der Uraufführung von Friedrich Schillers Drama »Die Räuber« den Franz Moor spielte, gilt als Stifter des begehrten Rings.

Träger des Iffland-Ringes

bis 1832	Ludwig Devrient	1911–1954	Albert Bassermann
1832–1872	Emil Devrient	1954–1959	Werner Krauß
1872–1878	Theodor Döring	1959–1996	Josef Meinrad
1878–1911	Friedrich Haase	seit 1996	Bruno Ganz

Ein Volk – ein Fakt: Seit 1954 ist der Ring zweckgebundenes Eigentum der Republik Österreich. Damals verstarb der Träger, der deutsche Schauspieler Albert Bassermann, ohne einen Erben bestimmt zu haben, da drei von ihm vorgesehene Kandidaten (Alexander Girardi, Max Pallenberg, Alexander Moissi) allesamt vor ihm starben. Bassermann glaubte daraufhin an einen tödlichen Fluch und weigerte sich, einen weiteren Namen zu nennen. Der Kartellverband deutschsprachiger Bühnenangehöriger beschloss nach einigen Wirren einstimmig, den Ring an den deutschen Schauspieler Werner Krauß zu geben.

Berühmte deutschsprachige Theaterstücke und bedeutende Textstellen/Dialoge

Bertolt Brecht (1898–1956)

»Die Dreigroschenoper« (1928)
»Und der Haifisch, der hat Zähne, und die trägt er im Gesicht, und Macheath, der hat ein Messer, doch das Messer sieht man nicht.« (Erster Akt)

»Mutter Courage und ihre Kinder« (1941)
»Wenn man die Großkopfigen reden hört, führns die Krieg nur aus Gottesfurcht und für alles, was gut und schön ist. Aber wenn man genauer hinsieht, sind's nicht so blöd, sondern führ'n die Krieg für Gewinn. Und anders würden die kleinen Leut wie ich auch nicht mitmachen.«

Georg Büchner (1813–1837)

»Dantons Tod« (1835)
»Der Tod äfft die Geburt; beim Sterben sind wir so hilflos und nackt wie neugeborne Kinder.« (Vierter Akt, dritte Szene)

»Leonce und Lena« (1842)
»O Himmel, man kommt leichter zu seiner Erzeugung, als zu seiner Erziehung.« (Erster Akt, dritte Szene)

»Woyzeck« (1879/1913)
»Jeder Mensch ist ein Abgrund. Es schwindelt einem, wenn man hinabsieht.« (Zweite Entwurfsstufe, H2, achte Szene)

Johann Wolfgang von Goethe (1749–1832)

»Götz von Berlichingen« (1773)
»Mich ergeben! Auf Gnad und Ungnad! Mit wem redet Ihr! Bin ich ein Räuber! Sag deinem Hauptmann: Vor Ihro Kaiserliche Majestät hab ich, wie immer, schuldigen Respekt. Er aber, sag's ihm, er kann mich im Arsche lecken!« (Dritter Aufzug)

»Iphigenie auf Tauris« (1779)
»Wie eng gebunden ist des Weibes Glück!«
(Erster Aufzug, erster Auftritt)

»Faust, der Tragödie Erster Teil« (1808)
»Das also war des Pudels Kern! Ein fahrender Skolast? Der Kasus macht mich lachen.«

Gerhart Hauptmann (1862–1946)

»Die Weber« (1893)
»Ob ich am Webstuhl d'rhungere oder im Straßengrab'n, das is mir egal.« (Der junge Weber Bäcker)

Hugo von Hofmannsthal (1874–1929)

»Jedermann« (1911)
»So lang einer im Glück ist, der hat Freunde die Menge, doch wenn ihm das Glück den Rücken kehrt, dann verläuft sich das Gedränge.«

Heinrich von Kleist (1777–1811)

»Der zerbrochene Krug« (1808)
»Was läßt sich in Gedanken nicht erfinden?« (Vierter Auftritt)

Gotthold Ephraim Lessing (1729–1781)

»Minna von Barnhelm« (1767)
»Ich brauche keine Gnade, ich will Gerechtigkeit.« (Vierter Aufzug, sechster Auftritt)

»Emilia Galotti «(1772)
»Noch einen Schritt vom Ziele, oder noch gar nicht ausgelaufen sein, ist im Grunde eines.« (Zweiter Aufzug, achter Auftritt)

»Nathan der Weise« (1779)
»Es sind nicht alle frei, die ihrer Ketten spotten.« (Vierter Aufzug, vierter Auftritt)

Friedrich Schiller (1759–1805)

»Die Räuber« (1781)
»Ich fühle eine Armee in meiner Faust – Tod oder Freiheit!« (Zweiter Akt, dritte Szene)

»Kabale und Liebe« (1784)
»Einem Liebhaber, der den Vater zur Hilfe ruft, trau ich – erlauben Sie – keine hohle Haselnuss zu.« (Erster Akt, zweite Szene)

»Don Carlos« (1787)
»Wer ist der Mensch, der sich vermessen will, des Zufalls schweres Steuer zu regieren.« (Vierter Akt, 21. Auftritt)

»Wallenstein« (1798)
»Das Wort ist frei, die Tat ist stumm, der Gehorsam blind.« (Wallensteins Lager, sechster Auftritt; Abbildung unten links)

»Maria Stuart« (1800)
»Der Ring macht Ehen, und Ringe sind's, die eine Kette machen.« (Zweiter Aufzug, zweiter Auftritt)

»Wilhelm Tell« (1804)
»Der kluge Mann baut vor.« (Erster Aufzug, zweite Szene)

Carl Zuckmayer (1896–1977)

»Der Hauptmann von Köpenick« (1931)
»Wie schön Deutschland ist, wenn man ganz weit weg ist und nur immer dran denkt.« (Abbildung unten rechts)

Die vierziger Jahre

9. 4. 1940	Deutsche **Truppen besetzen Dänemark und Norwegen**.
10. 5. 1940	Deutsche Truppen erobern Belgien, Luxemburg und Niederlande.
10. 6. 1940	Italien schlägt sich auf die deutsche Seite und attackiert Frankreich.
1940/1941	Die deutsche Luftwaffe unterliegt bei der »**Luftschlacht um England**«.
22. 6. 1941	Deutsche Truppen greifen die Sowjetunion an, ohne ihr vorher den Krieg zu erklären.
1. 9. 1941	Alle Juden müssen an ihrer Kleidung einen **gelben Stern** tragen.
3. 9. 1941	Im **KZ Auschwitz** werden erste Menschen mit Zyklon-B vergast.
Dez. 1941	Kurz vor Moskau scheitert die **deutsche Offensive** (»Unternehmen Barbarossa«).
11. 12. 1941	Deutschland erklärt den USA den Krieg.
20. 1. 1942	Auf der Wannseekonferenz wird unter Vorsitz von Reinhard Heydrich über die »**Endlösung der Judenfrage**« diskutiert.
30./31. 5. 1942	Angriff britischer Bomber auf Köln: 45 000 Menschen werden obdachlos, 474 sterben.
22. 7. 1942	Die Deportation jüdischer Bewohner des **Warschauer Ghettos** ins Vernichtungslager Treblinka beginnt.
22. 11. 1942	Die Rote Armee schließt den Kessel um die 6. deutsche Armee vor **Stalingrad**.
2. 2. 1943	Kapitulation der letzten deutschen Truppen in Stalingrad.
18. 2. 1943	Joseph Goebbels fordert bei einer Rede im Berliner Sportpalast den »**totalen Krieg**«.
22. 2. 1943	Hans und Sophie Scholl, die Mitglieder der Widerstandsgruppe »**Weiße Rose**«, die wenige Tage zuvor verhaftet wurden, werden zum Tode verurteilt und am gleichen Tag hingerichtet.
14. 7. 1943	Die letzte deutsche Großoffensive an der Ostfront endet verlustreich.
6. 6. 1944	In der **Normandie** landen mit 6000 Schiffen und 14 000 Flugzeugen insgesamt 150 000 alliierte Soldaten (D-Day).
20. 7. 1944	Adolf Hitler überlebt das Attentat von **Claus Graf Schenk von Stauffenberg** im Führerhauptquartier Wolfsschanze.
4. 8. 1944	**Anne Frank** und ihre Familie werden in Amsterdam von der Gestapo entdeckt. Sie stirbt im März 1945 im KZ Bergen-Belsen.
8. 9. 1944	Einsatz von **V2-Raketen**, Ziele sind London und Antwerpen.
1. 2. 1945	In Jalta beschließen Churchill, Stalin und Roosevelt die Teilung Deutschlands in Besatzungszonen und die Grenzziehung zu Polen.
13./14. 2. 1945	Mehrere Luftangriffe legen **Dresden** in Schutt und Asche. Etwa 25 000 Menschen werden getötet.
30. 4. 1945	Adolf Hitler erschießt sich im Bunker unter der Reichskanzlei.
7./9. 5. 1945	Deutsche Delegationen unterzeichnen in Reims und Karlshorst die bedingungslose **Kapitulation**.

20. 11. 1945	Die Nürnberger Prozesse beginnen.
1. 10. 1946	Die Urteile im **Nürnberger Prozess** gegen 22 Hauptkriegsverbrecher werden gesprochen: zwölf Todesurteile, dreimal lebenslänglich, vier Haftstrafen, drei Freisprüche.
24. 6. 1948	Beginn der **Berliner Blockade**, bei der aller Verkehr zu Land und zu Wasser nach Berlin von der sowjetischen Militäradministration unterbrochen wird.
26. 6. 1948	Der US-Militärgouverneur Lucius D. Clay ordnet die Versorgung Westberlins per Luftbrücke an. Noch im ersten Jahr landen 150 000 Flugzeuge in Tempelhof.
12. 5. 1949	Die Berliner Blockade endet.
23. 5. 1949	Der Parlamentarische Rat verkündet das **Grundgesetz** der Bundesrepublik Deutschland.
12. 9. 1949	**Theodor Heuss** (FDP) wird zum ersten Bundespräsidenten gewählt.
15. 9. 1949	**Konrad Adenauer** (CDU) wird zum ersten Bundeskanzler gewählt.
7. 10. 1949	In Ostberlin proklamiert der Deutsche Volksrat die **Gründung der DDR**.

Kultur

Kino: »Münchhausen« mit Hans Albers als Lügenbaron, »Die Feuerzangenbowle« mit Heinz Rühmann. Theater: Das pazifistische Heimkehrerstück »Draußen vor der Tür« von Wolfgang Borchert feiert 1947 Premiere. Architektur: Nissenhütte.

Alltag

Die Trümmerfrauen übernehmen überall in Deutschland die Aufräumarbeiten, der Schwarzmarkt blüht, Wohnungsnot und Lebensmittelkarten bestimmen den Alltag. Allein in der britischen Zone sind im Jahr 1946 mehr als 46 000 Fälle offener Tuberkulose registriert. 1947 ist die Kindersterblichkeit in Deutschland dreimal höher als vor dem Zweiten Weltkrieg. Das zweimillionste Care-Paket aus Amerika erreicht im selben Jahr Deutschland.
Im Jahr 1948 führt der Suchdienst in Berlin innerhalb von zwei Jahren eine Million Vermisste mit ihren Familien zusammen.

Musik in Deutschland

Schlager und Popmusik

Ab 1953 wurden in Westdeutschland die am häufigsten in Musikboxen gewählten Titel ermittelt und in der Musikzeitschrift »Der Automatenmarkt« monatlich veröffentlicht. »Es hängt ein Pferdehalfter an der Wand« von den Kilima-Hawaiians führte damals erstmalig die Hitliste der beliebtesten Boxenschlager an und ist somit der erste Nummer-eins-Hit der deutschen Chart-Geschichte.

Ab 1959 zog man die Verkaufszahlen von Langspielplatten zur Ermittlung der besten Hits heran. Damals lag etwa vier Monate ungeschlagen Freddy Quinn (Abbildung) mit »Die Gitarre und das Meer« an der Spitze.

In den 1970er Jahren wurde dann die Firma Media Control damit beauftragt, wöchentlich die Lieblingshits der Deutschen zu ermitteln. Seit 2007 wird die Nummer eins nicht mehr über die Tonträgerverkaufszahlen, Downloads und Musikvideoverkäufe bestimmt, sondern entscheidend für die Rangfolge sind die erzielten Umsätze der einzelnen Musiktitel. 343 verschiedene Nummer-eins-Titel gab es bis heute in Deutschland insgesamt.

Die Interpreten mit den meisten Nummer-eins-Hits in den deutschen Charts

The Beatles	12
Freddy Quinn	10
ABBA	9
The Sweet und Boney M.	je 8
Peter Alexander	7
Caterina Valente, Roy Black und The Rolling Stones	je 6
Modern Talking und Sarah Connor	je 5

Deutschlands Dauerbrenner

Am längsten konnte sich der Hit »Rivers of Babylon« von Boney M. auf dem Spitzenplatz der deutschen Charts behaupten. 1978 führte er 17 Wochen lang die Hitliste an. 1990 war der Schlager »Verdammt, ich lieb dich« von Matthias Reim mit 16 Wochen ähnlich erfolgreich.
Elvis, der in den amerikanischen Charts mit 17 Songs auf dem ersten Platz landete, schaffte übrigens mit »In the ghetto« nur einmal den Sprung an die Spitze der deutschen Hitliste.
Die meisten Alben besitzen die Deutschen von Peter Maffay, BAP und Madonna. Den Titel für die meisten Plazierungen in den deutschen Album-Charts teilen sich James Last und Udo Lindenberg mit je 35 Alben. Die Platten des Kindersängers Heintje erwirtschafteten Ende der sechziger Jahre rund 20 Prozent des gesamten Schallplattenumsatzes in Deutschland!

Deutsche Interpreten mit Nummer-eins-Hits in ausländischen Charts

1984	Nena	»99 red balloons«	GB
2005	Joy	»Schnappi«	A, CH, NL, Belgien, Schweden und Norwegen
2007	Tokio Hotel	»Monsoon«	Israel, Polen

Der einzige deutschsprachige Hit, der es in den USA jemals an die Spitze schaffte, war »Rock Me Amadeus« von Falco im Jahr 1986. Die international erfolgreichsten deutschsprachigen Musikgruppen sind derzeit die Magdeburger Teenieband Tokio Hotel und Rammstein.

Gesamtwertung der Jahreshitparade in der DDR

1979			**1990**	
1	**Puhdys**	»Doch die Gitter schweigen«	**Rockhaus**	»Wohin?«
2	**Stern Meissen**	»Die Sage«	**Keimzeit**	»Irrenhaus«
3	**Karat**	»Wenn das Schweigen bricht«	**Karussell**	»Marie«
4	**Karussell**	»Autostop«	**Merlin**	»After the war«
5	**Magdeburg**	»Was wird morgen sein?«	**Viper**	»Tomb of lies«

Die Interpreten mit den meisten Nummer-eins-Hits in den DDR-Jahres-Charts

Puhdys	8
Rockhaus	3
Lift	2

Die 15 erfolgreichsten Hits der Neuen Deutschen Welle

»Skandal im Sperrbezirk«	Spider Murphy Gang, 1982
»Da, da, da, ich lieb dich nicht, du liebst mich nicht«	Trio, 1982
»Major Tom (Völlig losgelöst)«	Peter Schilling, 1983
»99 Luftballon«	Nena, 1983
»Der Kommissar«	Falco, 1982
»Ich will Spaß«	Markus, 1982
»Bruttosozialprodukt«	Geier Sturzflug, 1983
»Rosemarie«	Hubert KaH, 1982

Was die Deutschen am besten aus dem Stegreif singen können

»Hoch auf dem gelben Wagen«	60 %
»Über den Wolken«	56 %
»Kein schöner Land«	43 %
»Lobe den Herren«	42 %
»Heut' fahrn wir übern See, übern See«	35 %

Die beliebtesten Volkslieder der Deutschen

1. Der Mond ist aufgegangen
2. Die Gedanken sind frei
3. Kein schöner Land in dieser Zeit
4. Guten Abend, gute Nacht
5. Bunt sind schon die Wälder
6. Am Brunnen vor dem Tore
7. Ännchen von Tharau
8. Der Mai ist gekommen
9. Im schönsten Wiesengrunde
10. Sah ein Knab ein Röslein stehn

Klassische Musik

> »Ich kann nicht so viel Musik von Wagner anhören.
> Ich hätte sonst den Drang, Polen zu erobern.«
>
> WOODY ALLEN

12 Millionen Deutsche besuchen jährlich klassische Konzerte. Besonders das Opernpublikum liebt es konservativ. Seit Jahren werden vornehmlich Opern aus dem 18. und 19. Jahrhundert aufgeführt. Auch außerhalb des Mozartjahres 2006 gehören vor allem die Mozart-Opern zu den meistinszenierten Stücken in Deutschlands Opernhäusern. »Die Zauberflöte« wird jährlich etwa 500-mal in Deutschland gegeben. Doppelt so oft wie Bizets »Carmen«, die immerhin ziemlich beständig auf Platz zwei liegt.

Die 15 meistaufgeführten Opern in Deutschland

»Die Zauberflöte«	Mozart
»Carmen«	Bizet
»Don Giovanni«	Mozart
»Cosí fan tutte«	Mozart
»Hänsel und Gretel«	Humperdinck
»Die Entführung aus dem Serail«	Mozart
»Der Freischütz«	Weber
»Tosca«	Puccini
»La Traviata«	Verdi
»Rigoletto«	Verdi
»Der Troubadour«	Verdi
»Hoffmanns Erzählungen«	Offenbach
»Eugen Onegin«	Tschaikowski
»Madame Butterfly«	Puccini
»Der Barbier von Sevilla«	Rossini

Die berühmtesten deutschen Komponisten und ihre bekanntesten Werke

Johann Sebastian Bach	1685–1750	»Brandenburgische Konzerte«, »Das wohltemperierte Klavier«, »h-Moll-Messe«
Georg Friedrich Händel	1685–1759	»Der Messias« (Halleluja-Chor)
Ludwig van Beethoven	1770–1827	»Ode An die Freude« und der

		Schlusschor (Hymne der europäischen Union), aus der 9. Sinfonie, »Für Elise«
Carl Maria von Weber	1786–1826	»Der Freischütz«
Gustav Albert Lortzing	1800–1851	»Zar und Zimmermann«
F. Mendelssohn-Bartholdy	1809–1847	»Paulus-Oratorium«, »Hochzeitsmarsch«, »Ein Sommernachtstraum« op. 21
Robert Schumann	1810–1856	»Frühlingssinfonie«, »Rheinische Sinfonie«
Richard Wagner	1813–1883	»Der fliegende Holländer«, »Tannhäuser«, »Der Ring der Nibelungen«, »Lohengrin«, »Tristan und Isolde« und »Parsifal«
Jacques Offenbach	1819–1880	»Hoffmanns Erzählungen«
Johannes Brahms	1833–1897	»Ein deutsches Requiem«
Engelbert Humperdinck	1854–1921	»Hänsel und Gretel«
Richard Strauss	1864–1949	»Salome« und »Elektra«
Carl Orff	1895–1982	»Carmina Burana«
Paul Hindemith	1895–1963	»Mathis der Maler«
Karlheinz Stockhausen	1928–2007	»Gesang der Jünglinge«

Laienmusik und die beliebtesten Instrumente

7 Millionen Deutsche machen in ihrer Freizeit Musik. Deutschlandweit gibt es 18 300 Blasorchester bzw. Spielmannszüge und 6200 Posaunenorchester. Allein 48 500 Deutsche singen in Laienchören, davon über 26 000 in kirchlichen.

Etwa 900 000 Kinder und Jugendliche nehmen Gesangsunterricht oder erlernen ein Instrument. Am beliebtesten ist seit Jahren das Klavier, gefolgt von Gitarre, Blockflöte, Geige, Querflöte, Keyboard, Schlagzeug und Klarinette. Das Akkordeon verliert beim deutschen Nachwuchs seit Jahrzehnten immer mehr an Attraktivität, aber auch eine Abkehr von der Blockflöte ist in den letzten Jahren eindeutig erkennbar. Steigendes Interesse vermelden die 930 geförderten deutschen Musikschulen allerdings bei den Anmeldungen zum E-Gitarren- und E-Bass-Unterricht sowie für Schlagwerke und Rhythmikinstrumente.

Die fünfziger Jahre

25. 7. 1950	Walter Ulbricht wird Generalsekretär des Zentralkomitees der SED.
18. 4. 1951	In Paris wird die Montanunion von den Benelux-Staaten, Frankreich, Italien und der Bundesrepublik gegründet. Der Vertrag tritt am 23. 7. 1952 in Kraft und ist unmittelbarer Vorläufer der Europäischen Gemeinschaft (EG, heute EU)
2. 5. 1951	Die BRD wird als 14. vollberechtigtes Mitglied in den Europarat aufgenommen.
26. 5. 1952	Sämtliche Übergänge an der deutsch-deutschen Grenze werden von DDR-Beamten abgeriegelt.
23. 7. 1952	In der DDR werden die 5 Länder aufgelöst und durch 14 Bezirke ersetzt.
17. 6. 1953	Massenstreiks und Demonstrationen in der DDR werden von Sowjettruppen niedergeschlagen.
7. 10. 1953	Wilhelm Pieck wird als Präsident der DDR bestätigt.
9. 10. 1953	Bundeskanzler Adenauer wird wiedergewählt.
17. 6. 1954	In Erinnerung an den Volksaufstand in der DDR im Jahr zuvor wird in der Bundesrepublik erstmals der Tag der Deutschen Einheit gefeiert.
4. 7. 1954	»Rahn schießt, Tor, Tor, Tor!« Das Wunder von Bern ist geboren: Im Finale der Fußballweltmeisterschaft gewinnt Deutschland gegen Ungarn 3 : 2.
17. 7. 1954	Theodor Heuss wird als Bundespräsident wiedergewählt.
9. 5. 1955	Die Bundesrepublik wird in die NATO aufgenommen.
9. 10. 1955	Im Lager Friedland wird die erste große Gruppe der Spätheimkehrer empfangen, deren Freilassung Adenauer in Moskau erreicht hatte.
23. 10. 1955	Mehr als zwei Drittel der Saarländer stimmen gegen die Anbindung an Frankreich.
20. 9. 1956	Der Präsident des Berliner Abgeordnetenhauses, Willy Brandt, erklärt, dass 1 Million DDR-Bürger nach Westberlin geflüchtet seien.
6. 2. 1957	Der Bundestag erklärt Berlin zur Hauptstadt Deutschlands.
1. 11. 1957	Der Mord an der Frankfurter Edelhure Rosemarie Nitribitt (24) entwickelt sich zum Sittenskandal und beflügelt Mutmaßungen über prominente Freier.
11. 12. 1957	Die DDR erlässt ein neues Passgesetz: Das illegale Verlassen des Landes wird unter Strafe gestellt.
25. 3. 1958	Der Bundestag beschließt nach heftigen Debatten, die Bundeswehr mit Atomwaffen auszurüsten.
1. 7. 1959	Heinrich Lübke wird zum Bundespräsidenten gewählt.
15. 11. 1959	Im Godesberger Programm distanziert sich die SPD vom Marxismus und will Volkspartei werden.

Kultur

»Die Halbstarken« mit Horst Buchholz und Karin Baal kommt in die Kinos. Pöbelnde Jugendliche und adrette Teenager wie Peter Kraus und Conny Froboess beherrschen die westdeutschen Leinwände. In Stuttgart eröffnet das erste deutsche Raucherkino. Kino: Hans Albers, Romy Schneider, O. W. Fischer, Sonja Ziehmann, Curd Jürgens, Maria Schell, Ingrid Bergman.

Musik: Peter Alexander, Freddy Quinn, Caterina Valente (»Ganz Paris träumt von der Liebe«), Peter Kraus (Abbildung unten links), Elvis Presley, Der Schlager »Cindy, oh Cindy« verkauft sich über 1 Million Mal. Die erste Schallplatte mit 33,3 Umdrehungen wird präsentiert. Tanz: Rock'n' Roll, Boogie Woog. Günter Grass', »Die Blechtrommel« (1959) erscheint.

Medien

In der DDR wird erstmals das Sandmännchen ausgestrahlt.
Robert Lemkes Quizsendung »Was bin ich?« läuft 1955 erstmals im Deutschen Fernsehen. »Hier ist das Erste Deutsche Fernsehen mit der Tagesschau« geht am 1. Oktober 1956 auf Sendung. 1957 erscheint die Erstausgabe der »Bravo«.

Alltag

Susanne Erichsen (24) aus Berlin wird 1950 in Baden-Baden zur ersten Miss Germany gewählt. Im selben Jahr flüchten 197 000 Menschen aus der DDR. In Bayern wird der Antrag abgelehnt, auf körperliche Züchtigung von Schülern zu verzichten. Das westdeutsche Wirtschaftswunder: Das Bruttosozialprodukt in der BRD steigt von 1951 bis 1956 um 60 Prozent.

Trends

Modegerichte: Toast Hawaii, Käseigel, kalter Hund, Dosenobst

Modedrinks: Kullerpfirsich, Feuerzangenbowle

Design: Braun Radios, Egon Eiermann Tischgestell, Motorroller, VW-Käfer, Jukebox, Hula-Hoop-Reifen

Cartoons: Mecki, Lurchi, Fix und Foxi, Nick Knatterton

Mode: Petticoats, Nylons, spitze Lackschuhe

Möbel: Nierentisch, Tütenlampe, Cocktailsessel

Auto

Die Polizei nimmt 1959 das erste Radargerät in Betrieb. Erste Alkoholkontrollen der Polizei finden im Straßenverkehr statt. Die Fahruntüchtigkeit liegt bei 1,5 Promille. In Wolfsburg läuft der millionste VW-»Käfer« vom Band, das knapp 4000 Mark teure Symbol des Wirtschaftswunders.

Die DDR setzt auf den von 1957 an in Zwickau gebauten Kunststoffkleinwagen »Trabant«.
Neue Modelle: BMW Isetta, DKW Meisterklasse, Mercedes-Benz 300 SL (s. u.), Opel Kapitän, Porsche 356 Speedster, VW Käfer

Kunst in Deutschland

Max Liebermann (1847–1935)

»Ich bin immer noch der Meinung, dass Kunst von Können herkommt; wäre sie von Wollen, hieße sie Wulst.«

> **Ein Volk – ein Fakt:** Das teuerste deutsche Gemälde ist Max Beckmanns »Selbstbildnis mit Trompete« (1938). Es wurde 2001 bei Sotheby's in New York für 22,6 Millionen US-Dollar versteigert. Erworben wurde es vom New Yorker Galeristen Richard Feigen.

Das Werk »Kerze« von Gerhard Richter wurde 2008 für 10,5 Millionen Euro verkauft. Damit ist es das teuerste Bild eines lebenden deutschen Künstlers.

Eine Auswahl berühmter Kunstwerke deutscher Maler und in welchem deutschen Museum sie zu sehen sind

Albrecht Dürer	»Selbstbildnis im Pelzrock« (1500), Alte Pinakothek, München (rechte Seite, links)
Albrecht Dürer	»Vier Apostel« (1526), Alte Pinakothek, München
Lucas Cranach d. Ä.	»Adam und Eva« (um 1513), Mainfränkisches Museum, Würzburg
Lucas Cranach d. Ä.	»Martin Luther« (um 1550), Gemäldegalerie, Berlin
Hans Holbein d. J.	»Der Kaufmann Georg Gisze« (1532), Gemäldegalerie, Berlin
Caspar David Friedrich	»Der Wanderer über dem Nebelmeer« (1818), Kunsthalle, Hamburg
Caspar David Friedrich	»Der einsame Baum« (1822), (rechts oben), Alte Nationalgalerie, Berlin
Carl Spitzweg	»Der arme Poet« (1839), Neue Pinakothek, München
Arnold Böcklin	»Die Toteninsel« (1883), Nationalgalerie, Berlin
Max Liebermann	»Die Rasenbleiche« (1883), Wallraf-Richartz-Museum, Köln

Max Liebermann	»Papageienallee« (1902), Kunsthalle Bremen
Paula Modersohn-Becker	»Stilleben mit Milchsate« (1905), Sammlung Ludwig Roselius, Bremen
Paula Modersohn-Becker	»Selbstporträt mit Kamelienzweig« (1907), Museum Folkwang, Essen
Emil Nolde	»Tanz um das Goldene Kalb« (1910), Staatsgalerie moderner Kunst, München
Emil Nolde	»Christus und die Sünderin« (1926), Nationalgalerie, Berlin
Franz Marc	»Blaues Pferd« (1911), Städtische Galerie im Lenbachhaus, München
Franz Marc	»Der Tiger« (1912), Städtische Galerie im Lenbachhaus, München
Gabriele Münter	»Kandinsky und Erma Bossi am Tisch« (1912), Städtische Galerie im Lenbachhaus, München
August Macke	»Modefenster« (1913), Museum Ludwig, Köln
August Macke	»Großer Zoologischer Garten« (1913), Museum am Ostwall, Dortmund
Max Beckmann	»Die Nacht«(1918/19), Kunstsammlung Nordrhein-Westfalen, Düsseldorf
Max Beckmann	»Apokalypse« (1941/42), Kunsthalle, Bremen

Paul Klee	»Der Rosengarten« (1920), Städtische Galerie im Lenbachhaus, München
Paul Klee	»Der Goldfisch« (1925), Kunsthalle, Hamburg
Oskar Schlemmer	»Konzentrische Gruppe« (1925), Staatsgalerie, Stuttgart
Max Ernst	»Die schwankende Frau« (1923), Kunstsammlung Nordrhein-Westfalen, Düsseldorf
Max Ernst	»Forêt et soleil« (1927), Saarlandmuseum, Saarbrücken
Otto Dix	»Tryptichon Großstadt« (1928), Kunstmuseum, Stuttgart
Otto Dix	»Flandern« (1934/36), Nationalgalerie, Berlin
Georg Baselitz	»Die große Nacht im Eimer« (1962/63), Museum Ludwig, Köln
Gerhard Richter	»Achtundvierzig Portraits« (1971/72), Museum Ludwig, Köln
Markus Lüppertz	»Schwarz-Rot-Gold« (1974), Galerie der Stadt, Stuttgart
Joseph Beuys	»Capri-Batterie« (1985), Städtische Museen Heilbronn

Ausstellungen

1937 wurde in München die Ausstellung »Entartete Kunst« eröffnet. Sie richtete sich gegen die Kunststile: Expressionismus, Surrealismus, Dadaismus und die Neue Sachlichkeit. 2 Millionen Besucher wollten die vorsätzlich schlecht präsentierten 650 konfiszierten Bilder in München sehen. Die zeitgleich in München stattfindende »Große deutsche Kunstausstellung« besuchten nur 420 000 Menschen.

Die bedeutendste Ausstellung für Gegenwartskunst in Deutschland ist die 1955 von Arnold Bode gegründete »Documenta« in Kassel, die seither alle fünf Jahre stattfindet. Die am besten besuchte Gemäldeausstellung war die MoMA 2004 in Berlins Neuer Nationalgalerie. In sieben Monaten betrachteten 1,1 Millionen Kunstinteressierte die 212 Werke aus dem New Yorker Museum of Modern Art. Den Besucherrekord hält die umstrittene Kunstausstellung »Körperwelten«. Allein 1,4 Millionen besuchten die »Leichenshow« des Künstlers Gunther von Hagens 2001 in Berlin.

Übrigens gibt es etwa 600 Kunstmuseen in Deutschland.

Die sechziger Jahre

14. 3. 1960   Bundeskanzler Adenauer verurteilt in einer Rede die Zunahme der Übergriffe auf jüdische Mitbürger.

21. 6. 1960   Dem deutschen Sprinter **Armin Hary** gelingt es in Zürich erstmals, die 100 Meter in exakt zehn Sekunden zu laufen. Er wiederholt diesen sagenhaften Rekord bei den Olympischen Spielen in Rom und gewinnt die Goldmedaille.

13. 8. 1961   Nach Beschluss der DDR-Führung und unter Aufsicht von Armee und Volkspolizei wird die **Berliner Mauer** gebaut.

17. 2. 1962   Bei einer großen Sturmflut kommen über 300 Menschen ums Leben, davon allein 200 im Hamburger Stadtteil Wilhelmsburg.

26. 10. 1962   Die Redaktionsräume des »Spiegel« werden polizeilich durchsucht, mehrere Redakteure und Rudolf Augstein festgenommen. Grund: Ein Artikel soll geheime militärische Informationen veröffentlicht haben.

26. 6. 1963   »Ich bin ein Berliner« – Kennedy spricht vor 400 000 Berlinern (fünf Monate später stirbt er bei einem Attentat).

24. 8. 1963   Die Fußball-Bundesliga nimmt ihren Spielbetrieb auf.

11. 10. 1963   Amtswechsel im Bonner Bundeskanzleramt: Der 87-jährige Konrad Adenauer übergibt an den bisherigen Wirtschaftsminister Ludwig Erhard.

24.–31. 10. 1963   Das »Wunder von Lengede«: Durch ein Unglück in der Grube »Mathilde« in Lengede (Niedersachsen) werden Dutzende Bergleute unter Tage eingeschlossen. 21 können geborgen werden, die letzten elf Kumpel aber erst am 7. November.

18. 5. 1965   Queen Elisabeth II. und ihr Mann Prinz Philip besuchen die Bundesrepublik.

30. 7. 1966   Im Finale der Fußball-Weltmeisterschaft gewinnt England in Wembley 3 : 2 gegen Deutschland. Er war natürlich nicht drin!

1. 12. 1966   **Kurt Georg Kiesinger** (CDU) wird zum neuen Bundeskanzler der Großen Koalition gewählt.

2. 6. 1967   Am Rand von Demonstrationen gegen den Schah-Besuch in Berlin wird der Student **Benno Ohnesorg** von einem Polizisten erschossen. Sein Tod radikalisiert die Studentenproteste.

1. 1. 1968   Die Mehrwertsteuer wird eingeführt.

18. 1. 1968   In Alsdorf bei Aachen beginnt der »Contergan-Prozess«.

2. 4. 1968   Andreas Baader und Gudrun Ensslin legen Brände in zwei Kaufhäusern in Frankfurt/Main. Die Tat gilt als Wendepunkt vom studentischen Protest zum Terrorismus.

11. 4. 1968   Attentat auf **Rudi Dutschke** in Berlin: Es folgen die schlimmsten Krawalle in der Geschichte der Bundesrepublik, in München gibt es zwei Tote bei Straßenschlachten.

30. 5. 1968   Der Bundestag beschließt trotz Protesten sechs **Notstandsgesetze**.

5. 3. 1968	Die Bundesrepublik wird sozialdemokratisch: Der SPD-Mann Gustav Heinemann wird Bundespräsident. Nach 20-jähriger Regierungszeit der Union regiert jetzt die SPD zusammen mit der FDP unter Kanzler Willy Brandt (bis 21. 10. 1969).
7. 11. 1968	Beate Klarsfeld ohrfeigt Bundeskanzler Kiesinger, um auf seine Nazi-Vergangenheit aufmerksam zu machen.

Kultur

Ihren ersten Auftritt auf dem europäischen Kontinent bestreiten die Beatles 1960 im verrufenen Hamburger Nachtclub Indra. Männer fallen in deutschen Kinos reihenweise in Ohnmacht, wenn der Aufklärungsfilm »Helga« die Geburt eines Kindes im Detail zeigt.

Musik: Beatles, Rolling Stones, Rex Gildo, Hildegard Knef. Hits: »Mit 17 hat man noch Träume« von Peggy March, »17 Jahr, blondes Haar« von Udo Jürgens, »Ganz in Weiß« von Roy Black, »Schuld war nur der Bossa Nova« von Manuela. Tanz: Twist.

Die Neue Nationalgalerie von Ludwig Mies van der Rohe wird in Berlin eröffnet. Heinrich Böll veröffentlicht »Ansichten eines Clowns« (1963) und Christa Wolf »Der geteilte Himmel« (1963).

Medien

Straßenfeger: Mehr als 20 Millionen Fernsehzuschauer schauen gebannt die letzte Folge des Krimis »Das Halstuch« von Francis Durbridge. Die Mainzelmännchen werden geboren. Mit seiner Sendung »Einer wird gewinnen« (ab 1964) gilt Hans-Joachim »Kuli« Kulenkampff als beliebtester Fernsehunterhalter Deutschlands.

Der Eintritt in die TV-Zukunft kostet 1840 Mark. So teuer sind die ersten Farbfernsehapparate, als 1967 anlässlich der Berliner Funkausstellung die ersten Farbsendungen ausgestrahlt werden. Ganze 5000 Haushalte hatten sich bis dahin das moderne Gerät angeschafft. Philips erfindet die Compact-Kassette.

Alltag

Die Antibabypille kann jetzt auch in Deutschland verschrieben werden. Sexuelle Befreiung und Kommunenleben erreichen ebenso ihren Höhepunkt wie die Studentenbewegung.
In der Ostzone/DDR sind seit 1945 insgesamt 45000 Menschen aus politischen Gründen verhaftet worden. Gegen 14 wurde die Todesstrafe verhängt.
In der Bundesrepublik bleiben 500000 Arbeitsplätze unbesetzt. Im Jahr wird der einmillionste Gastarbeiter, ein portugiesischer Zimmermann, in Köln begrüßt. Als Willkommensgeschenk erhält er ein Moped (Abbildung unten). Im Jahr 1966 bricht die Konjunktur ein, eine Rezession droht. Ab 1969 wird Smog ein Dauerproblem in Großstädten. Im Rahmen einer Strafgesetzreform wird Homosexualität unter Erwachsenen in der BRD legalisiert.
Mode: Minirock, Flowerpower-Look, Jeans, bestickte Felljacken.

Auto

Seit 1950 hat sich die Zahl der Kraftfahrzeuge auf über 11 Millionen versechsfacht. Der Kollaps auf den Straßen droht. Modelle: Opel Rekord, Porsche 911, Trabant 601.

Architektur in Deutschland

Bedeutende Architekturbeispiele aus verschiedenen Stilepochen

Architekturbeispiele	Bauzeit
Porta Nigra, Trier	180 n. Chr.
Dom zu Trier (*)	340 n. Chr.
Torhalle des Klosters Lorsch	764
Pfalzkapelle, Aachen	768–800
Wartburg, Eisenach (Kernburg)	ab 1155
Dom zu Worms (*)	1005–1181
Dom zu Speyer	1030–1061
Freiburger Münster (*)	ab 1205
Kölner Dom (*)	ab 1248–1880
Schloss Johannisburg / Aschaffenburg (*)	1605–1614
Augsburger Rathaus (*)	1615–1624
Würzburger Residenz (*)	1710–1719
Dresdner Zwinger (*)	1719–1780
Frauenkirche, Dresden (*)	1726–1743
Schloss Sanssouci, Potsdam	1745–1747
Wieskirche, Steingaden	1745–1754
Brandenburger Tor, Berlin (*)	1788–1791
Berliner Schauspielhaus (*)	1818–1821
Walhalla/Regensburg	1830–1842
Semper-Oper, Dresden (*)	1838–1841
Mathildenhöhe, Darmstadt	ab 1899
Müllersches Volksbad, München	ab 1897–1901
Faguswerke, Alfeld	ab 1911
Bauhaus Dessau (*)	1925–1926
Chilehaus, Hamburg	1922–1924
Weißenhofsiedlung, Stuttgart (*)	1927
Olympiastadion, Berlin	1934–1935
Seebad Prora, Rügen	1936–1939
Nationalgalerie, Berlin	1965–1968
Olympiastadion, München	1970–1972
Kuppel am Reichstag, Berlin	1996–1999
Allianz-Arena, München	2002–2005

Die mit (*) gekennzeichneten Bauwerke wurden im Zweiten Weltkrieg
schwer beschädigt.

Baustil	Erbauer/Baumeister
römisch	unter Kaiser Marc Aurel
Ursprünge römisch	unter Kaiser Konstantin
karolingisch	Cancor, Graf von Alemannien
karolingisch	Odo von Metz
romanisch	
romanisch	von Bischof Burchard I. beauftragt
romanisch	von Kaiser Konrad II. beauftragt
Aufbau gotisch	von Berthold V. in Auftrag gegeben
gotisch	Dombaumeister Gerhard von Rile
Renaissance	Baumeister Georg Ridinger
Renaissance	Stadtbaumeister Elias Holl
Barock	Balthasar Neumann
Barock	George Bähr
Barock	Matthäus Daniel Pöppelmann
Rokoko	Georg Wenzeslaus von Knobelsdorf
Rokoko	Johann Baptist Dominikus Zimmermann
frühklassizistisch	Carl Gotthard Langhans
klassizistisch	Karl Friedrich Schinkel
klassizistisch	Leo von Klenze
klassizistisch	Gottfried Semper
Jugendstil	u. a. Joseph Maria Olbrich, Peter Behrens
Jugendstil	Karl Hocheder
frühe Moderne	Walter Gropius, Adolf Meyer
frühe Moderne	Walter Gropius
Backsteinexpressionismus	Fritz Höger
frühe Moderne	Leitung: Ludwig Mies van der Rohe
Propagandabauten Drittes Reich	Werner March
Propagandabauten Drittes Reich	Clemens Klotz
klassische Moderne	Ludwig Mies van der Rohe
–	Frei Otto/Günter Behnisch & Partner
–	Sir Norman Foster (GB)
–	Herzog und de Meuron (Basel)

Die 34 UNESCO-Weltkulturerbestätten in Deutschland

Aachener Dom	Datum der Aufnahme: 1978
Dom zu Speyer	1981
Würzburger Residenz und Hofgarten	1981
Wallfahrtskirche »Die Wies«	1983
Schlösser Augustusburg und Falkenlust in Brühl	1984
Dom und Michaeliskirche in Hildesheim	1985
Römische Baudenkmäler, Dom und Liebfrauenkirche von Trier	1986
Hansestadt Lübeck	1987
Schlösser und Parks von Potsdam und Berlin	1990
Kloster Lorsch	1991
Bergwerk Rammelsberg und Altstadt von Goslar	1992
Altstadt von Bamberg	1993
Klosteranlage Maulbronn	1993
Stiftskirche, Schloss und Altstadt von Quedlinburg	1994
Völklinger Hütte	1994
Grube Messel	1995
Kölner Dom	1996
Das Bauhaus und seine Stätten in Weimar und Dessau	1996
Luthergedenkstätten in Eisleben und Wittenberg	1996
Klassisches Weimar	1998
Wartburg	1999
Museumsinsel Berlin	1999
Gartenreich Dessau-Wörlitz	2000
Klosterinsel Reichenau	2000
Industriekomplex Zeche Zollverein in Essen	2001
Altstädte von Stralsund und Wismar	2002
Oberes Mittelrheintal	2002
Dresdner Elbtal	2004*
Rathaus und Roland in Bremen	2004
Fürst-Pückler-Park in Muskau	2004
Grenzen des Römischen Reiches: Obergermanisch-Raetischer Limes	2005
Altstadt von Regensburg mit Stadtamhof	2006
Siedlungen der Berliner Moderne	2008
Wattenmeer der Nordsee	2009

* Im Juni 2009 von der Liste gestrichen, wegen Baus der durch das Elbtal verlaufenden Waldschlösschenbrücke. Nach dem Wildschutzgebiet in der Wüste Omans ist dies erst die zweite Streichung überhaupt.

Deutsche Großstädte

Heute wohnt etwa ein Drittel aller Deutschen in einer der 81 Großstädte mit über 100 000 Einwohnern. Die fünf einwohnerstärksten sind Berlin, Hamburg, München, Frankfurt am Main und Köln.

Die Zahl der deutschen Städte mit Großstadtstatus nimmt jedoch immer mehr ab. In den letzten zehn Jahren rutschten z. B. Dessau, Flensburg, Görlitz, Kaiserslautern, Plauen/Vogtland, Schwerin, Wilhelmshaven und Zwickau unter die 100 000-Einwohner-Marke. Die eindrücklichsten Rückgänge hatte Plauen zu verzeichnen. 1912 lebten dort noch 128 000 Menschen. Im Jahr 2006 waren es nur noch 68 000 Einwohner.

Ein Volk – ein Fakt: Trier war im 4. Jahrhundert mit etwa 80 000 Einwohnern die größte Stadt nördlich der Alpen und teilweise Regierungssitz des weströmischen Kaisers.

Die 10 besten Plätze des Großstädtetests 2008

2008 wurden zum fünften Mal Deutschlands 50 größte Städte nach 105 ökonomischen, sozialen und politischen Kriterien wie z. B. Sicherheit, Arbeitsmarkt, Luftqualität oder Verschuldung miteinander verglichen.

Rang 2008	Rang 2007	Stadt
1	1	München
2	4	Münster
3	5	Frankfurt
4	3	Karlsruhe
5	7	Düsseldorf
6	2	Stuttgart
7	13	Mannheim
8	10	Wiesbaden
9	8	Dresden
10	11	Braunschweig

Die Schlusslichter waren:

47	46	Lübeck
48	48	Gelsenkirchen
49	45	Aachen
50	50	Berlin

Die Top 3 und Flop 3 der 50 größten Städte nach verschiedenen Qualitätsmerkmalen

Stadtqualitätskriterium	Plätze 1–3	Schlusslichter 48–50
die niedrigsten Mietpreise	Chemnitz, Gelsenkirchen, Magdeburg	Hamburg, Stuttgart, München
die beste Luftqualität	Braunschweig, Rostock, Oldenburg	Gelsenkirchen, Bochum, Herne
das meiste innerstädtische Grün	Hannover, Magdeburg, Essen	Hamm, Saarbrücken, Erfurt
die meisten Sonnenstunden	Freiburg, Nürnberg, Augsburg	Essen, Bochum, Dortmund
die größte Sicherheit	Solingen, Leverkusen, Wuppertal	Köln, Hannover, Frankfurt
die wenigsten Einbrüche	München, Augsburg, Dresden	Hamburg, Frankfurt, Köln
die meisten aufgeklärten Straftaten	Augsburg, Schwerin, Chemnitz	Köln, Aachen, Bremen
die wenigsten Hartz-IV-Empfänger	München, Stuttgart, Karlsruhe	Rostock, Berlin, Halle
die höchste Kaufkraft	München, Düsseldorf, Wiesbaden	Leipzig, Magdeburg, Halle
die höchste Beschäftigungsquote von Frauen	München, Dresden, Chemnitz	Aachen, Herne, Gelsenkirchen
die meisten Männer in Elternzeit	Freiburg, Bonn, Braunschweig	Wiesbaden, Saarbrücken, Ludwigshafen
die beste Bildungsinfrastruktur	Münster, Leverkusen, Stuttgart	Duisburg, Hannover, Bremen
die kompetentesten Taxifahrer	Nürnberg, Leipzig, Köln	Hamburg, Berlin, Frankfurt
die meisten Cabrios	München, Stuttgart, Mülheim/Ruhr	Chemnitz, Halle, Köln
die meisten Zuzüge	München, Karlsruhe, Mainz	Kassel, Erfurt, Halle
die wenigsten Hunde	Freiburg, Saarbrücken, Münster	Oberhausen, Berlin, Herne
die meisten Geburten	Wiesbaden, Frankfurt, Bonn	Mülheim/Ruhr, Chemnitz, Magdeburg
die schlanksten Einwohner	Hamburg, Frankfurt, München	Erfurt, Magdeburg, Rostock

Ein Volk – ein Fakt: Die Stadt mit den meisten Brücken ist Hamburg. Mit 2485 Stück hat sie über viermal mehr als die Brückenstadt Venedig. Die Stadt mit den meisten Verkehrsampeln in Deutschland ist Köln.

Die 10 am stärksten bombardierten deutschen Großstädte im Zweiten Weltkrieg

Dresden (Abbildung)   Hamburg   Berlin
Köln   Magdeburg   Kassel
Darmstadt   Essen   Heilbronn
Dortmund

Die siebziger Jahre

27. 5. 1970	Volkszählung: In der Bundesrepublik leben 58,5 Millionen Menschen.
14. 5. 1970	Andreas Baader wird aus dem Gefängnis befreit.
7. 12. 1970	Willy Brandts **Kniefall von Warschau**.
8. 2. 1971	Bundeswehrsoldaten tragen lang. Der Haarnetz-Erlass von Verteidigungsminister Helmut Schmidt (SPD) erlaubt lange Mähnen im Dienst, unter einem Haarnetz.
3. 5. 1971	**Erich Honecker** wird Erster Sekretär des Zentralkomitees der SED.
6. 6. 1971	»Wir haben abgetrieben« – das Bekenntnis von 374 Frauen im »Stern« ist ein Protest gegen den Strafrechtsparagraphen 218. Bestechungen in der Fußball-Bundesliga werden bekannt – die Ergebnisse von 18 Spielen der Saison 1970/71 waren manipuliert.
28. 1. 1972	Der sogenannte **Radikalenerlass** tritt in Kraft.
29. 1. 1972	Das erste deutsche AKW in Stade nimmt den Betrieb auf.
1. 6. 1972	Die Polizei nimmt nach einem Schusswechsel Andreas Baader, Holger Meins und Jan-Carl Raspe fest. Zwei Wochen später wird auch Ulrike Meinhof verhaftet.
26. 8. 1972	Beginn der **XX. Olympischen Sommerspiele** in München
5. 9. 1972	Die palästinensische Terrororganisation **»Schwarzer September«** überfällt das olympische Dorf in München. Geiselnahme und missglückte Befreiungsorganisation mit 17 Todesopfern.
21. 12. 1972	BRD und DDR unterzeichnen den Grundlagenvertrag.
12. 6. 1973	Helmut Kohl wird nach dem Rücktritt von Rainer Barzel neuer CDU-Vorsitzender.
6. 5. 1974	Brandt erklärt seinen Rücktritt. Sein Referent **Günter Guillaume** war als Spion des DDR-Geheimdienstes entlarvt worden. Neuer Bundeskanzler wird **Helmut Schmidt**.
22. 6. 1974	»Sparwasser, Sparwasser, Toor!« – Der Magdeburger Jürgen Sparwasser schießt bei der Fußball-WM in Hamburg den 1:0-Siegtreffer der DDR über den späteren Weltmeister Bundesrepublik.
7. 7. 1974	Im ausverkauften Münchner Olympiastadion siegt Deutschland im **WM-Finale 2:1** gegen die Niederlande.
9. 11. 1974	RAF-Mitglied Holger Meins stirbt in der JVA Wittlich an den Folgen seines Hungerstreiks.
1. 1. 1975	Die gesetzliche Volljährigkeit sinkt von 21 auf 18 Jahre.
25. 2. 1975	Die **Fristenlösung** beim Schwangerschaftsabbruch wird vom Bundesverfassungsgericht abgelehnt.
23. 4. 1976	In Ostberlin wird der »Palast der Republik« eröffnet.
9. 5. 1976	Ulrike Meinhof tötet sich in Stuttgart-Stammheim.
16. 11. 1976	Die DDR-Behörden entziehen **Wolf Biermann** die Staatsbürgerschaft, als er gerade durch die BRD tourt.
14. 12. 1976	Der Industriellensohn Richard Oetker wird entführt, in eine Kiste

gesperrt und nach 49 Stunden gegen die Zahlung des Rekordlösegeldes von 21 Millionen D-Mark schwer verletzt freigelassen.

7. 4. 1977 Generalbundesanwalt Siegfried Buback wird auf offener Straße von der **RAF** erschossen.

30. 7. 1977 Jürgen Ponto, der Vorstandssprecher der Deutschen Bank wird von der RAF ermordet.

5. 9. 1977 Arbeitgeberpräsident **Hanns Martin Schleyer** wird von RAF-Angehörigen entführt und am 19. Oktober ermordet aufgefunden.

18. 10. 1977 Ein Spezialeinheit **(GSG 9)** des Bundesgrenzschutzes befreit die Passagiere der Lufthansa-Maschine »Landshut« in Mogadischu, die fünf Tage zuvor von palästinensischen Terroristen entführt worden war. Andreas Baader, Gudrund Ensslin und Jan-Carl Raspe werden im Sicherheitstrakt des Gefängnisses Stuttgart-Stammheim tot aufgefunden.

21. 6. 1978 Die 2:3-Niederlage von Deutschland gegen Österreich bei der WM in Argentinien geht als die »Schmach von Cordoba« in die Fußballgeschichte ein.

26. 6.–3. 9. 1978 Als erster Deutscher unternimmt DDR-Kosmonaut **Sigmund Jähn** einen Weltraumflug.

28. 11. 1978 Ein sechswöchiger Streik der IG Metall für die **35-Stunden-Woche** beginnt.

23. 5. 1979 **Karl Carstens** wird zum Bundespräsidenten gewählt.

7. 10. 1979 bei den Bürgerschaftswahlen in Bremen zieht erstmals eine Grüne Liste in ein Landesparlament ein.

12. 12. 1979 Die NATO-Staaten verabschieden den **»Doppelbeschluss«**, der Abrüstungsverhandlungen mit der UdSSR und die Aufrüstung der NATO mit Mittelstreckenraketen vorsieht.

Kultur

Die Discowelle schwappt über Deutschland. Die Promi-Rangliste von »Bunte« führt 1971 Peter Alexander vor Heinz Rühmann, Inge Meysel und Bernhard Grzimek. Top-Hits des Jahres 1976: »Griechischer Wein« von Udo Jürgens, »Deine Spuren im Sand« von Howard Carpendale und »Tränen lügen nicht« von Michael Holm.
»Die Blechtrommel« von Volker Schlöndorff gewinnt 1980 den Oscar für den besten ausländischen Film. Die Düsseldorfer Band »Kraftwerk« revolutioniert die elektronische Musik. Udo Lindenberg und sein Panikorchester gehen 1974 das erste Mal auf Tournee.

Medien

Beliebteste TV-Sendungen: »Sendung mit der Maus«, »Was bin ich?«, »Am laufenden Band«, »Dalli Dalli«, »Der große Preis«, »Derrick«, »Disco 77«, »Rockpalast«.

Alltag

Die Wohngemeinschaft setzt sich als neue Wohnform vor allem unter Studenten durch. Möbel aus Plastik in organischen Formen in Orange, Hellblau, Lindgrün und Dunkelbraun und wildgemusterte Tapeten. Kultfrisuren: Breitner-Afro oder Netzer-Scheitel.

Über 50 000 vietnamesische Gastarbeiter kommen im Rahmen der »Bruderhilfe« in die DDR (Abbildung unten). Sie dürfen maximal sieben Jahre bleiben und werden in Gemeinschaftsunterkünften untergebracht. Familiennachzug und private Kontakte zu Deutschen sind verboten.

Auto

Der letzte in Deutschland gebaute Käfer läuft im Januar 1978 in Emden vom Band. Bosch entwickelt das Anti-Blockier-System (ABS). Leere Autobahnen von Nord bis Süd im Jahr 1973 – Fahrverbote an vier Sonntagen zeigen den Westdeutschen die »Grenzen des Wachstums«. Arabische Staaten haben einen Ölboykott verfügt.

Deutsche Wander- und Reiselust

> Ich ging im Walde so vor mich hin,
> und nichts zu suchen, das war mein Sinn.
> JOHANN WOLFGANG VON GOETHE, Gefunden

Wandern, eine deutsche Leidenschaft

Deutschland gilt als Wandernation. 57 Prozent der Deutschen bezeichnen sich selbst als Wanderer und geben an, regelmäßig in der Natur unterwegs zu sein. Gesundheitliche Aspekte spielen dabei nur eine untergeordnete Rolle. Den meisten geht es vornehmlich um die Freude an der Landschaft und das Naturerlebnis. Eine Freude, die seit der Entdeckung der romantisch-ästhetischen Landschaft durch deutsche Schriftsteller und Maler des 18. Jahrhunderts ungebrochen ist. Damals lösten Gemälde wie »Der Wanderer über dem Nebelmeer« von Caspar David Friedrich in der wohlhabenden Gesellschaft die erste Reisewelle in heimischen Gefilden aus. Mit der Gründung der ersten Wandervereine im 19. Jahrhundert erreichte die Begeisterung für die natürliche Umgebung schließlich auch die breite Masse und ist seitdem ungetrübt. Das Sammeln von sinnlichen Eindrücken in der Natur scheint ein besonders deutsches Bedürfnis zu sein. Vielen anderen Europäern ist das zweckfreie Durchstreifen eines Geländes bis heute eher fremd bis suspekt. Kein Wunder also, dass

das deutsche Wort Wanderlust in vielen Sprachen gar nicht existiert. Zu den deutschen Wörtern aus dem Wanderjargon, die z. B. in die englische Sprache übernommen wurden, zählen u. a.: rucksack, kletterschuh, hinterland, alpenglow, karabiner(-haken) und to abseil.

Komplette Wildnis ist den Deutschen allerdings unheimlich. Der deutsche Wanderer legt Wert auf ein gepflegtes Wegenetz mit verlässlichen Markierungen und Wegweisern mit Zeit- und Entfernungsangaben.

Der deutsche Wanderweg

Besonders schöne Wege mit hohem Wanderstandard können vom deutschen Wanderinstitut zum »Premium-Wanderweg« gekürt werden. Die höchste Auszeichnung: »Qualitätswanderweg wanderbares Deutschland« wird wiederum vom deutschen Wanderverband verliehen. Nur 41 Wanderwege trugen im Jahr 2008 diesen begehrten Titel. Dafür mussten die Wege neben neun Basiskriterien weiterer 23 Kriterien – wie Wanderleitsystem, Wegweiserstandorte, Vernetzung, natürliche Stille, Abwechslung, gefällige Ortsszenen, nationale Baudenkmäler, Rastmöglichkeiten etc. – genügen. Ein besonders schönes Beispiel für die sprichwörtliche deutsche Gründlichkeit ist sicher Punkt 3 der 23-Kriterien-Liste, wo »Schlecht begehbare Wege« so definiert werden: »z. B. aufgeschüttete Bruchsteindecke (Korngröße über 15 mm)« und nur auf höchstens 300 Metern gestattet.

> **Ein Volk – ein Fakt:** Deutscher Wald darf grundsätzlich auf allen erkennbaren Wegen von Wanderern und Spaziergängern auf eigene Gefahr betreten werden. Für Personen- und Sachschäden, die nicht durch die natürlichen Gegebenheiten des Waldes entstehen, sondern durch schadhafte Bauwerke wie Bänke, Geländer, Stege oder Brücken, haftet allerdings der jeweilige Waldbesitzer.

Die 20 schönsten Wanderwege Deutschlands

Platz	Tour	Bundesland
1.	Malerweg, 5. Etappe	Sachsen
2.	Wutachschlucht	Baden-Württemberg
3.	Naturpark-Nagelfluh-Gratwanderung	Bayern
4.	Harzer-Hexen-Stieg, Brockenumgehung	Niedersachsen
5.	Ramsauer Malerweg	Bayern

6.	Point-Alpha-Weg, Thüringer Rhön	Thüringen
7.	Rotweinwanderweg, Ahr	Rheinland-Pfalz
8.	Hochuferweg, Rügen	Mecklenburg-Vorpommern
9.	Panoramaweg Taubertal, 4. Etappe	Baden-Württemberg
10.	Aschauer Klamm, Berchtesgadener Land	Bayern
11.	Der Hochrhöner – Lange Rhön-Tour	Hessen
12.	Feldbergsteig	Baden-Württemberg
13.	Rundtour »Gratweg Herzogstand-Heim-garten«, 2-Seen-Land	Bayern
14.	Extratour »Der Hilderser«	Hessen
15.	Am weißen Strand, am blauem Meer; Zingst	Mecklenburg-Vorpommern
16.	Fränkischer Rotwein-Wanderweg	Bayern
17.	Donauberglandweg, 3. & 4. Etappe	Baden-Württemberg
18.	Frankenweg	Bayern
19.	Rodalber Felsenwanderweg, 1. Teilstrecke	Rheinland-Pfalz
20.	Hirtenweg – Breisgau	Baden-Württemberg

Reiselust

Die Reiseziele der Deutschen

Die Deutschen gelten als Reiseweltmeister. Keine andere Nation gibt mehr Geld für Reisen aus. Im Durchschnitt macht jeder Deutsche im Laufe seines Lebens 121,4 Urlaubsreisen und übernachtet somit drei Jahre seines Lebens im Hotel oder auf dem Campingplatz. Zurzeit ist (über das gesamte Jahr gerechnet) das eigene Land das Lieblingsreiseziel der Deutschen. Für den seit einigen Jahren anhaltenden Inlandsboom macht der Tourismusverband vor allem die steigenden Rentnerzahlen und die vielen Singles verantwortlich. Drei Viertel der Inlandsreisen werden allein in die fünf Bundesländer Bayern, Mecklenburg-Vorpommern, Schleswig-Holstein, Niedersachsen und Baden-Württemberg unternommen. Besonders im Trend liegen kurze Städte- und Kulturreisen.

Österreich war das meistgewählte ausländische Urlaubsziel der Deutschen im gesamten Jahr 2008. Den Jahresurlaub im Hochsommer verbringen die Deutschen allerdings nach wie vor am liebsten am Mittelmeer mit Sonnengarantie. Hier liegt seit Jahren Spanien vor Italien unangefochten an der Spitze. Den dritten Platz nahm 2008 die Türkei vor Griechenland ein. Die Sommerurlaubsdauer hat sich zugunsten mehrerer Kurztrips von drei auf zwei Wochen verkürzt.

Die 15 beliebtesten Sehenswürdigkeiten der Deutschen im eigenen Land 2008

1. Kölner Dom (Köln)
2. Brandenburger Tor (Berlin)
3. Frauenkirche (Dresden)
4. Schloss Neuschwanstein (Schwangau)
5. Hamburger Hafen (Hamburg)
6. Berliner Fernsehturm (Berlin)
7. Oktoberfest (München)
8. Stadt Berlin (Berlin)
9. Michel (Hamburg)
10. Heidelberger Schloss
10. Wartburg (Eisenach)
10. Zugspitze (Grainau)
11. Ulmer Münster (Ulm)
11. Völkerschlachtdenkmal (Leipzig)
12. Herkules (Kassel)
13. Dresdner Zwinger (Dresden)
14. Berliner Dom (Berlin)
15. Siegessäule (Berlin)

Das Image des deutschen Touristen

Hilfe! Die Deutschen kommen. Die Klischees sind bekannt – mit Tennissocken in Gesundheitssandalen ziehen sie im Morgengrauen los, um sich zuerst mit ihrem Handtuch die beste Liege am Pool zu reservieren und sich dann am Frühstücksbuffet für den restlichen Urlaubstag mit Schnittchen einzudecken. Diesen Eindruck meinen die Deutschen zumindest im Ausland zu hinterlassen.

4000 befragte Hoteliers aus aller Welt wählten nun aber überraschenderweise die deutschen Touristen hinter den japanischen auf Platz zwei der »Best-Tourists-List« 2008. Bezüglich Freundlichkeit sind die Touristen aus dem Land des Lächelns augenscheinlich unschlagbar. Die Deutschen wurden dagegen besonders gut in puncto Benehmen und Sauberkeit beurteilt. Auch ihre Aufgeschlossenheit für landestypische Speisen und ihr Ehrgeiz, in der Landessprache zu sprechen, stießen auf hohe Anerkennung. Sogar bei der Bewertung des Kleidungsstils punkteten die Deutschen stärker, als jedes Vorurteil hätte erwarten lassen. Große Kritik gab es jedoch für ihre Knauserigkeit beim Trinkgeld. Letzte des Rankings der 31 Nationen wurden übrigens die Inder, Franzosen und Chinesen.

Ein Volk – ein Fakt: Über 60 Prozent der deutschen Touristen fühlen sich im Ausland von anderen Touristen gestört. Am nervigsten werden britische, russische, aber auch andere deutsche Mitreisende empfunden. Besonders, wenn sie betrunken sind, aber auch im Wettstreit um die besten Plätze am Pool.

Die Frankfurter Tabelle

Deutsche Touristen sind anspruchsvoll. »Wir reisen sofort ab!« gilt als der deutsche Touristenausspruch schlechthin. Jeder fünfte Pauschalreisende schreibt mittlerweile dem Reiseveranstalter nach dem Urlaub einen Beschwerdebrief und verlangt eine prozentuale Reisekostenrückerstattung. Als Orientierungshilfe dient dabei die sogenannte Frankfurter Tabelle, die von einer Zivilkammer des Landgerichts Frankfurt entwickelt wurde.

Danach könnte man u.a. bei fehlendem Balkon, Meerblick oder Fahrstuhl, aber auch bei verschmutzten Tischen 5–10 % der Reisekosten zurückverlangen. Eine fehlende Toilette wird mit 15 % bewertet, Feuchtigkeit, Risse und Ungeziefer (ab 10 Kakerlaken) sind mit 50 % als schlimmster Mangel eingestuft.

Urlaub in der DDR

Erholung war in der DDR grundsätzlich ein wesentlicher Bestandteil des sozialistischen Gesellschaftsentwurfs. Der Freie Deutsche Gewerkschaftsbund (FDGB) und Betriebe stellten Ferienheime zur Verfügung. Bestarbeiter und Arbeiter aus umweltbelasteten Regionen hatten die besten Chancen, eines der begehrten Urlaubsquartiere zugewiesen zu bekommen. Wer selbst organisiert Urlaub machen wollte, konnte nach Bulgarien, Rumänien, in die Tschechoslowakei oder auf Einladung in die Sowjetunion reisen.

Die 12 schönsten deutschen Ferienstraßen

In Deutschland gibt es mehr als 100 Ferienstraßen (oder Themenrouten): zusammenhängende Straßenzüge, die einer bestimmten, touristisch relevanten Thematik zugeordnet und durchgehend amtlich ausgeschildert wurden. Sie sollen in- und ausländischen Reisenden die landschaftliche und kulturelle Vielfalt Deutschlands zugänglicher machen.

Alte Salzstraße
Die alte Handelsstraße verbindet die historischen Hansestädte Lüneburg und Lübeck. Zwischen dem 12. und 16. Jahrhundert begründete Lüneburg seinen Reichtum durch die Salzgewinnung und den Salzhandel für die Haltbarmachung im Heringshandel. Das »weiße Gold« wurde im wichtigsten Ostseehafen Lübeck verschifft. Heute führt die Alte Salzstraße durch den Naturpark Lauenburgische Seen.

Badische Weinstraße
Die badische Rheinebene gehört zu den bedeutendsten deutschen Weinanbaugebieten. Die Badische Weinstraße gibt es seit über 50 Jahren. Sie führt rund 200 Kilometer entlang des westlichen Schwarzwaldsaumes von Baden-Baden bis Weil am Rhein. Stationen sind unter anderem die Weinbaugebiete Ortenau, Breisgau, Kaiserstuhl, Tuniberg, Breisgau und Markgräflerland.

Burgenstraße
Eine der traditionsreichsten Ferienstraßen Deutschlands. Auf etwa 1000 Kilometern vermitteln über 70 Burgen, Schlösser und Burgruinen einen Eindruck von mittelalterlicher Lebensart. Die Strecke führt von Mannheim durch das Neckartal über Heidelberg, Heilbronn, Rothenburg ob der Tauber, Nürnberg, Fränkische Schweiz und Fichtelgebirge, Bamberg, Bayreuth, Cheb bis ins tschechische Prag.

Deutsche Alleenstraße
Von Rügen (Ostsee) bis an den Bodensee führt die Route unter Laubdächern quer durch ganz Deutschland: 2500 Kilometern durch acht Bundesländer.

Deutsche Alpenstraße
Auch Queralpenstraße genannt. Sie bietet ein einmaliges Gipfelpanorama auf ihrer Route vom Bodensee ins Berchtesgadener Land durch die bayerischen Alpen. An der Route liegen unter anderem die »Märchenschlösser« Neuschwanstein und Hohenschwangau, Oberammergau, die Zugspitze und das Wettersteingebirge, Berchtesgaden und der Königssee.

Deutsche Märchenstraße

Sie führt über 600 Kilometer vom hessischen Hanau nach Bremen, entlang von Orten und Landschaften, die einen Bezug zu Märchen und Sagen sowie Leben und Werk der Gebrüder Grimm haben. Einige der mit einem Märchenfeegesicht ausgeschilderten Stationen: Hanau ist der Geburtsort der Gebrüder Grimm, in Steinau verbrachten sie ihre Kindheit, Alsfeld gilt als »Rotkäppchen-Land«, in Marburg haben die Brüder studiert, die Ruine Sababurg im Reinhardswald gilt als das Vorbild für Dornröschens Märchenschloss, in Göttingen lehrten und forschten die Brüder, in Buxtehude trat der Hase gegen den Igel an, Bremen ist die Stadt der gleichnamigen Musikanten.

Deutsche Uhrenstraße

Sie führt durch den mittleren und südlichen Schwarzwald bis in die Baar zu den Zentren der Schwarzwälder Uhrenherstellung, unter anderem nach Waldkirch, Furtwangen, Titisee-Neustadt, Trossingen, Rottweil, St. Georgen und Schramberg.

Deutsche Weinstraße

Sie gehört zu den berühmtesten Ferienstraßen; schlängelt sich seit über 70 Jahren auf 85 Kilometern durch die Pfalz, das zweitgrößte Weinbaugebiet Deutschlands, vom Deutschen Weintor in Schweigen-Rechtenbach bis zum Haus der Deutschen Weinstraße in Bockenheim. Seit 1985 wird am letzten Sonntag im August, am »Erlebnistag Deutsche Weinstraße«, die Straße für acht Stunden für den motorisierten Verkehr gesperrt; dann gehört die Strecke den Straußwirtschaften, Fußgängern, Radfahrern und Inlineskatern.

Rheinischer Sagenweg

Er führt über 586 Kilometer von Düsseldorf über Neuss, Köln und Mainz bis nach Wiesbaden, entlang beider Rheinufer, zu 48 Orten und rund 100 Sehenswürdigkeiten, die mit der rheinischen Sagenwelt zu tun haben, unter anderem »Die Heinzelmännchen zu Köln«, »Siegfrieds Kampf auf dem Drachenfels« (Königswinter), »Die Loreley« (St. Goar), »Das Wappen von Mainz«.

Romantische Straße

Die 366 Kilometer lange Route gehört zu den beliebtesten Ferienstraßen. Sie verbindet innerhalb Bayerns die Städte Würzburg und Füssen und durchquert dabei unter anderem die Voralpen, das Taubertal, den Nördlinger Ries und den Lechrain. Wichtige Stationen sind die Würzburger Residenz, die mittelalterlichen Städtchen Rothenburg ob der Tauber und

Dinkelsbühl, die Fuggerei Augsburg, Landsberg am Lech, die bedeutende Rokokokirche Wieskirche und König Ludwigs II. Schloss Neuschwanstein.

Schwarzwaldhochstraße

Mit fast 80 Jahren die älteste und eine der bekanntesten Ferienstraßen in Deutschland. Sie startet in Baden-Baden, verläuft über den Hauptkamm des Nordschwarzwalds am Mummelsee und den Höhenzügen Schliffkopf und Kniebis vorbei bis nach Freudenstadt. Bis in die fünfziger Jahre war sie sehr abenteuerlich, da etliche Abschnitte lediglich aus einfachen Fahrwegen und nicht aus befestigten Straßen bestanden.

Straße der Romanik

Zu Zeiten der frühmittelalterlichen Christianisierung und Besiedlung entstanden beiderseits der Elbe zahlreiche Kirchen, Klöster und Burgen. Viele stammen aus der romanischen Kunstepoche und sind bis heute gut erhalten. Die Straße der Romanik durchquert ganz Sachsen-Anhalt in Form einer schiefen Acht und führt unter anderem vorbei am Magdeburger Dom, dem Prämonstratenserstift in Jerichow, der Burg Wanzleben, dem Halberstadter Dom und der Stiftskirche St. Servatius in Quedlinburg.

Ein Volk – ein Fakt: Zum Teil widmen die Ferienstraßen sich ausgefallenen und ganz speziellen Themen, so etwa die Aischgrüner Bierstraße, die Badische Spargelstraße, die Fußballroute NRW, die Bertha-Benz-Memorial-Route, die Märkische Eiszeitstraße oder die Vorpommersche Dorfstraße.

Die achtziger Jahre

22. 6. 1980	Deutschland gewinnt 2 : 1 gegen Belgien und wird Europameister.
26. 9. 1980	Vermutlich ein Rechtsradikaler zündet auf dem Münchner Oktoberfest eine Bombe und tötet 13 Menschen, über 200 werden verletzt.
5. 10. 1980	Die sozialliberale Regierung unter **Helmut Schmidt** gewinnt die Bundestagswahlen.
28. 2. 1981	100 000 Menschen demonstrieren gegen den Bau eines Atomkraftwerks in Brockdorf.
10. 10. 1981	Die **Friedensbewegung** ist auf dem Höhepunkt. Über 250 000 Menschen nehmen in Bonn an der größten Demonstration in der Geschichte der BRD teil und fordern einen Stopp des Wettrüstens.
11.–13. 12. 1981	Helmut Schmidt und Erich Honecker treffen sich in der DDR zu Gesprächen.
12. 4. 1982	Oliver, das erste deutsche Retortenbaby, wird geboren.
9.–11. 6. 1982	US-Präsident Ronald Reagan besucht die BRD. Erstmals mehr als zwei Millionen Arbeitslose.
9. 8. 1982	Auch AEG fällt einer **Pleitewelle** in der BRD zum Opfer. Betroffen sind u. a. auch »Pelikan« und »Bauknecht«.
1. 10. 1982	Mit einem konstruktiven **Misstrauensvotum** stürzen Union und FDP Bundeskanzler Helmut Schmidt (SPD) und wählen Helmut Kohl (CDU) ins Amt. Kohl kündigt eine »geistig-moralische« Wende an.
6. 3. 1983	Die Bundestagswahl bringt der CDU die meisten Stimmen und bestätigt damit **Helmut Kohl** im Amt; die Grünen ziehen erstmals in den Bundestag ein.
4. 4. 1983	An den Ostermärschen beteiligen sich deutschlandweit mehr als 700 000 Menschen.
29. 6. 1983	Mit einem Kredit über 1 Milliarde D-Mark rettet die Bundesregierung die DDR vor einer finanzpolitischen Katastrophe.
22. 10. 1983	An Massenprotesten gegen Atomwaffen nehmen in der BRD 1,3 Millionen Menschen teil.
22. 11. 1983	Der Bundestag erlaubt die Stationierung US-amerikanischer Mittelstreckenraketen.
7. 5. 1984	Debatte um Sterbehilfe: **Julius Hackethal** überlässt einer Patientin Gift, mit dem sie sich selbst umbringt, es werden Ermittlungen gegen den Arzt eingeleitet.
23. 5. 1984	**Richard von Weizsäcker** (CDU) wird neuer Bundespräsident.
13. 2. 1985	Die Semper-Oper wird wiedereröffnet.
1. 5. 1985	Helmut Kohl und Ronald Reagan besuchen gemeinsam den Soldatenfriedhof in Bitburg.
4. 12. 1985	Friedrich Karl Flick verkauft seinen Unternehmensbesitz an die Deutsche Bank.
7. 7. 1985	Spiel, Satz und Sieg: Ganz Deutschland sitzt vor dem Fernseher als der 17-jährige Leimener **Boris Becker** in Wimbledon gewinnt.

26. 4. 1986	Reaktorunfall im ukrainischen Atomkraftwerk **Tschernobyl**. Weite Teile Europas werden verseucht, auch in der Bundesrepublik geraten viele Menschen in Panik.
25. 5. 1987	Unter heftigen Protesten der Bevölkerung findet eine Volkszählung statt.
28. 5. 1987	Der 19 Jahre alte Sportpilot Mathias Rust aus Wedel landet mit seiner Cessna 172 ungehindert auf dem Roten Platz in Moskau.
17. 6. 1987	Die **Todesstrafe** wird in der DDR abgeschafft.
7. 9. 1987	Erich Honecker trifft als erstes Staatsoberhaupt der DDR zu einem Staatsbesuch in der BRD ein.
11. 10. 1987	Der am 25. September zurückgetretene schleswig-holsteinische Ministerpräsident **Uwe Barschel** wird tot in einer Genfer Hotelbadewanne gefunden. Die Polizei geht von Selbstmord aus.
1. 5. 1988	Der Hochgeschwindigkeitszug **ICE** stellt einen neuen Geschwindigkeitsweltrekord auf: 406,9 km/h.
16. 8. 1988	Das Geiseldrama von Gladbeck hält die Republik in Atem. Zwei Geiseln sterben.
26. 8. 1988	Eine Flugshow wird zur Katastrophe: Bei **Ramstein** stürzt ein Flugzeug in die Zuschauer. 70 Menschen sterben.

Kultur

Neue Deutsche Welle: Die erfolgreichsten Bands sind die »Spider Murphy Gang«, »Ideal« und »Spliff«. Höhepunkt im Jahr 1982: »Sternenhimmel« von Hubert KaH, »Ich will Spaß« von Markus und »Carbonara« von Spliff. »Germany ten points«: Die 17-jährige Nicole gewinnt im April 1982 mit »Ein bisschen Frieden« den Grand Prix Eurovision de la Chanson. Topbestseller: »Bitte lasst die Blumen leben« von Johannes Mario Simmel. Kino: Wolfgang Petersens »Das Boot« kommt 1981 in die Kinos und wird ein internationaler Hit. »Männer« von Doris Dörrie löst ab 1985 eine Komödien-Flut aus.

Alltag

Alle diskutieren Anfang des Jahrzehnts über das **Waldsterben**: Über 40 Prozent der deutschen Wälder sollen bereits geschädigt sein (Abbildung rechte Seite). Immer mehr Aids-Fälle sorgen für mediale Aufregung.

Der boomende Trend auf dem Reisemarkt: Rucksackreisen. Gymnastik ist out – Aerobic ist in. Millionen Deutsche versuchen, Jane Fonda und Sydney Rome nachzutanzen.
Lifestyle-Accessoires: Sony-Walkman, Sponti-Aufkleber, Schlüsselanhänger, der erste CD-Spieler, der Rubiks-Zauberwürfel wird drei Millionen Mal verkauft.
Kultfrisur: Rudi-Völler-Vokuhila.
Mode: Netzhemden, Karottenjeans, Neonjacken.

Medien

In der ARD läuft 1981 der erste »Tatort« mit Götz George als Kommissar Schimanski.

Ein beispielloser Medienskandal im April 1983: Das Magazin »Stern« präsentiert die angeblichen Hitler-Tagebücher, die Reporter Gerd Heidemann entdeckt haben will. Die 60 Bücher stellen sich jedoch bald als Fälschung heraus.

Das erste kommerzielle Privatfernsehen SAT 1 nimmt am 1. Januar 1984 den Betrieb auf, einen Tag später folgt RTL.

Same procedure as every year: Helmut Kohls Neujahrsbotschaft 1986 klingt sehr vertraut. Aufgrund einer Panne bei der ARD wird die Ansprache vom Vorjahr wiederholt. Beliebteste TV-Sendungen: »Dallas«, »Wetten, dass …?«.

Auto

Daimler-Benz bringt den ersten Airbag auf den Markt. Der legendäre Audi quattro läuft ab 1980 gut zehn Jahre lang vom Band. Insgesamt werden 11 452 Fahrzeuge produziert.

Wir und unsere Autos

77 Prozent aller volljährigen Deutschen besitzen ein Auto. Über 60 Prozent davon halten sich für überdurchschnittlich gute Fahrer. Jeder dritte fährt zwischen 10 000 und 20 000 Kilometer im Jahr. Drei Millionen Wagen werden jährlich neu zugelassen. Ein Viertel aller deutschen Haushalte verfügt über einen Zweitwagen.

Mercedes ist seit sechs Jahren vor allen anderen deutschen Autoherstellern die Traumautomarke der Bundesbürger, gefolgt von Audi und BMW. Gefahren wird jedoch überwiegend VW, und zwar ein sechs Jahre alter, silbergrauer Golf.

Wichtige deutsche Autos

VW Käfer (1945)

Eigens zum Bau des ersten Käfers wurde eine neue Stadt gegründet: Wolfsburg. Das Auto mit Heckmotor gilt als das Symbol des deutschen Wirtschaftswunders. Offiziell hieß er »Kraft durch Freude«-Wagen. Doch bald bekam er einen Spitznamen: Käfer (Beetle, Bug). Nach dem Filmerfolg »Herbie, ein toller Käfer« übernahm auch VW den Namen in den 60er Jahren.

Porsche 356 (1950)

Das erste Serienmodell von Porsche. Grundlage war der von Ferdinand Porsche initiierte »Porsche Nr. 1« von 1948. Die ersten Modelle enthielten viele Serienteile von VW, darunter der Vier-Zylinder-Boxermotor, das Getriebe und die Bremsen. 1956 endete die Produktion des 356 mit Wagen Nr. 76.302.

NSU Ro 80 (1967)

Die Limousine der gehobenen Klasse von NSU, später Audi NSU, erschien 1967 mit Wankelmotor und 115 PS. Die aerodynamische Keilform prägte das Design der achtziger Jahre. Die Form des Ro 80 war bei Audi maßgebend für ganze Generationen von Fahrzeugen. Das hintere Dreiecksfenster ist bis heute ein typischer Bestandteil des Designs bei Audi (Abbildung nächste Seite links).

VW Golf (1974)

Der Kompaktwagen rettete den VW-Konzern vor der Pleite. Statt Käfer-Monokultur mit Heckmotor setzte VW auf eckige Kurven, Frontantrieb

und Wasserkühlung. Dank niedrigem Preis und guten Fahrleistungen wurde der Golf I (Abbildung oben rechts) zum Kassenschlager. Inzwischen in fünfter Generation, wurde er über 25 Millionen Mal verkauft (das meistverkaufte Auto der Welt ist der Toyota Corolla mit 32 Millionen).

Deutsche Autos, die bei der Wahl zum »Auto des Jahres« gewonnen haben

1968	NSU Ro 80	1986	Ford Scorpio
1973	Audi 80	1987	Opel Omega A
1974	Mercedes 450 SE	1992	VW Golf
1978	Porsche 928	1994	Ford Mondeo
1981	Ford Escort	1999	Ford Focus
1983	Audi 100	2007	Ford S-Max
1985	Opel Kadett	2009	Opel Insignia

Die beliebtesten Wunder-Bäume deutscher Autobesitzer

Der erste Wunder-Baum des Schweizer Erfinders Julius Sämann roch natürlich nach Tannenduft. Heute werden in Deutschland jährlich Tännchen im zweistelligen Millionenbereich verkauft.

Duftnote	Marktanteil (2007)
Vanille	27 %
Sportfrische	13 %
New Car	10 %
Grüner Apfel	7 %
Kirsche	5 %
Black Classic	5 %

Kokos	5 %
Pina Colada	4 %
Zitrone	4 %
Pfirsich	2 %

Führerschein

Die erste Fahrerlaubnis erhielt der Erfinder des Patentmotorwagens Carl Benz im Jahr 1888.

1904 wurde die erste Fahrschule in Aschaffenburg eröffnet. 1909 wurde aufgrund zunehmender Verkehrsunfälle die erste Reichs-Straßenverkehrsordnung eingeführt, die die Verkehrsregeln festlegte und die Höchstgeschwindigkeit für alle Fahrzeuge auf 15 km/h begrenzte. Sie wurde im selben Jahr zur Grundlage des allgemeinen deutschen Führerscheins. Allerdings beschränkte sich der Test damals auf einfaches Hin- und-her-Fahren und die Beantwortung einer einzigen Frage.

1986 wurde der Führerschein auf Probe für Fahranfänger eingeführt.

Ein Volk – ein Fakt: Bundesweit fallen seit Jahren zwischen 25 und 30 Prozent durch die praktische Führerscheinprüfung. In Hamburg liegt die Quote sogar bei 40 Prozent. Der Statistik nach stellte das Bundesland Hessen im Jahr 2007 die sichersten Autofahrer – oder die tolerantesten Prüfer!

Verkehrsunfälle

Die Zahl der Todesopfer auf Deutschlands Straßen war 2008 die niedrigste seit Wiedereinführung der Straßenverkehrsunfallstatistik im Jahr 1953. Dennoch ließen im Schnitt zwölf Verkehrsteilnehmer täglich ihr Leben. Bezogen auf die Einwohnerzahlen, kamen die meisten Verkehrsopfer aus Sachsen-Anhalt.

Im Jahr 1907 war das Risiko, bei Unfällen im Straßenverkehr zu sterben, 62-mal so hoch wie heute. Erst seit 1970 nimmt die Zahl der Verkehrsopfer, trotz weiter steigenden Fahrzeugbestands, kontinuierlich ab. Als Hauptunfallursache gelten unangemessene Geschwindigkeit und Fahren unter Alkoholeinfluss.

Abwrackprämie

Seit dem 14. Januar 2009 können deutsche Autobesitzer eine Umwelt-
prämie beantragen. 2500 Euro zahlt der Staat für die Verschrottung
eines alten Pkw, wenn der Halter einen Neuwagen kauft. Die ursprüng-
liche staatliche Förderung von 1,5 Milliarden Euro reicht für etwa 600 000
Fahrzeuge – und wurde schnell nachgebessert. Sechs Wochen nach der
Einführung waren bereits über 180 000 Anträge eingegangen.

Autopflege

Etwa einmal im Monat fahren deutsche Autobesitzer in die Waschstraße.
Bei jedem dritten Besuch wird Politur aufgelegt. Bei der Innenraumpfle-
ge legen über 80 Prozent selbst Hand an. Übrigens ist Autopflege schon
lange keine Männersache mehr. Frauen putzen genauso häufig. Allerdings kommt bei einem Drittel der Männer die Autopflege sogar vor der
Körperpflege – das sehen autoputzende Frauen entschieden anders. Am
besten und häufigsten pflegen die Deutschen im Osten ihre Wagen.

1989

Januar Bei den Wahlen zum Westberliner Abgeordnetenhaus ziehen erstmals die rechtsradikalen Republikaner in ein westdeutsches Parlament.

18. 1. Tausende Studenten protestieren in mehreren deutschen Städten gegen die widrigen Studienbedingungen und die Wohnungsnot.

6. 2. An der DDR-Grenze in Berlin wird der 20-jährige Chris Gueffroy bei seinem Fluchtversuch erschossen. Er wird das letzte Fluchtopfer an der Mauer sein, das durch einen Waffeneinsatz ums Leben kam.

8. 3. Winfried Freudenberg ist das letzte Opfer an der Berliner Mauer. Er stürzt bei seinem Fluchtversuch mit einem selbstgebastelten Ballon ab und verletzt sich dabei tödlich.

5. 5. Der Memminger Frauenarzt Horst Theissen wird wegen illegaler Abtreibungen zu 2,5 Jahren Gefängnis und 3-jährigem Berufsverbot verurteilt.

1. 7. Die erste Love-Parade zieht durch Berlin.

148

9. 7.	Bei den Internationalen Tennismeisterschaften in Wimbledon siegen **Steffi Graf** und Boris Becker.
August	DDR-Flüchtlinge stürmen die bundesdeutschen Botschaften in Ostberlin, Budapest und Prag, um ihre **Ausreise** zu erzwingen.
19. 8.	Bei einer Friedensdemonstration (»Paneuropäisches Picknick«) an der ungarisch-österreichischen Grenze wird symbolisch für drei Stunden das Grenztor geöffnet. Über 600 DDR-Bürger nutzten den Moment zur **Massenflucht** in den Westen.
4. 9.	In Leipzig findet in der Nikolaikirche die erste einer ganzen Reihe von friedlichen **Montagsdemonstrationen** für Freiheit und Demokratie statt.
30. 9.	Unter dem Jubel der Botschaftsflüchtlinge verkündet Hans-Dietrich Genscher vom Balkon der **deutschen Botschaft in Prag** die Ausreisebewilligung in die BRD.
5. 10.	Der verkaufsslange Donnerstag (bis 20 Uhr) wird eingeführt.
7. 10.	Während u. a. in Ostberlin der 40. Jahrestag der DDR-Gründung mit Militärparaden und Aufmärschen gefeiert wird, werden die Gegendemonstrationen gewaltsam niedergeschlagen und unzählige Menschen festgenommen.
Okt./Nov.	Die DDR-Bürger demonstrieren weiter.
18. 10.	Der Staatsvorsitzende Erich Honecker tritt zurück. Sein Nachfolger wird **Egon Krenz.**
9. 11.	Günter Schabowski erwähnt beiläufig am Ende einer Pressekonferenz die sofortige **Öffnung der innerdeutschen Grenze**. Ost- und Westberlin feiern gemeinsam auf der Mauer.
27. 11.	Bundeskanzler Helmut Kohl stellt dem Bundestag überraschend sein 10-Punkte-Programm zur **Wiedervereinigung** vor.
30. 11.	Der Vorstandssprecher der Deutschen Bank, Alfred Herrhausen, kommt bei einem Bombenanschlag ums Leben.
22. 12.	Das Brandenburger Tor wird nach 28 Jahren wieder geöffnet.
31. 12.	Die Auszahlung des **Begrüßungsgeldes** wird eingestellt.

Beliebteste erste Vornamen:	Katharina	Jan
Frauen pro Kind in Ost und West:	1,57	1,4
Bestseller Belletristik:	B. Groult: »Salz auf unserer Haut«	
Bestseller Sachbuch:	F. J. Strauß: »Die Erinnerungen«	
Deutscher Fußballmeister:	FC Bayern München / SG Dynamo Dresden	
Das meistgekaufte Auto:	Golf II, rot	
Benzinpreis 1 Liter Super bleifrei:	0,52 Euro	
Der meistbesuchte Film des Jahres:	»Rain Man«	
Wort des Jahres:	Reisefreiheit	

Deutscher Fußball

Deutsche Fußballrekorde

Rekordspieler:	Karl-Heinz Körbel (Eintracht Frankfurt), 602 Spiele
Rekordnationalspieler:	Lothar Matthäus, 150 Länderspiele
Meiste Spiele in Serie:	Sepp Maier (FC Bayern München), 442 Spiele
Jüngster Bundesligaspieler:	Nuri Sahin (Borussia Dortmund), 16 Jahre, 11 Monate
Ältester Bundesligaspieler:	Klaus Fichtel (FC Schalke 04), 43 Jahre und 184 Tage
Erfolgreichster Bundes-ligatrainer:	Udo Lattek, 8-mal Deutscher Meister
Rekord-Torschützenkönig:	Gerd Müller (FC Bayern München) 7-mal (1967/1969/1970/1972/1973/1974/1978)
Meiste Tore in einer Saison:	Gerd Müller (FC Bayern München), 40 Saisontore (1972)
Rekordschütze in einem Spiel:	Dieter Müller (1. FC Köln), 6 Tore beim 7:2 gegen Bremen 1977
Schnellster Hattrick:	Oliver Bierhoff, 1997, bei 3:1 gegen Nordirland (73., 78., 79. Minute)
Treffsicherster Torhüter:	Hans-Jörg Butt (Hamburger SV/Bayer Leverkusen), 22 (Elfmeter-)Tore
Meiste Elfmeter-Tore:	Manfred Kaltz (Hamburger SV), 53 Elfmetertore
Meiste Eigentore:	Manfred Kaltz (Hamburger SV), 6 Eigentore
Längste Serie ohne Gegentor:	Oliver Kahn (FC Bayern München), 803 Minuten
Meiste Elf-Meter gehalten:	Rudi Kargus (Hamburger SV u. a.), 23 Elfmeter
Einziger deutscher Weltfußballer des Jahres:	Lothar Matthäus (Inter Mailand), 1990, 1991
Einzige deutsche Weltfuß-ballerin des Jahres:	Birgit Prinz (1. FFC Frankfurt), 2003, 2004, 2005
Der höchste deutsche Sieg:	16:0 Deutschland – Russland (1912)
Ältester Fußballclub:	Berliner F. C. Germania, 1888

Die 10 erfolgreichsten Torschützen der Bundesliga

Gerd Müller	1965–1979	365 Tore
Klaus Fischer	1968–1988	268 Tore
Jupp Heynckes	1965–1978	220 Tore
Manni Burgsmüller	1969–1990	213 Tore
Ulf Kirsten	1990–2003	182 Tore

Stefan Kuntz	1983–1999	179 Tore
Klaus Allofs	1975–1993	177 Tore
Dieter Müller	1973–1986	177 Tore
Hannes Löhr	1964–1977	166 Tore
Karl-Heinz Rummenigge	1974–1984	162 Tore

Berühmte Rückennummern

1 Sepp Maier (Bayern München)
5 Franz Beckenbauer (Bayern München)
9 Uwe Seeler (HSV)
10 Fritz Walter (1. FC Kaiserslautern)
     Günther Netzer (Borussia Mönchengladbach)
     Lothar Matthäus (Bayern München)
11 Karl-Heinz Rummenigge (Inter Mailand, Bayern München)
13 Gerd Müller (Bayern München)
18 Jürgen Klinsmann (Bayern München, VfB Stuttgart)

Finalteilnahmen bei Fußballweltmeisterschaften

1954	**Schweiz**	**Deutschland gegen Ungarn**	**3:2**
1966	England	England gegen Deutschland	4:2
1974	**Deutschland**	**Deutschland gegen Holland**	**2:1**
1982	Spanien	Italien gegen Deutschland	3:1
1986	Mexiko	Argentinien gegen Deutschland	3:2
1990	**Italien**	**Deutschland gegen Argentinien**	**1:0**
2002	Japan/Südkorea	Brasilien gegen Deutschland	2:0

Legendäre Fußballspiele

England – Deutschland 4:2
WM 1966, Finale. In der 98. Minute trifft Hurst zum 3:2. Aber eigentlich war der Ball nicht drin! Der Mythos »Wembley-Tor« ist geboren.

Italien – Deutschland 4:3
Noch immer steht eine Erinnerungstafel im Aztekenstadion in Mexiko City:»Das Aztekenstadion kürt die Auswahlmannschaften von Italien und Deutschland bei der WM 1970 zu den Protagonisten des ›Spiel des Jahrtausends‹ (17. Juni 1970)«. Die Deutschen kämpften bei 50 Grad im Schatten

mit Sepp Maier, Franz Beckenbauer und dem legendären Doppelsturm aus Gerd Müller und Uwe Seeler. In der Verlängerung fielen fünf Tore.

Borussia Mönchengladbach – Inter Mailand 7 : 1

20. Oktober 1971. Doch das Spiel wurde annulliert, weil ein Spieler von Mailand von einer Dose getroffen wurde. Die UEFA setzte das Spiel neu an, Gladbach schied nach dem 0 : 0 im Wiederholungsspiel aus.

Österreich – Deutschland 3 : 2

WM 1978, Zwischenrunde: die Schmach von Córdoba. Kommentar von Edi Finger (ORF): »Da kommt Krankl. Schuss … Tor. Tor. Tor. Tor. Tor! I werd' narrisch. Krankl schießt ein – 3 : 2 für Österreich.«

Deutschland – Österreich 1 : 0

WM, Spanien 1982. Abgekartetes Spiel: Bei einem 1 : 0 sind beide Teams in der Vorrunde weiter, also schieben sie sich nach dem 1 : 0 von Horst Hrubesch in der 11. Minute nur noch unmotiviert den Ball zu: »Sie erlauben mir. Dass ich die Szenen, die sich hier unten abspielen, nicht weiter veredle. Was hier geboten wird, ist schändlich«, kommentierte Eberhard Stanjek.

Deutsche Fußball-Wunder

Als niemand mehr damit gerechnet hat – die größten Fußball-Wunder:

17. 3. 1982   Kaiserlautern – Real Madrid, Hinspiel 1 : 3, Rückspiel 5 : 0
19. 3. 1986   Bayer Uerdingen – Dynamo Dresden, Hinspiel 0 : 2. Im

	Rückspiel führte Dresden zur Pause 3:1. Uerdingen schoss sechs Tore in 45 Minuten: 7:3.
18.5.1988	Leverkusen – Espanyol Barcelona, Hinspiel 0:3. Nach 56 Minuten stand es im Rückspiel immer noch 0:0. Dann drei schnelle Toren zum 3:0. Im Elfmeterschießen führte Espanyol mit 2:0 und verlor dann noch mit 3:2.
11.10.1988	Werder Bremen – BFC Dynamo, Hinspiel 0:3. Bremens Burgsmüller hämmerte an die Kabinentür von Dynamo und brüllte: »Kommt raus ihr Feiglinge«. Rückspiel: 5:0 für Bremen.
3.11.1993	Karlsruhe – FC Valencia, Hinspiel: 1:3. Rückspiel: Euro-Eddy Schmitt traf viermal und machte sich unsterblich. Endergebnis 7:0.

Zitate zum deutschen Fußball

- »Kompliment an meine Mannschaft und meinen Dank an die Mediziner – Sie haben Unmenschliches geleistet.« *Berti Vogts*
- »Die Sanitäter haben mir sofort eine Invasion gelegt.« *Fritz Walter jun.*
- »Die Situation ist aussichtslos, aber nicht kritisch.« *Stefan Effenberg*
- »Die Eintracht ist vom Pech begünstigt.« *Karl-Heinz Körbel*
- »Damals hat die halbe Nation hinter dem Fernseher gestanden.« *Franz Beckenbauer* (über das WM-Finale 1990)
- »Wir wollten in Bremen kein Gegentor kassieren. Das hat auch bis zum Gegentor ganz gut geklappt.« *Thomas Häßler*
- »Es ist mir völlig egal, was es wird – Hauptsache, er ist gesund.« *Mehmet Scholl* (als werdender Vater)
- »Wir dürfen jetzt nur nicht den Sand in den Kopf stecken!« *Lothar Matthäus*
- »Da kam dann das Elfmeterschießen. Wir hatten alle die Hosen voll, aber bei mir lief's ganz flüssig.« *Paul Breitner*
- »Mailand oder Madrid – Hauptsache Italien!« *Andreas Möller*
- »Mein Problem ist, dass ich immer sehr selbstkritisch bin, auch mir selbst gegenüber.« *Andreas Möller*
- »Das habe ich ihm dann auch verbal gesagt.« *Mario Basler*
- »Ich habe nie an unserer Chancenlosigkeit gezweifelt.« *Richard Golz*
- »Ich habe ihn nur ganz leicht retuschiert.« *Olaf Thon*
- »Wie soll das denn dann heißen? Ernst-Kuzorra-seine-Frau-ihr-Stadion?« *Johannes Rau* (zum Vorschlag, Fußballstadien nach Frauen zu benennen)
- »Fußball ist wie Schach. Nur ohne die Würfel.« *Lukas Podolski*

1990

15. 1.	In Ostberlin stürmen mehrere Tausend Menschen die Zentrale des Staatssicherheitsdienstes.
18. 3.	Nach der ersten freien Wahl zur Volkskammer in der DDR wird **Sabine Bergmann-Pohl** zur Volkskammerpräsidentin gewählt. Sie war damit nach einer Verfassungsänderung auch Staatsoberhaupt.
30. 3.	Erster Auslandseinsatz der Deutschen Bundeswehr im **Kosovo**.
12. 12.	**Lothar de Maizière** (CDU) wird erster (und letzter) demokratisch gewählter Ministerpräsident der DDR.
25. 4.	Oskar Lafontaine wird auf einer Wahlveranstaltung in Köln von einer Messerstecherin schwer verletzt.
18. 5. – 6. 9.	16 Wochen lang beherrscht Mathias Reim mit »Verdammt, ich lieb dich« die deutsche Hitparade.
13. 6.	Der endgültige **Abriss der Berliner Mauer** beginnt.
1. 7.	In der DDR wird die D-Mark eingeführt.
8. 7.	Die deutsche Fußballnationalmannschaft holt sich mit einem 1 : 0-Sieg gegen Argentinien in Rom den **Weltmeistertitel**.
21. 7.	Die britische Band »Pink Floyd« gibt auf dem Potsdamer Platz das größte Rockkonzert der Geschichte.

23. 8.   Die Ostberliner Volkskammer stimmt für den Beitritt der DDR zur Bundesrepublik Deutschland.

3. 10.   Die Wiedervereinigung der beiden deutschen Staaten wird vollzogen. Die Deutschen feiern ein Volksfest vor dem Berliner Reichstag.

12. 10.   Bundesinnenminister **Wolfgang Schäuble** wird bei einem Attentat mit drei Schüssen verletzt. Seitdem ist er ab dem dritten Brustwirbel gelähmt.

19.–21. 11. Der »kalte Krieg« wird auf dem Gipfeltreffen der 34 KSZE-Staaten in Paris offiziell für beendet erklärt.

2. 12.   Bei der ersten gesamtdeutschen Bundestagswahl wird die Regierungskoalition aus FDP und CDU unter Helmut Kohl bestätigt. Der **Gameboy** kommt auf den Markt. Feiern am »Ballermann« in Mallorca werden Mode.

15. 12.   Die DDR-Nachrichtensendung »Aktuelle Kamera« wird zum letzten Mal ausgestrahlt.

Beliebteste erste Vornamen:	Julia	Jan
Kinder pro Frau in Ost/West:	1,53	1,45
Erwerbslosenquote West:	7,2	
Bestseller Belletristik:	B. Groult: »Salz auf unserer Haut«	
Bestseller Sachbuch:	Baigent/Leigh: »Verschlusssache Jesus«	
Deutscher Fußballmeister:	FC Bayern München / SG Dynamo Dresden	
Das meistgekaufte Auto:	Golf II, rot	
Benzinpreis 1 Liter Super bleifrei:	0,58 Euro	
Der meistbesuchte Film des Jahres:	»Pretty Woman«	
Wort des Jahres:	Die neuen Bundesländer	

155

Wir und der Sport

Nur ein knappes Drittel aller Deutschen treibt regelmäßig, also mehrmals pro Woche, Sport. Jeden Tag sportlich aktiv sind 13 Prozent. Einmal pro Woche raffen sich immerhin 41 Prozent auf, etwas für ihre Fitness zu tun. Am aktivsten sind die jungen Menschen zwischen 14 und 19 Jahren: Zwei Drittel treiben regelmäßig mehrmals pro Woche Sport. Eher Sportmuffel sind Männer und Frauen ab 50: Nicht einmal jeder Fünfte sorgt regelmäßig für Bewegung.

Die beliebtesten Sportarten der Deutschen

	1988	1998	2008
1.	Schwimmen	Schwimmen	Radfahren
2.	Joggen	Radfahren	Joggen
3.	Radfahren	Fußball	Schwimmen
4.	Tennis	Fitnesstraining/Aerobic	Fußball
5.	Fußball	Joggen	Fitnesstraining/Gymnastik
6.	Fitnesstraining/Aerobic	Tennis	Wandern
7.	Volley-, Handball	Bowling	Nordic Walking
8.	Wandern	Wandern	Skifahren
9.	Skifahren	Skifahren	Tennis
10.	Tischtennis	Volley-, Handball	Inlineskating

Ein Volk – ein Fakt: 1990 waren noch 29 Prozent der Deutschen Mitglied in einem der 85 000 deutschen Sportvereine. 1993 waren es nur noch 23 Prozent, 2000 noch 21 Prozent und 2008 etwa 20 Prozent. Die Deutschen treiben indes nicht weniger Sport, der Trend geht allerdings zu Fitnesscentern, Freizeitbädern, freien Rad-, Mountainbike-, Inliner- und Joggingrouten und Erlebnis- und Trendsportarten wie Bungee-Jumping, Canyoning und Paragliding, die nicht im klassischen Verein ausgeübt werden.

Der größte deutsche Sportverein ist der FC Bayern München: Er hat knapp 136 000 Mitglieder.

Turnvater Jahn

Friedrich Ludwig Jahn (1778–1852) war der Initiator der deutschen Turn-
bewegung: 1811 weihte er in der Berliner Hasenheide den ersten Turn-
platz für die ganze Bevölkerung ein. Dort standen bekannte Turngeräte
zur Verfügung, aber auch solche, die Jahn erfunden hat, etwa der Barren
und das Pferd (das zunächst Schwingel hieß). Nicht durchgesetzt hat sich
der Zweibaum, eine Art Klettergerüst.
Sein Turnerwahlspruch lautete: »Frisch, fromm, fröhlich, frei!« Jahn wird
heute mit gemischten Gefühlen wahrgenommen, da seine Bewegung von
Beginn an der frühen Nationalbewegung nahestand. Ein Zweck war es,
die jungen Menschen für den Kampf gegen die napoleonische Besetzung
und die Rettung Preußens stark zu machen.

Berühmte deutsche Sportler

Franz Beckenbauer (*1945)
Fußball; 103 Länderspiele, wurde als Spieler und als Trainer Weltmeister
(1974, 1990) und Europameister (1972).

Boris Becker (*1967)
Tennis; gewann 1985 als erster ungesetzter, erster deutscher und erster
jüngster Spieler in Wimbledon; und erneut 1986 und 1989.

Wolfgang Graf Berghe v. Trips (1928–1961)
Rennfahrer; bis zu seinem Unfalltod in Monza erfolgreich in der Formel 1.

Heiner Brand (*1950)
Handball; erzielte zwischen 1974 und 1982 231 Tore in 131 Länderspielen
und wurde als Spieler (1978) und als Trainer (2007) Weltmeister.

Birgit Fischer (*1962)
Kanu; gewann für die DDR und für Deutschland acht Gold- und vier Sil-
bermedaillen, zudem zwischen 1979 und 1998 27 Weltmeistertitel.

Steffi Graf (*1969)
Tennis; gewann bisher als Einzige den sogenannten Golden Slam (1988):
die Grand-Slam-Turniere in Melbourne, Paris, Flushing Meadow, und
Wimbledon sowie olympisches Gold in Seoul. Errang insgesamt 22
Grand-Slam-Titel.

Michael Groß (*1964)
Schwimmen; Olympiasieger 1984 (100 m Schmetterling, 200 m Freistil)
und 1988 (200 m Schmetterling) und Weltmeister 1982 und 1986 (jeweils
200 m Schmetterling und 200 m Freistil). 13-facher Europameister, zwölf
Weltrekorde.

Georg Hackl (*1966)
Rennrodeln; olympisches Gold im Einsitzer 1992, 1994, 1998; Weltmeister
1989, 1990, 1997; Europameister 1988, 1990.

Regina Halmich (*1976)
Boxen; von 56 Profikämpfen gewann Halmich 54, einmal unterlag sie,
einmal endete die Begegnung unentschieden. Zwischen 1998 und 2007
war sie achtmal Weltmeisterin im Fliegengewicht.

Armin Hary (*1937)
Leichtathletik; gewann 1960 in Rom olympisches Gold über 100 Meter
(Weltrekord: 10,0 Sekunden) und mit der Staffel über viermal 100 Meter.

Reiner Klimke (1936–1999)
Dressurreiten; Olympiasieger 1984 im Einzelwettbewerb, gewann fünfmal Mannschaftsgold (zwischen 1964 und 1988), sechs Weltmeistertitel
im Einzel und mit der Mannschaft (zwischen 1966 und 1986) und elf Eu-
ropameistertitel (zwischen 1965 und 1985).

Marita Koch (*1957)
Leichtathletik; die DDR-Sprinterin stellte 16 Weltrekorde über 100, 200
und 400 Meter (Letzterer heute noch gültig) auf und gewann Gold über
400 Meter bei den Olympischen Spielen 1980 in Moskau.

Erich Kühnhackl (*1950)
Eishockey; einer der erfolgreichsten deutschen Eishockeyspieler des ver-
gangenen Jahrhunderts, der viermal deutscher Meister wurde (zwischen
1970 und 1983) und in 211 Länderspielen dabei war.

Bernhard Langer (*1957)
Golf; gewann zwischen 1981 und 1993 fünfmal die German Open, wurde
Weltcupsieger mit der Mannschaft 1990 und im Einzel 1993 und gewann
1985 und 1993 das US Masters.

Henry Maske (*1964)
Boxen; als Amateur 1989 Weltmeister und 1988 Olympiasieger; als Pro-

fiboxer (zwischen 1990 und 1996) gewann Maske 31 von 32 Kämpfen; Weltmeister der WBA.

Ulrike Meyfahrt (*1956)
Leichtathletik; wurde 1972 (1,90 m) und zwölf Jahre später, 1984 (2,02 m), erneut Olympiasiegerin im Hochsprung.

Rosi Mittermaier (*1950)
Skilauf; 1976 in Innsbruck gewann sie den Abfahrtslauf und Slalom bei den Olympischen Spielen, belegte den zweiten Platz beim Riesenslalom, gewann zudem den Gesamtweltcup und wurde Weltmeisterin in der alpinen Kombination.

Gerd Müller (*1945)
Fußball; schoss 68 Tore in 62 Länderspielen (zwischen 1966 und 1974), das ist bis heute Bestleistung eines deutschen Nationalspielers. Er wurde viermal Deutscher Meister und viermal DFB-Pokalsieger mit dem FC Bayern München; gewann dreimal den Europapokal der Landesmeister und wurde Welt- (1974) und Europameister (1972).

Helmut Rahn (1929–2003)
Fußball; schoss im Finale der WM 1954, als Deutschland gegen Ungarn 0:2 zurücklag, den Ausgleichs- und den Siegtreffer zum 3:2. »Das Wunder von Bern« war perfekt: Deutschland war Weltmeister.

Max Schmeling (1905–2005)
Boxen; wurde 1930 erster deutscher Weltmeister im Schwergewicht.

Michael Schumacher (*1969) Formel 1; siebenmal Formel-1-Weltmeister (zwischen 1994 und 2004); erreichte 68-mal die Poleposition und gewann 91-mal einen Grandprix.

Jürgen Sparwasser (*1948)
Fußball; der DDR-Spieler schoss während der Weltmeisterschaft 1974 bei der einzigen Begegnung zwischen der DDR und der Bundesrepublik den 1:0-Siegtreffer.

Dietrich Thurau (*1954)
Radsport; fuhr auf der Tour de France 1977 15 Tage lang im Gelben Trikot.

Jan Ullrich (*1973)
Radsport; gewann 1997 als erster Deutscher die Tour de France, wurde

1999 Weltmeister im Straßenzeitfahren und gewann 2000 olympisches Gold im Straßenrennen. 2007 wurden Dopingvorwürfe gegen Ullrich erhoben.

Fritz Walter (1920–2002)
Fußball; Kapitän der Weltmeistermannschaft 1954 und erster Ehrenspielführer der deutschen Nationalmannschaft.

Hans Günter Winkler (*1926)
Springreiten; Teilnehmer an sechs Olympischen Spiele (zwischen 1956 und 1966), Gewinner der Goldmedaille im Einzelwettbewerb 1956.

Ungewöhnliche Sportarten in Deutschland

2007 fand die Weltmeisterschaft im Gummistiefelweitwurf in Berlin (Sportforum Hohenschönhausen) mit 180 Teilnehmern unter anderem aus Finnland, Schweden, Italien, Russland und den USA statt. Den deutschen Rekord bei den Frauen hält Maria Bürger (Verein Spitzsteingummi 05 Döbeln) mit 35,10 Metern, den der Männer Fabian Lau (Verein 7-Meilenstiefel) mit 52,50 Metern. In Deutschland gibt es bisher sieben Vereine.

Boßeln wird vor allem in Ostfriesland gepflegt: Mit schweren Wurfkugeln aus Holz oder Gummi müssen zwei Mannschaften eine vorher festgelegte Boßelstrecke auf einer wenig befahrenen Straße mit möglichst wenigen, weiten Würfen überwinden. Geboßelt wird vor allem im Winter, weil dann die Gräben entlang der Wege zugefroren sind und die fehlgegangenen Kugeln leichter zurückgeholt werden können.

In der alten Grafschaft Bentheim und im Emsland trifft man sich zum Kloatscheeten, einem alten Brauch, der bereits um 1630 in alten Kirchenratsbüchern erwähnt wurde. Der Kloat, eine abgerundete Scheibe mit einem Bleikern und einem Durchmesser von 7 bis 8 Zentimetern, muss von je einer Mannschaft mit möglichst wenigen, weiten Würfen über den Padd (die Strecke) ins Ziel gebracht werden.

Seit 1974 findet alljährlich auf der Annakirmes in Düren die Weltmeisterschaft im Kirschkernweitspucken statt. Den Weltrekord bei den Männern hält Oliver Kuck: Im Jahr 2003 spuckte er seinen Kern 21,71 Meter weit.

Bereits 1331 wurde das Bügelspiel, ein am Niederrhein verbreitetes Geschicklichkeitsspiel, in alten Urkunden erwähnt: Vier Kugeln (jede etwa

4 Kilo schwer, Durchmesser 18 Zentimeter), die mit Hilfe eines Schlägers (Schüppe) bewegt werden, müssen über eine 10 Meter lange Bahn durch einen eisernen Ring (Bügel) gespielt werden. Es gibt zwei Vereine in Deutschland.

Einradhockey-Hochburgen sind das Ruhrgebiet und die Region Frankfurt am Main. Jeweils vier Feldspieler und ein Torwart treten auf Einrädern mit Eishockeyschlägern und einem Tennis- oder Straßenhockeyball gegeneinander an. Gespielt wird auf Eishockeytore. Seit 1995 gibt es die Erste Deutsche Einradhockeyliga (EDEL). Inzwischen gibt es über 50 Mannschaften.

Im Münsterland spielt man **Speckbrett**: Auf einem 20 × 9 Meter großen Asche- oder Asphaltplatz schlagen wie beim Tennis ein oder zwei Spieler pro Spielfeldseite mit einem Holzbrett, das gitterförmig angeordnete Bohrlöcher hat, nach einem Tennisball. Gezählt wird wie beim Tischtennis. Neben drei Speckbrettvereinen in Münster gibt es auch einen in Berlin.

Fakten über den Sport in Deutschland

- Deutschland (inkl. der von DDR-Sportlern gewonnenen Medaillen) ist Dritter im ewigen Medaillenspiegel der Olympischen Spiele.
- Die beliebteste Sportart in Deutschland ist Fußball. Über sechs Millionen Mitglieder und 170 000 Mannschaften sind im Deutschen Fußball-Bund organisiert.
- Die Handball-Bundesliga gilt als die beste Spielklasse der Welt, die Herren-Nationalmannschaft wurde 2007 zum dritten Mal Weltmeister.
- Im Feldhockey wurde Deutschlands Herrenmannschaft 2002 und 2006 Weltmeister sowie 1972, 1992 und 2008 Olympiasieger. Die Damen wurden 2004 ebenfalls Olympiasieger.
- Zu den ältesten Sportarten zählt das Sportschießen. Der Deutsche Schützenbund hat etwa 1,5 Millionen Mitglieder.
- Der deutsche Dirk Nowitzki wurde 2007 zum wertvollsten Spieler in der nordamerikanischen Basketball-Profiliga NBA gewählt.
- Die Beliebtheit des Radsports hängt in starkem Maße von den aktuellen Erfolgen deutscher Fahrer ab. Rudi Altig (in den 1960er Jahren) und Jan Ullrich (Ende der 1990er- und Anfang der 2000er Jahre) gehören zu den erfolgreichsten Radsportlern ihrer Zeit.
- Timo Boll gilt als einer der besten Tischtennisspieler der Welt.
- Kein Sportler hat mehr Gelbe Karten bekommen als Stefan Effenberg, nämlich 111.

Sport in der DDR

Breitensport wurde im real existierenden Sozialismus staatlich intensiv gefördert: nach offizieller Vorgabe als Quell und Ausdruck eines guten sozialistischen Lebensgefühls. Dadurch wurde tatsächlich erreicht, dass die Menschen im Durchschnitt gesünder und schlanker waren.

Die Leistungssportkader wurden großzügig unterstützt und straff und konsequent trainiert. Besonders begabte Kinder wurden früh entdeckt und systematisch auf eine Karriere als Leistungssportler eingestellt.

Die politische Führung der DDR legte großen Wert auf herausragende Ergebnisse in den verschiedenen Disziplinen des Leistungssports (besonders der olympischen Sportarten), da hierdurch die Überlegenheit und Leistungskraft des real existierenden Sozialismus bewiesen werden sollte.

Die Notwendigkeit ständiger Spitzenleistungen führte zu einer körperlichen und mentalen Ausbeutung einzelner Sportler durch Doping und gnadenloses Training. Schwere und dauerhafte Folgeschäden wurden dabei billigend in Kauf genommen. Teilweise waren die Sportler selbst nicht einmal informiert. Was im Westen aus Geld- und Erfolgsgier geschah, war im Osten einem politischen Geltungsbedürfnis der SED-Herrscher geschuldet.

Die DDR-Sportler stellten im Vergleich zur Bevölkerungszahl des Landes überproportional viele Europa- und Weltrekorde auf, vor allem in den Disziplinen Schwimmen, Leichtathletik, Gewichtheben sowie Eis- und Wintersportarten. 755 Olympia-Medaillen gewannen die Sportler der DDR, davon 203 Goldmedaillen. DDR-Sportler stellen 768 Weltmeister und 747 Europameister. Die Zahl der gesamtdeutschen Medaillen, die bei den olympischen Sommerspielen erzielt wird, sinkt seit dem Ende der DDR und der speziellen Sportförderung dort (1992 wurden noch 82 Medaillen, davon 33-mal Gold, 21-mal Silber, 28-mal Bronze, erzielt, Gesamtrang 3; 2008 41 Medaillen, davon 16 Gold, 10 Silber, 15 Bronze, Gesamtrang 5).

Das schönste Gesicht des Sozialismus

Katarina Witt (*1965) gehört zu den erfolgreichsten Eiskunstläuferinnen der Sportgeschichte. Die ehemalige DDR-Sportlerin gewann zweimal Olympisches Gold (1984 in Sarajevo und 1988 in Calgary), viermal wurde sie Weltmeisterin (1984 in Ottawa, 1985 in Tokio, 1987 in Cincinnati und 1988 in Budapest), sechsmal Europameisterin (1983 in Dortmund, 1984 in •Budapest, 1985 in Göteborg, 1986 in Kopenhagen, 1987 in Sarajevo, 1988 in Prag).

Das »TIME Magazine« bezeichnete sie als das schönste Gesicht des Sozialismus, dessen Vorzeige-Galionsfigur sie zum Zeitpunkt des DDR-Zusammenbruchs war. Nach der Wiedervereinigung war sie gut zehn Jahre für die großen US-amerikanischen Eisshows auf Tour.

In jüngster Vergangenheit war sie wiederholt als Jurorin und Moderatorin von TV-Shows zu sehen (u. a. »Let's dance« und »Stars auf Eis«).

Auswahl bekannter DDR-Sportler

Boxen
Wolfgang Behrendt
Manfred Wolke
Marco Rudolph
Henry Maske

Eiskunstlauf
Jan Hoffmann
Annett Pötzsch
Gabriele Seyfert
Katarina Witt

Eisschnelllauf
Karin Enke
Helga Haase
Christa Luding
Gunda Niemann-Stirnemann

Fußball
Jürgen Croy
Hans-Jürgen Dörner
Klaus Sammer
Jürgen Sparwasser

Leichtathletik
Waldemar Cierpinski
Rosemarie Ackermann
Heike Drechsler
Christian Schenk

Radsport
Gustav-Adolf »Täve« Schur
Klaus Ampler
Uwe Ampler
Uwe Raab

Schwimmen
Roland Matthes
Kornelia Ender
Dagmar Haase
Christin Otto

Skisport
Hans-Georg Aschenbach
Barbara Petzold
Frank-Peter Roetsch
Jens Weisflog

1991

2.1.	Die ersten **Wehrpflichtigen** aus den neuen Bundesländern beginnen ihren Dienst bei der Bundeswehr.
27.1.	Boris Becker wird neue Nummer eins der Weltrangliste.
20.2.	Etwa 100 000 Menschen in den neuen Bundesländern gehen für den Erhalt ihrer Arbeitsplätze auf die Straße; wegen des **Golfkrieges** entfällt der Karneval.
1.4.	Der Präsident der Treuhandanstalt, Detlev Rohwedder, wird von der **RAF** in seiner Wohnung in Düsseldorf ermordet.
April	Der letzte Wartburg läuft in Eisenach vom Band. 4000 Beschäftigte verlieren ihren Arbeitsplatz, in Zwickau wird der letzte **Trabant** hergestellt.
14.5.	Der **Solidaritätszuschlag** wird zum 1. Juni vom Bundestag beschlossen.
29.5.	Der Hochgeschwindigkeitszug ICE wird in Betrieb genommen; der Spionagechef der DDR, **Markus Wolf**, stellt sich den deutschen Behörden, nachdem sein Asylantrag in Österreich abgelehnt wurde.
31.5.–15.8.	Elf Wochen sind die Scorpions mit »Wind of change« auf Platz eins der deutschen Charts.
20.6.	Mit 338 zu 320 Stimmen wird der **Umzug der Regierung** von Bonn nach Berlin beschlossen.
3.7.	60 000 Quadratmeter des Potsdamer Platzes in Berlin werden an den Daimler-Benz-Konzern verkauft.

7. 7.	Michael Stich besiegt im Wimbledon-Finale Boris Becker. Das Damenfinale gewinnt Steffi Graf zum dritten Mal.
17. 8.	Der Sarkophag des Preußenkönigs Friedrich II. wird über 200 Jahre nach seinem Tod nach Potsdam überführt (wie er es in seinem Testament verfügt hatte).
2. 9.	In Berlin beginnt der erste Mauerschützenprozess gegen vier ehemalige Grenzsoldaten.
19. 9.	Zwei deutsche Wanderer finden die Steinzeitmumie Ötzi in den Ötztaler Alpen.
9. 12.	In Maastricht wird die Gründung der Europäischen Union beschlossen.
31. 12.	Letzter Sendetag des früheren DDR-Fernsehens.

Beliebteste erste Vornamen:	Lisa	Kevin
Kinder pro Frau in Ost und West:	0,98	1,43
Erwerbslosenquote West und Ost:	6,2	10,2
Bestseller Belletristik:	R. Pilcher: »Die Muschelsucher«	
Bestseller Sachbuch:	Helmut Schmidt: »Die Deutschen und ihre Nachbarn«	
Deutscher Fußballmeister:	1. FC Kaiserslautern / Hansa Rostock	
Das meistgekaufte Auto:	Golf III, rot	
Benzinpreis 1 Liter Super bleifrei:	0,61 Euro	
Der meistbesuchte Film des Jahres:	»Kevin – allein zu Haus«	
Wort des Jahres:	Besserwessi	
Unwort des Jahres:	ausländerfrei	

Deutsche Humoristen

Wilhelm Busch (1832–1908)
Dichter, Zeichner und Maler, der am liebsten menschliche Schwächen sowie staatliche und kirchliche Missstände satirisch-humoristisch aufs Korn nahm. Zu seinen bekanntesten Werken gehört »Max und Moritz. Eine Bubengeschichte in sieben Streichen« (1865). Mit seinen meisterhaften Verbindungen aus Wort, Bild und Lautmalerei gilt er als Vorreiter der Comics und Zeichentrickfilme.

Heinrich Zille (1858–1929)
Grafiker, Zeichner und Maler, der sich vor allem mit der proletarischen Unterschicht aus dem Berliner »Milljöh« befasste und mit seiner Sozialkritik den Oberen der Wilhelminischen Zeit oft ein Dorn im Auge war.

Christian Morgenstern (1871–1914)
Übersetzer und Lyriker, der durch heiter-ironische, komische Verse bekannt wurde. Besonders beliebt ist bis heute die Sammlung »Galgenlieder« (1905).

Ludwig Thoma (1876–1921)
Schriftsteller, der in seinen satirisch-spitzen Werken die Scheinmoral der Spießer, die Selbstgerechtigkeit der Pickelhauben tragenden Preußenmilitärs und die provinzlerisch-frommen Bayern anprangerte.

Karl Valentin (1882–1948)

Kabarettist und Volksschauspieler, bekannt als »Wortzerklauberer« (Alfred Kerr) und Sprach-Anarchist, der den Dadaisten und Expressionisten nahestand und der vor allem in den Zwanzigern mit seiner Partnerin Liesl Karlstadt Triumphe feierte. Unter den Nationalsozialisten wurde es stiller um ihn, und schließlich lebte er wieder von seinem alten Beruf als Sargschreiner.

Joachim Ringelnatz (1883–1934)
Ehemaliger Seefahrer, Schriftsteller und Kabarettist (Münchner Künstlerlokal Simplicissimus), dessen Unsinnspoesie bis heute noch sehr beliebt ist.

Kurt Tucholsky (1890–1935)
Journalist, Satiriker und Schriftsteller der Weimarer Republik, der früh
vor der Gefahr, die von den Nationalsozialisten ausging, warnte.

Heinz Erhardt (1909–1979)
Entertainer, Schauspieler und Kabarettist, der nach dem Zweiten Weltkrieg über den Rundfunk einem Millionenpublikum mit seinen Wort-
spielen und verdrehten Redewendungen bekannt wurde.

Loriot alias Vicco von Bülow (*1923)
Komödiant, Schriftsteller, Schauspieler und Zeichner, dessen Interesse den
zwischenmenschlichen Kommunikationsstörungen und dem absurden Mo-
ment des Alltags gilt. Viele seiner Erfindungen sind längst zum Allgemein-
gut geworden, etwa die Steinlaus, der Kosackenzipfel oder das Jodeldiplom
und auch Sätze wie »Bitte sagen Sie jetzt nichts…« und »Ach (was)!«.

Dieter Hildebrandt (*1927)
Kabarettist, Schauspieler und Autor, der von 1980 bis 2003 die Federfüh-
rung bei der Sendung Scheibenwischer hatte und ebenso scharfzüngig
wie unbeugsam die Politik und die Politiker ins Visier nahm. Am 22. Mai
1986 stieg gar der Bayerische Rundfunk aus der Übertragung der Satire-
sendung aus, da Fernsehdirektor Helmut Oeller Hildebrandts Umgang
mit der Tschernobyl-Katastrophe scharf kritisierte.

Otto Waalkes (*1948)
Komiker, Zeichner und Schauspieler, der mit Körpersprache, Kalauern
und Parodien Satire und Zeitkritik bietet.

Harald Schmidt (*1957)
Schauspieler, Kabarettist und Entertainer, der beinahe für immer Organist
in Nürtingen geblieben wäre, sich dann aber doch den Bühnen der Welt
zuwandte, zunächst in Augsburg, wo er in Lessings »Nathan der Weise«
den zweiten Mameluk gab, der immerhin den einen Satz sagt: »Nur hier
herein.« Kult wurde Schmidt zwischen 1990 und 1994 durch »Schmidtein-
ander« mit Herbert Feuerstein. Weitgehend einzigartig und preisgekrönt.

Hape Kerkeling (* 1964)
Komiker, Schauspieler und Autor, der mit Filmen, Sketchen und be-
stimmten Figuren (Hannilein, Horst Schlämmer) einem Millionenpubli-
kum bekannt wurde. Unvergessen sind seine Auftritte für seine Comedy-
Show »Total Normal« als Königin Beatrix (1991) und als tschechischer
Opernsänger, dessen expressives Stück in dem Ausruf »Hurz!« gipfelt.

1992

22. 1.	**Ulf Merbold** startet mit der US-amerikanischen Raumfähre »Discovery« zum zweiten Mal ins All.
24. 1.–23. 4.	U96 führt mit »das Boot«, Technoversion der Filmmusik von Klaus Doldinger, 13 Wochen lang die deutschen Charts an.
8. 2.	In der Show **»Traumhochzeit«** mit Linda de Mol kann sich das Siegerpaar vor einem Millionenpublikum das Jawort geben.
8. – 23. 2.	Bei den Olympischen Winterspielen im französischen Albertville holen die deutschen Athleten die meisten Medaillen.
4. 4.	In Hamburg wird Maria Jepsen zur ersten evangelisch-lutherischen Bischöfin der Welt gewählt.
11. 5.	RTL strahlt erstmals »Gute Zeiten, schlechte Zeiten« aus, die zur erfolgreichsten Soap der deutschen Geschichte werden wird.
13. 6.	Der Kaufhauserpresser **Dagobert** startet in Hamburg seine Bombenanschlagserie.
24. 8.	In Rostock zünden Rechtsradikale unter dem Beifall zahlreicher Sympathisanten einen von Ausländern bewohnten Häuserblock an.
25. 7. – 9. 8.	Bei den Olympischen Sommerspielen in Barcelona tritt Deutschland erstmals mit früheren DDR-Sportlern an. Die Schwimmerin **Franziska von Almsick** wird zum ersten gesamtdeutschen Sportstar und Medienliebling.
29. 7.	Der frühere DDR-Staatschef **Erich Honecker** wird festgenom-

men, als er aus der Zuflucht in der chilenischen Botschaft in Moskau nach Berlin zurückkehrt.

14. 9. Die »Talkshow Hans Meiser« läuft an und löst eine regelrechte **Talkshow-Welle** aus.

8. 10. Der vierte Bundeskanzler der BRD und Friedensnobelpreisträger Willy Brandt stirbt.

23. 11. Zwei **Rechtsradikale** verüben in Mölln einen Brandanschlag, bei dem eine türkische Frau und zwei Mädchen ums Leben kommen.

Beliebteste erste Vornamen:	Sarah	Jan
Kinder pro Frau in Ost und West:	0,84	1,4
Erwerbslosenquote West und Ost:	6,4	14,4
Bestseller Belletristik:	Noah Gordon: »Der Schamane«	
Bestseller Sachbuch:	Rut Brandt: »Freundesland«	
Deutscher Fußballmeister:	VfB Stuttgart	
Das meistgekaufte Auto:	Golf III, rot	
Benzinpreis 1 Liter Super bleifrei:	0,65 Euro	
Der meistbesuchte Film des Jahres:	»Basic Instinct«	
Wort des Jahres:	Politikverdrossenheit	
Unwort des Jahres:	ethnische Säuberung	

Deutscher Film und deutsches Fernsehen

Die Deutschen und ihr Fernseher

1952 begann der NWDR (Nordwestdeutscher Rundfunk, Vorgänger des NDR) von Köln und Hannover aus ein tägliches Programm für die Bundesrepublik Deutschland zu senden. Ab 1966 auch in Farbe.

- 95 Prozent aller deutschen Haushalte verfügen inzwischen über einen Fernseher, 40 Prozent über ein Zweit- oder sogar Drittgerät.
- Im Schnitt verbringt heute jede(r) Deutsche etwa zehn Jahre ihres/seines Lebens vor dem Fernseher, bis auf die etwa 1,5 Millionen Bundesbürger, die gar kein TV-Gerät besitzen.
- Jeder Bundesbürger sieht im Schnitt pro Tag 207 Minuten fern, im Westen sind es 197 Minuten, im Osten 226 Minuten. Am wenigsten gucken die Bayern mit 174 Minuten täglich, am meisten die Sachsen-Anhalter mit 244 Minuten.
- Am meisten gucken Senioren ab 70 Jahren (rund 259 Minuten pro Tag), für die das Fernsehen gleichzeitig auch die Hauptinformationsquelle ist.
- Kinder sitzen täglich etwa 100 Minuten vor dem Fernseher, Mädchen etwa zehn Minuten weniger als Jungen.
- Die Lieblingsnebenbeschäftigungen beim Fernsehen sind Essen (26 %), Lesen (17 %), Telefonieren (16 %), Handarbeiten (11 %), Schlafen (7 %) und Bügeln (3 %).

- Während der rund 2900 Werbespots, die jeden Tag gesendet werden, schalten die meisten Zuschauer um (40 %), gehen auf die Toilette (18 %), erledigen etwas (13 %), holen sich etwas zu essen oder zu trinken (12 %). Nur 11 Prozent sehen sich die Spots tatsächlich an.

Ein Volk – ein Fakt: Ein Fernseher wird als Grundausstattung der Wohnung angesehen. Wenn Empfänger von Arbeitslosengeld über kein Eigenkapital verfügen, gewährt die Agentur für Arbeit etwa Darlehen für die Reparatur eines TV-Geräts.

Die beliebtesten deutschen Filmstars

Sie haben deutsche Filmgeschichte geschrieben: Heinz Rühmann, Heinz Erhardt und Gert Fröbe, ebenso Marlene Dietrich, Lilli Palmer und Hildegard Knef. Sie waren schillernde Gestalten auf höchst unterschiedliche Weise: Harald Juhnke, Klaus Kinski und Romy Schneider. Inzwischen haben neue Generationen die Leinwände und Bildschirme erobert.

Mario Adorf (*1930 in Zürich)
Er hatte schon zu Studentenzeiten Anfang der fünfziger Jahre in Mainz Theater gespielt, bevor er von 1955 bis 1962 an den Münchner Kammerspielen engagiert war. Bekannt wurde er 1957 durch seine Rolle als Frauenmörder in »Nachts, wenn der Teufel kam«. Lange spielte er danach den Schurken, so auch in »Winnetou I« (Santer). Später wirkte er an Meilensteinen der deutschen Filmkunst, etwa »Die Blechtrommel« (Vater Matzerath), mit. Inzwischen ist er prädestiniert für die großen Patriarchenrollen, etwa »Der große Bellheim«.

Iris Berben (*1950 in Detmold)
Sie spielte mit Ingrid Steeger in »Klimbim« und mit Dieter Krebs in »Sketchup«. Viele TV-Produktionen sowie ihre Rolle als Kommissarin Rosa Roth machen sie ebenso zu einer Leitfigur des deutschen Fernsehens wie ihr gesellschaftliches Engagement abseits der Kamera.

Moritz Bleibtreu (*1971 in München)
Ende der siebziger Jahre spielte er in der Kinderserie »Neues aus Uhlenbusch« mit. Nach der Schule arbeitete er als Au-pair in Paris und nahm Schauspielunterricht in New York. Bekannt wurde er durch sein Mitwirken an »Knockin' on Heaven's Door« (1997) und »Lola rennt« (1998).

Für Furore sorgte er als Andreas Baader in »Der Baader-Meinhof-Komplex« (2008).

Suzanne von Borsody (*1957 in München)
Weitgehend Autodidaktin, die eigentlich Malerin werden wollte, jedoch nach einer Rolle in Hartmut Griesmayrs »Adoptionen« (1978) ans Schauspielhaus Frankfurt berufen wurde. Kraftvolle, vielfach ausgezeichnete Charakterdarstellerin im Film (z. B. als Alkoholikerin in Margarete von Trottas »Dunkle Tage«, 1999) und am Theater.

Hannelore Elsner (*1942 in Burghausen) † 2029
Als junges Mädchen spielte sie in anspruchslosen Unterhaltungsfilmen, als reife Frau machte sie sich einen Namen, etwa in der Rolle als Schriftstellerin Hanna Flanders in »Die Unberührbare« (2000, Deutscher Filmpreis). Auch sie spielte eine TV-Ermittlerin, nämlich »Die Kommissarin«, Lea Sommer. Zuletzt war sie in Doris Dörries »Kirschblüten – Hanami« zu sehen.

Veronica Ferres (*1965 in Solingen)
Bekannt seit »Das Superweib« (1996) und »Rossini – oder die mörderische Frage, wer mit wem schlief« (1997). Sie wandelte sich von der drallen Blondine zur allgegenwärtigen Charakterdarstellerin und spielte sogar mit John Malkovich in »Klimt« (2006).

Martina Gedeck (*1961 in München)
Nach dem Abitur studierte sie Schauspiel am Max-Reinhardt-Seminar an der Berliner Hochschule der Künste und erhielt im Verlauf ihrer Karriere zahlreiche Filmpreise. 2007 wurde »Das Leben der Anderen«, in dem sie die weibliche Hauptrolle spielt, mit einem Oscar ausgezeichnet.

Götz George (*1938 in Berlin)
Als Duisburger Original Horst Schimanski wurde er zum beliebtesten Tatort-Kommissar und einem Millionenpublikum bekannt. Durch Filme wie »Der Totmacher« (1995) und »Solo für Klarinette« (1998) hat George sich als einer der großen Charakterdarsteller profiliert.

Corinna Harfouch (*1954 in Suhl)
Sie machte zunächst eine Ausbildung als Krankenschwester und studierte in Dresden Textilingenieurswissenschaften, dann sattelte sie um und studierte Schauspiel in Ostberlin. An der Berliner Volksbühne spielte sie unter der Regie von Heiner Müller die Lady Macbeth. Nach der Wende arbeitete sie eng mit Frank Castorf zusammen. Unter seiner Regie spielte

sie General Harras in Carl Zuckmayers »Des Teufels General« und wurde 1997 dafür zur Schauspielerin des Jahres gewählt. Außerdem war sie in zahlreichen TV- und Kinofilmen zu sehen. Auch sie war eine Ermittlerin: »Eva Blond« (2002–2006).

Hannelore Hoger (*1942 in Hamburg)
Eine der beliebtesten deutschen Schauspielerinnen, die auf zahlreichen deutschen Bühnen stand und mit Augusto Fernandes und Peter Zadek zusammenarbeitete. Dem Publikum ist sie vor allem durch die Darstellung der Kommissarin Bella Block bekannt geworden. Ihre Tochter Nina Hoger ist ebenfalls eine erfolgreiche Schauspielerin.

Alexandra Maria Lara (*1978 in Bukarest)
Als sie vier war, floh ihre Familie vor Ceausescus Regime aus Rumänien nach Westdeutschland; sie wuchs in Freiburg und Berlin auf. Ihre erste Rolle hatte sie mit elf Jahren, seitdem war sie in zahlreichen TV- und Kino-Filmen zu sehen, u. a. als Hitlers Sekretärin Traudl Junge in »Der Untergang« (2004) und Francis Ford Coppolas »Jugend ohne Jugend« (2007). Mit Ralph Fiennes und Kate Winslet ist sie 2009 in der Verfilmung des Bestsellers »Der Vorleser« zu sehen.

Heike Makatsch (*1971 in Düsseldorf)
Sie stand zunächst als Moderatorin bei VIVA und RTL 2 vor der Kamera, bis sie 1996 in Detlev Bucks »Männerpension« eine Rolle bekam und gleich mit dem Bayerischen Filmpreis ausgezeichnet wurde. Hat seitdem in etlichen internationalen Produktionen mitgespielt, z. B. »Resident Evil« (2002) und »Tatsächlich … Liebe« (2003).

Armin Mueller-Stahl (*1930 in Tilsit)
Er erwarb ein Examen als Musiklehrer, bevor er sich der Schauspielerei zuwandte und zum vielgerühmten Charakterdarsteller in der DDR avancierte. Nach seinem Bruch mit dem DDR-Regime bekam er kaum noch Rollen, bis er 1980 nach Westberlin ausreisen durfte. Dort spielte er unter anderem in Rainer Werner Fassbinders »Lola« (1981) und Niklaus Schillings »Der Westen leuchtet« (1982). Ende der achtziger Jahre entschloss er sich zu einem Neustart in den USA und avancierte zum internationalen Star.

Christiane Paul (*1974 in Ostberlin)
Die promovierte Medizinerin hat stets parallel geschauspielert: 1992 in ihrer ersten Hauptrolle in »Deutschfieber«, zuletzt war sie im Kinofilm »Die Welle« (2008) zu sehen.

Franka Potente (*1974 in Münster)
Einem breiteren Publikum wurde sie durch »Nach Fünf im Urwald«
(1995) bekannt. Den richtigen Durchbruch brachte ihr Tom Tykwers
»Lola rennt« (1998). Zwischen 2001 und 2004 spielte sie in einigen amerikanischen Produktionen u. a. mit Johnny Depp und Matt Damon, zog
dann aber zurück nach Berlin und arbeitete wieder in Deutschland (z. B.
»Elementarteilchen«, 2006).

Jürgen Prochnow (*1941 in Berlin)
Er machte zunächst eine Banklehre, jobbte aber bereits als Statist am
Düsseldorfer Schauspielhaus. In den Sechzigern studierte er Schauspiel
an der Folkwang-Hochschule, wonach er an Theatern in Osnabrück, Aachen, Heidelberg und Bochum spielte. International bekannt wurde er
als U-Boot-Kapitän in Wolfgang Petersens »Das Boot« (1981). Er wirkte
außerdem mit in »Der englische Patient« (1996), »Air Force One« (1997)
und »The Da Vinci Code – Sakrileg« (2006).

Katja Riemann (*1963 in Kirchweyhe)
Kam noch vor Beendigung ihrer Ausbildung an der Otto-Falckenberg-
Schule in München ins Ensemble der Münchner Kammerspiele. Fiel einem breiten Publikum besonders auf durch die Filme »Abgeschminkt!«
(1992), »Der bewegte Mann« (1994), »Bandits« (1996) und »Ein fliehen-
des Pferd« (2007).

Til Schweiger (*1963 in Freiburg)
Erst wollte er Lehrer werden, dann Arzt, und schließlich ist er doch auf
einer Kölner Schauspielschule gelandet, um zu einem der wenigen echten
deutschen Filmstars aufzusteigen. 1991 wurde er als GTI-Versager Bertie
mit dem Film »Manta, Manta« bekannt. Es folgten »Der bewegte Mann«
(1994) und »Männerpension« (1996), inzwischen ist Schweiger auch als
Produzent und Regisseur erfolgreich, etwa mit »Knockin' on Heaven's
Door« (1997) und »Keinohrhasen« (2007).

Katharina Thalbach (*1954 in Berlin)
Sie feierte bereits in den Sechzigern und Siebzigern große Erfolge an der
Berliner Volksbühne und beim Berliner Ensemble. 1976 protestierte sie
gegen die Ausbürgerung Wolf Biermanns aus der DDR und zog nach ihrer Ausreise selbst nach Westberlin. Inzwischen vielfach ausgezeichnete
Theater- und Filmschauspielerin. Ihre Stimme gehört zu den markantes-
ten der Schauspielwelt. Sie ist die Mutter der Schauspielerin Anna Thalbach.

Jürgen Vogel (*1968 in Hamburg)
Martin Scorseses »Taxi Driver« (1976) hat ihn derart beeindruckt, dass er Schauspieler werden wollte. Auf der Schauspielschule in München hielt es ihn allerdings nur genau einen Tag. Nach sieben Jahren, während derer er sich mit wenigen Rollen und vielen Jobs über Wasser hielt, wurde er mit Sönke Wortmanns »Kleine Haie« (1992) bekannt.

Die Tatortkommissare mit den meisten Fällen

Fälle	Kommissare	Darsteller
51	Ivo Batic, Franz Leitmayr	Miroslav Nemec, Udo Wachtveitl
47	Lena Odenthal	Ulrike Folkerts
45	Bruno Ehrlicher, Kain	Peter Sodann, Bernd Michael Lade
43	Max Ballauf, Freddy Schenk	Klaus J. Behrendt, Dietmar Bär
41	Paul Stoever, Peter Brockmöller	Manfred Krug, Charles Brauer
29	Horst Schimanski, Chr. Thanner	Götz George, Eberhard Feik
29	Edgar Brinkmann	Karl-Heinz von Hassel
25	Ernst Bienzle	Dietz Werner Steck
20	Heinz Haferkamp	Hansjörg Felmy
18	Max Palu	Jochen Senf
16	Eugen Lutz	Werner Schumacher
15	Melchior Veigl	Gustl Bayrhammer
15	Jan Castorff, Eduard Holicek	Norbert Atzon, Tilo Prückner
15	Bernd Flemming	Martin Lüttge

Ein Volk – ein Fakt: Den Einschaltquotenrekord in Deutschland erzielte das ZDF beim Halbfinalspiel der Fußballweltmeisterschaft, Deutschland gegen Italien, am 4. Juli 2006: 29,66 Millionen Menschen sahen das Spiel an ihrem eigenen Fernseher, in der Verlängerung waren es sogar 31,31 Millionen. Marktanteil 91,2 Prozent. Die tatsächliche Zuschauerzahl wird übrigens noch höher gewesen sein, da die ganzen Gäste der zahlreichen »Public Viewing«-Veranstaltungen in Restaurants, Biergärten etc. nicht mitgezählt wurden.

Die beliebtesten Showmaster im deutschen Fernsehen

Robert Lembke	(1913–1989)	Was bin ich?	1955–58, 1961–89
Peter Frankenfeld	(1913–1979)	Musik ist Trumpf	1974–78
H.-J. Kulenkampff	(1921–1998)	Einer wird gewinnen	1964–69, 1979–87
Heinz Schenk	(*1924)	Zum blauen Bock	1966–1987
Hans Rosenthal	(1925–1987)	Dalli Dalli	1971–1986
Joachim Fuchsberger	(*1927)	Auf los geht's los	1977–1986
Wim Thoelke	(1927–1995)	Der große Preis	1974–1992
Rudi Carell	(1934–2006)	Am laufenden Band	1974–1979
		Herzblatt	1987–1993
Dieter Thomas Heck	(*1937)	Hitparade	1969–1984

Karl Moik	(*1938)	Musikantenstadl	1984–2005
Frank Elstner	(*1942)	Wetten, dass …?	1981–1987
Thomas Gottschalk	(*1950)	Wetten, dass …?	1987–92, ab 1994
Ilja Richter	(*1952)	Disco	1971–1982
Günther Jauch	(*1956)	Wer wird Millionär?	seit 1999
Carmen Nebel	(*1956)	Feste der Volksmusik	1994–2003
Linda de Mol	(*1964)	Traumhochzeit	1992–2000
Florian Silbereisen	(*1981)	Feste der Volksmusik	ab 2004

Die fünf erfolgreichsten deutschen Kinofilme

Film	Jahr	Zuschauer
Grün ist die Heide	1951	20 Millionen
Schwarzwaldmädel	1950	16 Millionen
Otto – der Film	1985	15 Millionen
Der Schuh des Manitu	2001	11,7 Millionen
(T)Raumschiff Surprise	2004	9,1 Millionen

Die erfolgreichsten deutschen Kinofilme seit der Wiedervereinigung

Film	Jahr	Zuschauer
Der Schuh des Manitu	2001	11 719 160
(T)Raumschiff Surprise – Periode 1	2004	9 165 932
7 Zwerge – Männer allein im Wald	2004	6 773 582
Good Bye Lenin!	2003	6 574 961
Der bewegte Mann	1994	6 565 342
Das Parfum	2006	5 589 217
Werner – Das muss kesseln	1996	4 951 385
Werner – Beinhart	1990	4 900 159
Keinohrhasen	2007	4 699 277
Der Untergang	2004	4 621 483

Die Schwarzwaldklinik

Kultstatus hatte die Serie »Die Schwarzwaldklinik« (1985–1989), die dem Südschwarzwald einen Besucherboom bescherte. Professor Brinkmann (Klausjürgen Wussow), sein Sohn Udo (Sascha Hehn), Schwester Christa (später Dr. Christa Brinkmann, Gaby Dohm) und Oberschwester Hildegard (Eva Maria Bauer) erweckten die malerische Reha-Klinik Glotterbad zu unerwartetem Leben. Bis zu 18 Millionen Zuschauer verfolgten die Geschehnisse in der Fernsehklinik.

Wetten, dass …?

Das Konzept stammt von Frank Elstner, der eine schlaflose Nacht kreativ genutzt hatte, um sich ein neues Fernsehformat auszudenken. Es sollte eines der erfolgreichsten in Europa werden. Die erste Sendung »Wetten, dass …?« wurde vom ZDF in Zusammenarbeit mit dem ORF und dem Schweizer Fernsehen DRS am 14. Februar 1981 ausgestrahlt. Seither gibt es sechs oder sieben Sendungen pro Jahr aus Städten in Deutschland, Österreich oder der Schweiz sowie Sondersendungen aus Mallorca.
Frank Elstner moderierte in den ersten Jahren selbst (39-mal), dann übernahm Thomas Gottschalk für 36 Sendungen das Mikrophon. Wolfgang Lipperts Gastspiel währte neun Sendungen. Danach übernahm Gottschalk wieder – und bleibt bis heute dabei.

Wetten-dass-Anekdoten, -Skandale, -Spektakuläres

- Frank Elstner bezeichnete es als größten Fehler seiner Karriere, Anfang der Achtziger das Angebot von Papst Johannes Paul II., sich per Liveübertragung zuschalten zu lassen, nicht angenommen zu haben. Elstner hatte abgelehnt, da diese Methode der reduzierten Teilnahme nicht bei anderen Stars Schule machen sollte.
- 28. November 1987, Saarbrücken: Nachdem sie bereits einmal extrem knapp bekleidet aufgetreten war, wurde das Outfit der US-amerikanischen Sängerin Cher, das lediglich aus zwei schmalen Lederstreifen bestand, mit zwei kleinen Stoffteilen in der Gesäßregion entschärft.
- 10. Juni 1989, Dortmund: Hans-Peter Arnold springt mit einem Fallschirm aus 4500 Metern Höhe aus einem Heißluftballon ab und steigt auf 1500 Metern Höhe in einen anderen Heißluftballon ein.
- 30. März 1996, Hagen: Rudolf Künzler und Team parken einen 8,8-Tonner-Lkw, der mit einem VW Golf beladen ist, auf vier Biergläsern.
- 5. Oktober 2002, Kiel: Es gelingt dem Motorradfahrer Thomas Jüngst aus Braunschweig, seine Kawasaki Ninja ZX-12R (damals das leistungsstärkste Serienmotorrad) derart zu beschleunigen, dass seine Beifahrerin einen zeitgleich abgeschossenen Pfeil eines Bogenschützen im Flug fangen kann.
- 22. Februar 2003, Berlin: Falls er seine Wette verlieren sollte, versprach Stefan Raab, werde er auf einem Wok eine Bobbahn herunterfahren. Daraus entstand die inzwischen alljährlich stattfindende Wok-WM.

Die drei schön-doofsten Saalwetten

- 10. Mai 1986, Dortmund: Wetten, dass Frank Elstner es nicht schafft, zehn Friseurmeister auf die Bühne zu bekommen, die sich von ihren Lehrlingen einen Irokesenschnitt schneiden lassen. Ergebnis: Es kamen genügend Friseurmeister.
- 14. Mai 1988, Münster: Wetten dass Thomas Gottschalk es nicht schafft, zehn Zahnärzte aus Münster auf die Bühne zu bringen, die eine sichtbare Zahnlücke haben und durch diese »La Paloma« pfeifen. Ergebnis: Entweder gibt es nicht genug Münsteraner Zahnärzte mit Zahnlücke – oder sie können »La Paloma« nicht.
- 5. Dezember 1998, Erfurt: Wetten, dass Thomas Gottschalk es nicht schafft, zwölf Thüringer Bundestags- und Landtagsabgeordnete auf die Bühne zu bekommen, die als Nikolaus verkleidet ihre Schwiegermutter im Sack auf dem Rücken hereintragen? Ergebnis: Es fanden sich in der Tat nicht genügend Abgeordnete.

Ein Volk – ein Fakt: Befragt nach den größten Momenten, die sie im deutschen Fernsehen miterlebt hätten, nannten die meisten die Öffnung der Berliner Mauer, Kardinal Ratzingers Wahl und Ernennung zum Papst, die Fußballweltmeisterschaft 2006 und Lady Dianas und Prinz Charles' Hochzeit.

Die Millionen-Gewinner von »Wer wird Millionär?« und welche Fragen sie beantwortet haben

1 000 000 DM (richtige Antwort)

2. Dezember 2000: Eckhard Freise (56, Geschichtsprofessor an der Bergischen Universität Wuppertal)
Millionenfrage: Mit wem stand Edmund Hillary 1953 auf dem Gipfel des Mount Everest?
A: Nasreddin Hodscha   B: Nursay Pimsorn
C: Tenzing Norgay   D: Abrindranath Singh

20. Mai 2001: Marlene Grabherr (48, Bürokauffrau)
Millionenfrage: Welche beiden Gibb-Brüder der Popband The Bee Gees sind Zwillinge?
A: Robin und Barry   **B: Maurice und Robin**
C: Barry und Maurice   D: Andy und Robin

1 000 000 Euro (richtige Antwort)

18. Oktober 2002: Gerhard Krammer (24, Student der Musik und Philosophie)
Millionenfrage: Welcher berühmte Schriftsteller erbaute als diplomierter Architekt ein Freibad in Zürich?
A: Joseph Roth   B: Martin Walser
C: Max Frisch   D: Friedrich Dürrenmatt

29. März 2004: Dr. Maria Wienströer (38, Ärztin)
Millionenfrage: Wer bekam 1954 den Chemie- und 1962 den Friedensnobelpreis?
A: Linus Pauling   B: Otto Hahn
C: Pearl S. Buck   D: Albert Schweitzer

9. Oktober 2006: Stefan Lang (32, Aufzugmonteur)
Millionenfrage: Welches chemische Element macht mehr als die Hälfte der Masse eines menschlichen Körpers aus?

A: Kohlenstoff
B: Kalzium
C: Sauerstoff
D: Eisen

8. Januar 2007: Timur Hahn (27, Student der Anglistik, Medienwissenschaft und Informatik an der Philipps-Universität Marburg)
Millionenfrage: Welches Meer ist nach einem mythologischen König benannt, der sich dort hineingestürzt haben soll?

A: Ionisches Meer
B: Ägäisches Meer (König Aigeus)
C: Adriatisches Meer
D: Kaspisches Meer

30. Mai 2008 (Prominenten-Special): Oliver Pocher (30, Comedian)
Millionenfrage: Das Nagel-Schreckenberg-Modell liefert eine Erklärung für die Entstehung von ...?

A: Sandwüsten
B: Verkehrsstaus
C: Grippewellen
D: Börsencrashs

20. November 2008 (Prominenten-Special): Thomas Gottschalk (58, Fernsehmoderator) mit Hilfe von Marcel Reich-Ranicki als Telefonjoker
Millionenfrage: Wie hieß Franz Kafkas letzte Lebensgefährtin, die er 1923, ein Jahr vor seinem Tod, kennenlernte?

A: **Dora Diamant**
B: Sarah Saphir
C: Rita Rubin
D: Olga Opal

Die beliebtesten Werbefiguren der Deutschen

Sie stehen für ein Stückchen heile Welt voller Sonne, ein Lächeln und die Aussicht auf volle Zufriedenheit: die Werbefiguren. In den fünfziger Jahren begann der triumphale Einzug des Fernsehers in die deutschen Wohnzimmer. Seitdem hat man Hunderte von Werbefiguren antreten lassen, um die Umsätze zu steigern.
Der erste deutsche TV-Werbespot lief am 5. November 1956: »Persil, da weiß man, was man hat!«

Die Lieblinge der Deutschen

1. Bärenmarke-Bär: »Nichts geht über Bärenmarke.«
2. Milkas lila Kuh: »Die zarteste Versuchung, seit es Schokolade gibt.«

 3. HB-Männchen: »Wer wird denn gleich in die Luft gehen?«
 4. Meister Proper: »Putzt so sauber, dass man sich drin spiegeln kann.«
 5. Charmin-Bär: Cha-cha Charmin
 6. Michelin-Männchen: »Gut gepolstert durch die Welt.«
 7. Klementine: »Wäscht nicht nur sauber, sondern rein.«
 8. Salamander-Lurchi: »Lurchi, er lebe hoch!«
 9. Jägermeister-Hirsch: Die Kulthirsche Rudi und Ralph klopfen Sprüche.
10. Marlboro-Mann: »Der Geschmack von Freiheit und Abenteuer.«
11. Camel-Mann: »Dafür geh ich meilenweit.«
12. Tilly: »Nehmen Sie denn nicht das neue Palmolive?«
13. Wüstenrotfuchs: »Am 31. 10. ist Wüstenrot-Tag.«
14. Frau Sommer: »Jacobs Kaffee – da schmeckt man das ganze Aroma, wunderbar!«
15. Herr Kaiser: »Na klar, das ist doch der Herr Kaiser von der Hamburg-Mannheimer.«

1993

13. 1.	Erich Honecker reist zu seiner Familie nach Chile aus, nachdem das Berliner Landesgericht den Prozess eingestellt hat.
20. 3.	**Henry Maske** wird Boxweltmeister im Halbschwergewicht.
27. 3.	Die RAF verübt einen Sprengstoffanschlag auf die Justizvollzugsanstalt in Weiterstadt.
19. 5.	**Heide Simonis** wird die erste Ministerpräsidentin in der deutschen Geschichte.
29. 5.	Bei einem **Brandanschlag** in Solingen kommen fünf Türkinnen ums Leben.
15. 4.	Erste Freilandversuche mit genmanipulierten Zuckerrüben und Kartoffeln in Bayern und Niedersachsen.
27. 6.	In **Bad Kleinen** kommen der mutmaßliche RAF-Terrorist Wolfgang Grams und ein Polizeibeamter ums Leben.
1. 7.	Die fünfstelligen **Postleitzahlen** werden eingeführt.
2. 7.	Der deutsche Bundestag beschließt einen Bundeswehreinsatz im Rahmen einer Friedensmission in Somalia.
4. 7.	In München holt sich Deutschland zum ersten Mal in der Geschichte den Basketball-WM-Titel.
1. 9.	Der Besitz und die Beschaffung von Kinderpornographie werden per Gesetz strafbar.
9. 9.	In Trier wird bei Bauarbeiten ein Schatz mit römischen Goldmünzen im Wert von 2,6 Millionen Euro gefunden.

5. 10.   Unter dem Motto: »**Friedlich miteinander – Mein Freund ist Ausländer**« tritt beim ersten Benefizspiel die deutsche Fußballnationalmannschaft gegen eine Auswahl ausländischer Bundesligaspieler an.

6. 10.   Das Bundesgesundheitsamt wird geschlossen, nachdem 373 Patienten mit **aidsverseuchten Blutkonserven** infiziert wurden.

Dezember   Jahrhunderthochwasser an Rhein und Mosel.
Verona Feldbusch wird Miss Germany.

Beliebteste erste Vornamen:	Lisa	Jan
Kinder pro Frau in Ost und West:	0,78	1,39
Erwerbslosenquote West und Ost:	8,0	15,4
Bestseller Belletristik:	Noah Gordon: »Der Schamane«	
Bestseller Sachbuch:	Günter Ogger: »Nieten in Nadelstreifen«	
Deutscher Fußballmeister:	Werder Bremen	
Das meistgekaufte Auto:	Golf III, rot	
Benzinpreis 1 Liter Super bleifrei:	0,70 Euro	
Der meistbesuchte Film des Jahres:	»Jurassic Park«	
Wort des Jahres:	Sozialabbau	
Unwort des Jahres:	Überfremdung	

Was an Deutschland nervt ...

- … dass man die »Wer wird Millionär«-Fragen alle beantworten kann, solange man zu Hause vor dem Fernseher sitzt.

- … dass Politiker schon nach ein paar Jahren im Amt lebenslang Rente kassieren.

- … Wortspiele wie »zum Bleistift« oder »Das kann doch nicht Warstein«.

- … dass man die Beine von ARD-Wetterfee Claudia Kleinert meistens nur abgeschnitten sieht.

- … Leute, die sich Polizeigewerkschafts-Aufkleber aufs Auto machen und denken, sie würden deshalb keinen Strafzettel bekommen.

- … wie viel ein Glas Wasser im Restaurant kostet!

- … Hosen mit Gesäßbeschriftung.

- … dass die Bäckerin immer neben das Brot greift, das man eigentlich gerne hätte.

- … dass auf der Kinderschokoladetafel nach über 30 Jahren nicht mehr derselbe Junge drauf ist.

- … wenn der GEZ-Mann mal wieder vor der Tür steht.

- … dieses ewige Hin und Her mit dem Rauchverbot.

- … in allen Fußgängerzonen dieselbe Panflöten-Straßenmusikanten-Plage.

- … der Trend zu aberwitzigen Eissorten.

- … Jugendliche, deren Hosen auf Halbmast hängen.

- … Kochsendungen.

- … die Telekom-Melodie.

- ... dass der Inhalt von Frauenzeitschriften seit Jahrzehnten nahezu identisch ist.

- ... die Erkenntnis, dass Bionade die Welt auch nicht besser macht.

- ... dass man wegen der Rechtschreibreform gar nicht mehr weiß, wie man etwas schreiben soll.

- ... eigenwillige Weihnachtsgrußbilder von Familien, alle mit Nikolausmützen.

- ... Kunst am Bau, die viel Geld kostet und aussieht wie ein rostiger Nagel.

- ... Pannenshows im Fernsehen: Da wirft sich ganz Deutschland weg vor Schadenfreude. Muttis dümmster Stolperer, wie Tante Renate beim Sturz aus dem Fenster tödlich verunglückte und andere superlustige Momente aus dem deutschen Familienleben.

- ... Leute, die sich cool vorkommen, wenn sie besonders scharf essen.

- ... die Zähne von Stefan Raab.

1994

1. 1.   Die Deutsche Bundesbahn wird privatisiert und zur **Deutschen Bahn AG**.

31. 1.   Die Zahl der Erwerbslosen klettert zum ersten Mal über die Viermillionenmarke.

16. 2.   In Hamburg-Billstedt wird die erste Fixerstube in Deutschland eingerichtet.

10. 3.   Der **Homosexuellenparagraph 175**, nach dem sexuelle Handlungen zwischen Männern strafbar sind, wird aus dem Strafgesetzbuch gestrichen.

22. 3.   Steven Spielbergs Film über den Holocaust »**Schindlers Liste**« wird mit sieben Oscars ausgezeichnet.

22. 4.   Der Kaufhauserpresser Dagobert wird festgenommen.

29. 5.   **Erich Honecker** stirbt mit 81 Jahren in Santiago de Chile an Leberkrebs.

14. 6.   Helmut Kohl eröffnet in Bonn das **Haus der Geschichte**, heute eines der meistbesuchten Museen in Deutschland.

31. 8.   Die letzten russischen Truppen werden aus Deutschland abgezogen.

3. 10.   Die Schauspielerlegende **Heinz Rühmann** stirbt im Alter von 92 Jahren.

16. 0.   Auch nach der zweiten Bundestagswahl seit der Wiedervereinigung bleibt Helmut Kohl Bundeskanzler.

13. 11.   **Michael Schumacher** holt sich als erster Deutscher den Formel-1-Weltmeistertitel.
»Der bewegte Mann« läuft im Kino.
Schulterpolster verschwinden (vorerst) aus der Modewelt.

Beliebteste erste Vornamen:	Julia	Jan
Kinder pro Frau in Ost und West:	0,79	1,35
Erwerbslosenquote West und Ost:	9,0	15,7
Bestseller Belletristik:	Jostein Gaarder: »Sofies Welt«	
Bestseller Sachbuch:	Günter Ogger: »Nieten in Nadelstreifen«	
Deutscher Fußballmeister:	FC Bayern München	
Das meistgekaufte Auto:	Golf III, blau	
Benzinpreis 1 Liter Super bleifrei:	0,74 Euro	
Der meistbesuchte Film des Jahres:	»König der Löwen«	
Wort des Jahres:	Superwahljahr	
Unwort des Jahres:	Peanuts	

Aus der deutschen Wirtschaft

Made in Germany

Das Siegel »Made in Germany« sollte Ende des 19. Jahrhunderts eigentlich Kunden in Großbritannien und den USA davor warnen, auf Billigplagiate aus dem Deutschen Reich hereinzufallen. Doch schon bald wurde der Aufdruck zum Qualitätsmerkmal der immer besser produzierten deutschen Waren.

Typisch deutsche Produkte »Made in Germany«

Kölnisch Wasser
Meissener Porzellan
Käthe-Kruse-Puppen
Schwarzwälder Kuckucksuhren
Nivea Creme
Maggi
Leica-Kamaras
Tempo-Taschentücher
Dresdner Christstollen
Uhu
Playmobil
Steiff-Tiere
Jägermeister
Weihnachtspyramiden
Gummibärchen
Räuchermännchen
Wetterhäuschen (Hygrometer)
Modelleisenbahn
Nürnberger Lebkuchen

Exportweltmeister Deutschland

Trotz der Finanzkrise konnte Deutschland auch 2008 zum sechsten Mal in Folge seinen Titel als Exportweltmeister verteidigen. Ganz knapp lag Deutschland dabei vor China, gefolgt von den USA.

- Die meisten Produkte »Made in Germany« werden nach Frankreich, in die USA und nach Großbritannien exportiert.
- Allein im ersten Quartal 2008 verließen 1270 Segelyachten für 121,8 Millionen Euro das Land.
- Nach Deutschland eingeführt werden vor allem Gebrauchsgüter aus Frankreich, den Niederlanden und China.
- Die Industrie ist der Motor des deutschen Außenhandels. Sie trägt mit 90 Prozent zu den Gesamtausfuhren bei. Die wichtigsten Industriezweige sind der Automobilbau, die Elektrotechnik, der Maschinenbau und die chemische Industrie.
- Marktführend sind die Deutschen in der Umwelttechnologie. Weltweit kommen 50 Prozent aller Windenergieanlagen aus Deutschland.
- Den größten Jahresumsatz deutscher Industrieunternehmen macht DaimlerChrysler.
- Der größte private Arbeitgeber im produzierenden Gewerbe ist die Firma Siemens.

Die 10 umsatzstärksten deutschen Dax-Unternehmen 2007

- Volkswagen
- Daimler
- Siemens
- e.on
- Metro Group
- Deutsche Post world net
- Deutsche Telekom
- BASF
- BMW
- ThyssenKrupp

Die 10 umsatzstärksten deutschen Dax-Unternehmen 2007 – die ihren Umsatz außerhalb Westeuropas erwirtschaften

- Fresenius
- Infineon
- Adidas
- Bayer
- Henkel
- Merck
- Siemens
- SAP
- BASF
- Volkswagen

Die 10 ältesten Dax-Unternehmen

Firma	Gründungsjahr
Merck	1668
MAN	1758
ThyssenKrupp	1811
Siemens	1847
BASF	1865
Commerzbank	1870
Deutsche Bank	1870
Continental	1871
Henkel	1876
Linde	1879

Die 10 reichsten Deutschen

Karl Albrecht	Aldi Süd	16,9 Milliarden Euro
Theo Albrecht	Aldi Nord	14,8 Milliarden Euro
Michael Otto	Otto Versand	10,4 Milliarden Euro
Susanne Klatten	BMW	7,9 Milliarden Euro
August von Finck	Pharmaunternehmen	6 Milliarden Euro
Curt Engelhorn	Pharmaunternehmen	5 Milliarden Euro
Erivan Haub	Tengelmann	4,2 Milliarden Euro
Reinhold Würth	Schraubenfabrikant	4,1 Milliarden Euro
Karl-Heinz Kipp	Metro	4,1 Milliarden Euro
Klaus-Michael Kühne	Logistik	3,7 Milliarden Euro

Der deutsche Mittelstand

1133 Mittelständler gehören weltweit zu den Top drei ihres Segments. Sie setzten 466 Milliarden Euro um – fast 60 Prozent im Ausland. Sie sind damit der Motor der Wirtschaft. Je nach Kriterium (Umsatz, Mitarbeiter usw.) umfasst der Mittelstand mehr als 90 Prozent der Unternehmen, hier arbeiten 70 Prozent aller Beschäftigten. Sie stellen 80 Prozent der fast 1,5 Millionen Ausbildungsplätze.

Philipp Schneider
Die Metallwarenfabrik Philipp Schneider produziert pro Jahr 1,8 Milliarden Drahtkörbchen und Bügelverschlüsse, die Korken auf Sekt-, Wein- und Prosecco-Flaschen festhalten (Weltmarktanteil: 75 Prozent).
Mitarbeiter 165, Umsatz 56 Mio. Euro, Auslandsanteil 80 Prozent

Storsack
Riesige Behälter für Milchpulver oder Zement (Schüttgut) sind die Domäne von Storsack. Die Viernheimer Firma verkauft mehr sogenannte Big Bags als jeder andere Anbieter der Welt.
Mitarbeiter 4000, Umsatz 150 Mio. Euro, Auslandsanteil ca. 75 Prozent

Karl Mayer
Textilmaschinen für Badeanzüge und Plüsch. 80 Prozent Marktabdeckung.
Mitarbeiter 2450, Umsatz 350 Mio. Euro, Auslandsanteil 95 Prozent

Duravit
Mit den Modellen von Philippe Starck löste Duravit eine Toiletten-Revolution aus. Die Firma erzielt 40 Prozent des Umsatzes mit Großaufträgen in Luxushotels und exklusiven Bürogebäuden.
Mitarbeiter 3100, Umsatz 212 Mio. Euro, Auslandsanteil 71 Prozent

Weitere globale Marktführer aus Deutschland, die kaum jemand kennt, und ihre Branche

3B Scientific: anatomische Lehrmittel
Arnold & Richter Cine Technik: Profilmkameras
Nordischer Maschinenbau Rud. Baade: Fischverarbeitungsanlagen
Barth-Haas-Group: Hopfen und Hopfenprodukte
Basler AG: industrielle Visiosysteme

Belfor: Sanierung von Brand-, Wasser- und Sturmschäden
Aenne Burda: Modezeitschriften und -schnitte
CEAG: FRIWO Ladegeräte für Handys
DORMA: Türschließtechnik, Raumtrennsysteme, Automatiktüren, Flucht/
Rettungstechnik
Gerriets: einziger Hersteller von Bühnenvorhängen
Flexi: Rollhundeleinen
Josef Gartner GmbH: Hochhausfassadenbau
Hasenkamp: Int. Trans- Kunstspeditionporte GmbH
Hillebrand Int. Sped.: Kunstspedition
Kirow Leipzig: Bahnkräne
Orgelmanufaktur Klais: Orgelbau
Kleffmann Group: Agrarmarktforschung
Merck Flüssigkristalle: Flüssigkristalle für Flachbildschirme(Liquid Crystals)
Scherdel Ventil- und Kolbenfedern
Schwan-Stabilo: Augen- und Lippenstifte
Tetra: Aquaristik- und Gartenteichbedarf
Ing.-Buero Stengel: Achterbahnbau
Wanzl Metallwarenfabrik: Einkaufswagen
Webasto: Autostand- und Sitzheizungen, Schiebedächer, Fahrzeugdach-
systeme
Wirtgen: Straßenfräsen

Anzahl der Brauereien in Deutschland

Bayern	618
Baden-Württemberg	180
Nordrhein-Westfalen	112
Hessen	67
Sachsen	57
Rheinland-Pfalz/Saarland	56
Niedersachsen/Bremen	52
Thüringen	44
Berlin/Brandenburg	38
Mecklenburg-Vorpommern	21
Sachsen-Anhalt	21
Schleswig-Holstein/Hamburg	18
gesamt	1284

Nur die USA produzieren noch mehr Bier. Im Trinken sind die Deutschen hinter den Tschechen Vizeweltmeister.

Deutschlands meistbesuchte Einkaufsstraßen 2008

Stadt, Straße	Passanten/Stunde 2008
Köln, Schildergasse	12 585
München, Kaufingerstraße	12 580
Frankfurt/M., Zeil	11 420
	10 820
	10 620
	10 530
	125
	360
	8 920
	8 550

nachdenklich und immer mit
einem Augenzwinkern. „Das,
was man so als Dichter
schreibt, vergeht entweder
oder bleibt", sagt Heinz Erhardt. Seine Gedichte Verse
und Prosa sind auch 111 Jahre nach seiner Geburt und 41
Jahre nach seinem Tod ge-
blieben. Der Abend im Hiltru-
per Museum beginnt um
19.30 Uhr. Eintrittskarten
zum Preis von fünf Euro gibt
es im Infopunkt sowie in der
Stadtteilbücherei St. Clemens.

meldungen aus Deutschland,
tweiten Vergleich sind nur die

e Erfinder

Jahr	Erfindung	Erfinder
um 1450	Buchdruck (Letter...	Johannes Gutenberg
1708	Porzellan	Johann Friedrich Böttger und Ehrenfried von Tschirnhaus
1821	Mundharmonika	Christian Buschmann
1854	Glühlampe	Heinrich Goebel
1854	Anschlagsäule	Ernst Litfaß

1861	Telefon	Philip Reis
1864	Periodensystem	Julius Lothar Meyer
ab 1866	elektrische Lokomotive	Werner von Siemens
1873	Jeans	Levi Strauss
1885	Automobil	Gottlieb Daimler / Carl Friedrich Benz
1887	Grammophon/Schallplatte	Emil Berliner
1891–1896	Gleitflug	Otto Lilienthal
1892	Dieselmotor	Rudolf Diesel
1897	Aspirin	Felix Hoffmann / Arthur Eichengrün
1903	Thermosflasche	Reinhold Burger
1907	Zahnpasta	Ottomar Heinsius von Mayenburg
1908	»Mensch ärgere dich nicht«	Josef Schmidt
1908	Filtertüte	Melitta Bentz
1922	Gummibärchen	Hans Riegel
1929	Teebeutel	Adolf Rambold
1929	Tempo-Taschentuch	Oskar Rosenfelder
1930–1937	Fernseher	Manfred von Ardenne
1936	Hubschrauber »FW 61«	Heinrich Focke
1938	Kernspaltung	Otto Hahn
1941	Computer	Konrad Zuse
1949	Currywurst	Herta Heuwer
1951	digitale Bildverarbeitung	Rudolf Hell
1953	Fußballschuh / Schraubstollen	Adolf Dassler
1955	Toast Hawaii	Clemens Wilmenrod
1958	Allzweckdübel (Kunststoff)	Artur Fischer
1961	Ultraschallverfahren	Richard Soldner
1961	»Die Pille«	Firma Schering
1963	Scanner	Rudolf Hell
1969	Chipkarte	Jürgen Dethloff, Helmut Gröttrup
1981	Airbag	Mercedes-Benz
1987	MP3-Format	Fraunhofer-Institut
1997	»C-leg«-Knieprothese	Otto Bock HealthCare GmbH

Übrigens: Nahezu jeder Wissenschaftler, der in den USA am Bau der ersten Atombombe mitgewirkt hat, studierte in Deutschland.

Baumärkte

Der erste Baumarkt wurde 1960 in Mannheim eröffnet. Heute gibt es in Deutschland ca. 2500 Märkte für Heimwerker, die zusammen 17,9 Millionen Euro im Jahr umsetzen. Der größte deutsche Baumarkt mit 28 000 m² Verkaufsfläche steht in Düsseldorf-Gerresheim, er ist damit gleichzeitig der größte Baumarkt Europas.

Ostprodukte

Nach der Wiedervereinigung stürzten sich die Ostdeutschen auf die Westprodukte, während die Westdeutschen zumeist kein Interesse an den als minderwertig betrachteten Ostwaren hatten. Bereits nach einem Jahr begannen viele Ostdeutsche sich auf Ostprodukte zurückzubesinnen. Bereits 1990 gaben 50 Prozent der Ostdeutschen an, Ostprodukte zu bevorzugen. Vor allem bei Lebensmitteln hat sich in einigen Regionen der neuen Bundesländer diese Quote bis heute gehalten.

- Inzwischen gibt es einige ehemalige Ostprodukte, die sich in Gesamtdeutschland großer Beliebtheit erfreuen und eine ernstzunehmende Konkurrenz am Markt sind.
- So expandierte der Produzent des bekannten Rotkäppchen-Sektes, die Freyburger Sektkellerei, erfolgreich in den Westen und stieg durch den Zukauf von Mumm, MM und der Premiummarke Geldermann zum führenden Sekthersteller Deutschlands auf.
- Fit-Geschirrspülmittel hat zwischen Ostsee und Erzgebirge einen Marktanteil von fast 40 Prozent, in Gesamtdeutschland liegt er immerhin bei zehn Prozent.
- Von den Grabower Schaumküsschen rollen täglich mehr als sechs Millionen über die Laufbänder in Mecklenburg-Vorpommern, mehr als bei der Westkonkurrenz Dickmann's.
- Vita Cola erreicht im Herkunftsland Thüringen beinahe die 50-Prozent-Marke, während Coca-Cola schon an der 25-Prozent-Hürde gescheitert ist.
- Werder-Ketchup ist in Berlin-Brandenburg mit 40 Prozent Marktanteil an der Spitze, in Gesamtdeutschland auf Platz 6.
- Insgesamt liegt der Marktanteil der Ostprodukte in den neuen Bundesländern bei etwa 30 Prozent, bundesweit bei rund fünf Prozent.

Beliebte Produkte aus der ehemaligen DDR

Zetti Schlager Süßtafel
Zetti Knusperflocken
Eierkuchenmehl Komet
Hefeteig Kathi
Quarkkeulchen Komet
Maizena Speisestärke
Thüringer 9-Kräutertee Gold-
männchen
Rotkäppchen Sekt
Rosenthaler Kadarka
Im Nu Malzkaffee
Mocca Fix Gold Kaffee
Rondo Melange Kaffee
Spee Vollwaschmittel
Badusan Duftschaumbad
Putzi Kinderzahncreme
Rot Weiß Zahncreme
Vita Cola
Nudossi Nuss Nougat Creme
Filinchen Knusperscheiben

Halberstädter Würstchen
Excellent Worcestersauce
Dresdner Art
Hainich Letscho
Kleiner Honigbär
Nordhäuser Korn
Halloren Kugeln
Florena-Creme
Grabower Schaumküsse
Spreequell Mineralwasser
Spreewaldgurken
Bautz'ner Senf
Kuko Kurzkoch-Reis
Suppina Tempolinsen
Wikana Hansakeks
Foron-Kühlschrank
Köstritzer Bier
Hasseröder
Wernesgrüner
Radeberger

Beliebte Figuren aus dem DDR-Kinderfernsehen

Herr Fuchs und Frau Elster
Pittiplatsch
Schnatterinchen
Moppi
Sandmännchen
Spejbl und Hurvinek

Befragt nach typischen Westprodukten, geben Ostdeutsche an

- Kaffee (begehrteste Marke: Jacobs)
- Lego
- Barbie
- Feinstrumpfhosen
- Milka-Schokolade
- Toffifee
- Smarties
- Tictac
- Haribo-Gummibärchen
- Schöller-Eis
- Wrigleys Kaugummi
- West, Marlboro, Camel
- Disney-Produkte
- Markentierfutter von Whiskas, Frolic, Chappi oder Trill
- Hi-Fi-Geräte von Grundig und Sony
- Beck's Bier
- Fa-Duschbad
- Audi
- VW
- BMW
- Plastiktüten in bunten, knalligen Farben

1995

1.1.	Post, Postbank und Telekom werden privatisiert.
2.1.	Start der Soap »Verbotene Liebe«.
24.2.–8.3.	Nach einem Streik führt die Metallindustrie die 35-Stunden-Woche ein.
26.3.	Das **Schengener Abkommen** tritt in Kraft. Die Personenkontrolle an den Binnengrenzen der EU-Staaten wird aufgelöst, unbeschränkte Reisefreiheit möglich.
25.4.	Gegen den heftigen Protest von Umweltschützern erreichen die ersten **Castorbehälter** das niedersächsische Zwischenlager Gorleben.
29.4.	In Cottbus eröffnet die erste deutsche Bundesgartenschau in den neuen Bundesländern.
18.5.	Der flüchtige Bauunternehmer Jürgen Schneider wird in Miami festgenommen.
24.6.	Fünf Millionen Besucher zieht der von **Christo** und Jeanne-Claude mit einem Metallgewebe verpackte Berliner Reichstag an.
23.7.	Der Komet Hale-Bopp zeigt sich am Nachthimmel über Deutschland (nächster Termin 2100).
26.7.	Das Ozongesetz tritt in Kraft: Fahrverbot für Fahrzeuge ohne **Katalysator**.
10.8.	Laut dem Bundesverfassungsgericht sind die Kruzifixe in bayerischen Klassenzimmern verfassungswidrig.

29. 9.   Der Bundestag beschließt das neue **Abtreibungsrecht**. Eine Abtreibung ist nicht mehr strafbar, wenn sie innerhalb der ersten zwölf
Schwangerschaftswochen vorgenommen wird und die schwangere Frau vorher bei der Beratungsstelle war.

27. 10.   Der Wehrdienst wird von zwölf auf zehn Monate gekürzt.

12. 11.   Michael Schumacher wird zum zweiten Mal Formel-1-Weltmeis-
ter.

30. 12.   Der Schriftsteller, Regisseur und Intendant Heiner Müller stirbt.

Beliebteste erste Vornamen:	Laura	Jan
Kinder pro Frau in Ost und West:	0,84	1,34
Erwerbslosenquote West und Ost:	9,1	14,8
Bestseller Belletristik:	Jostein Gaarder: »Sofies Welt«	
Bestseller Sachbuch:	Ulrich Wickert: »Der Ehrliche ist der Dumme«	
Deutscher Fußballmeister:	Borussia Dortmund	
Das meistgekaufte Auto:	Golf III, blau	
Benzinpreis 1 Liter Super bleifrei:	0,79 Euro	
Der meistbesuchte Film des Jahres:	»Während du schläfst«	
Wort des Jahres:	Multimedia	
Unwort des Jahres:	Diätenanpassung	

Von deutscher Wurst, deutschem Bier und deutschem Wein

Um die Wurst

Nirgendwo auf der Welt wird so viel Wurst hergestellt und verzehrt wie in Deutschland. Zwischen 2000 und 3000 Wurstsorten werden hier produziert. Etwa 300 davon sind von überregionaler Bedeutung. 1,5 Tonnen der hergestellten Wurstwaren werden jährlich im eigenen Land verputzt. Zwei Drittel davon sind Koch- und Brühwürste mit enorm hohem Fettanteil. Die große Beliebtheit von Würsten hat schon im Mittelalter die ersten Lebensmittelvorschriften entstehen lassen. In der Mitte des 18. Jahrhunderts wurde die Göttinger Mettwurst bereits über die europäischen Grenzen hinaus u. a. bis nach Indien exportiert.

Neben Friedrich dem Großen und Johann Wolfgang von Goethe zählt auch Martin Luther zu den berühmten Wurstliebhabern der deutschen Geschichte. Weil Luther einmal in einer Erfurter Wirtschaft vergaß, seine Bratwurst zu bezahlen, wurde sein Name an der Tür der Gaststätte mit Kreide vermerkt. Einer Legende nach soll daher der Ausdruck »Jemandem etwas ankreiden« stammen.

Ein Volk – ein Fakt: Dem Allgäuer Metzgermeister Josef Pointner ist es zusammen mit dem Fraunhofer-Institut im Jahr 2007 gelungen, fast fettfreie und trotzdem schmackhafte Wurst herzustellen. Der Trick liegt darin, das Fett durch ein Proteingel zu ersetzen.

Bekannte Ausdrücke und Redewendungen rund um die Wurst

Jetzt geht es um die Wurst.
Das ist mir wurst.
Armes Würstchen!
In der Not schmeckt die Wurst auch ohne Brot.

Hans Wurst
Mit der Wurst nach dem Schinken werfen.
etwas verwursten
Extrawurst
beleidigte Leberwurst
Alles hat ein Ende – nur die Wurst hat zwei.

Die beliebtesten Tütensuppen in Deutschland

Maggi Fix Suppentopf Tomatencreme-Suppe
Knorr Feinschmecker Broccolicreme-Suppe
Gefrosuppe
Maggi Feel Good Instant Thai-Suppe
Knorr Activ Hühner-Suppe mit Frühlingsgemüse
Maggi Meisterklasse Zwiebelsuppe Feinschmecker Art
Maggi Meisterklasse Frühlingssuppe mit Fleischklößchen
Maggi Meisterklasse Chinesische Gemüsesuppe
Dr. Lange – Heiß & Schnell, Lauch-Creme-Suppe
Dr. Lange – Nudeln in Tomaten-Käse-Suppe

Die 10 meistgekauften Nahrungsmittel Deutschlands

Brot	Margarine und Butter
Bananen	Käse
Äpfel	Geflügel
Schweinefleisch	Rindfleisch
Orangen	

Die 10 größten Gastronomieketten Deutschlands

McDonald's	Kaufhof
Lufthansa	Karstadt
Burger King	Aral / Petit Bistro
Tank & Rast (Autobahnpacht-	IKEA
betriebe)	Mövenpick
Nordsee	

Deutscher Qualitätsweinanbau

In Deutschland gibt es ca. 80 000 Winzer, die auf rund 100 000 Hektar Gesamtrebfläche Qualitätswein anbauen und pro Jahrgang im Schnitt rund 9 Millionen Hektoliter ernten. Etwa ein Drittel der Ernte wird exportiert, vor allem nach Großbritannien, in die Niederlande und in die USA. Rheinland-Pfalz ist das Bundesland mit den meisten Weinbaugebieten: Zwei Drittel der deutschen Anbauflächen befinden sich dort. Die größten den Weinbau betreibenden Gemeinden Deutschlands sind Landau in der Pfalz und Neustadt an der Weinstraße.

Qualitätsweinanbau auf rund 100 000 Hektar Gesamtrebfläche (ca.)

Weinbaugebiet	Rebfläche (Hektar)	Ernte (Hektoliter)	Ertrag (hl/ha)
Ahr	550	47 700	90
Baden	16 000	1 156 000	75
Franken	6100	489 600	81
Hessische Bergstraße	430	28 650	93
Mittelrhein	460	29 350	65
Mosel	9000	848 800	96
Nahe	4120	328 250	82
Pfalz	23 350	2 102 600	93
Rheingau	3100	216 500	72
Rheinhessen	26 300	2 560 500	100
Saale-Unstrut	660	46 700	70
Sachsen	420	21 200	54
Württemberg	11 500	1 186 700	105

Die deutsche Weinkönigin

Die Idee, eine Weinkönigin zu wählen, hatte der Neustadter Druckereibesitzer Daniel Meiniger bereits im Jahr 1931. Er bestimmte damals die hübsche Ruth Bachroth aus Pirmasens, wo es gar keinen Weinbau gab. Bereits 1933 übernahmen es die nationalsozialistischen Machthaber, alljährlich die »hübscheste dem Wein verbundene junge Frau« zu suchen. Seit 1949 wird jedes Jahr im Oktober – meist beim Deutschen Weinlesefest in Neustadt an der Weinstraße – die deutsche Weinkönigin in einer eigenen Wahl gekürt. Jedes der 13 Weinbaugebiete für Qualitätswein wählt seine eigene Weinkönigin, von denen eine von einer 70-köpfigen Jury unter Leitung des Deutschen Weininstituts, Mainz, zur deutschen

Weinkönigin gewählt wird. Sie ist jeweils für ein Jahr die Repräsentantin des deutschen Weines.

Bis 1999 musste die Kandidatin ledig sein und aus einer Winzerfamilie stammen. Seit 2000 gilt, dass sie eine »eindeutige und starke Verbundenheit mit deutschen Weinen« nachzuweisen hat durch »eine entsprechende weinbezogene Berufsausbildung und/oder familiäre Bindung mit dem heimischen Weinbau und/oder Qualifikation als Gebietsweinkönigin«. Zudem soll sie am Tag der Wahl mindestens 18 Jahre alt sein.

Mehr als gutes Aussehen und eine tänzerische Begabung zählen heute fundierte Fachkenntnisse in Önologie (Kellerwirtschaft) und Kellertechnik, Exportwirtschaft, Sprachen, Eloquenz und Schlagfertigkeit.

Die deutschen Weinköniginnen der letzten zehn Jahre

Jahr	Name	Alter bei Amtsantritt	Anbaugebiet
1999/2000	Simone Renth(-Queins)	26	Rheinhessen
2000/2001	Carina Dostert (Curman)	21	Mosel-Saar-Ruwer
2001/2002	Petra Gärtner	21	Hessische Bergstraße
2002/2003	Judith Honrath	22	Nahe
2003/2004	Nicole Then	23	Franken
2004/2005	Petra Zimmermann	20	Mosel-Saar-Ruwer
2005/2006	Sylvia Benzinger	27	Pfalz

2006/2007	Katja Schweder	26	Pfalz
2007/2008	Evelyn Schmidt	24	Sachsen
2008/2009	Marlies Dumbsky	23	Franken

Lustige deutschsprachige Weinnamen

Winzer geben ihren Weinen Namen. Dabei steht es ihnen frei, nach welchen Aspekten sie sich dabei richten möchten. Von dieser Freiheit machen einige besonders freizügig Gebrauch. Ein paar Beispiele:

Alter Knabe
Poysdorfer Saurüssel
Gaisduttn
Kröver Nacktarsch
Oppenheimer Sackträger
Badener Lumpentürl
Lämmerschwanz
Ochsenauge
Raddegiggl

Forzdrogge
Hallgartener Jungfrau
Naumburger Engelgrube
Trabener Brautrock
Liebfraumilch
Piesporter Goldtröpfchen
Brauneberger Hasenläufer
Kallstadter Saumagen

Ein Volk – ein Fakt: Am Nordhang (!) des 66 Meter hohen Kreuzbergs im Berlin-Kreuzberger Viktoriapark wächst der »Kreuz-Neroberger«. Aus etwa 600 Rebstöcken – Kerner, Riesling und Spätburgunder – wird Wein gemacht, der zumeist als Geschenk an Könige, Präsidenten und Diplomaten überreicht wird und kaum je in den Handel kommt.

Das Land der Biertrinker

Im Jahr 2008 wurden in Deutschland 87,9 Millionen Hektoliter Bier konsumiert (laut Statistischem Bundesamt); diese Menge beinhaltet auch Biermischungen, aber nicht alkoholfreies Bier und Malztrunk.
Auch wenn nicht jede/r Bier trinkt und andere dafür umso mehr – rein rechnerisch ergibt sich daraus ein durchschnittlicher jährlicher Verbrauch von 123,9 Liter Bier je potenziellem Biertrinker (Personen im Alter von 15 Jahren und älter). Diese Menge entspricht etwa einer kleinen Flasche Bier oder exakt 0,34 Liter pro Tag.

Das Land der Biersorten

Es gibt in Deutschland so viele Biersorten wie in kaum einem anderen Land auf der Welt.

Eines der wohl berühmtesten Biere ist das Pilsner Bier. Wobei das Pilsner Bier nicht direkt eine Biersorte ist, sondern eher der Begriff für eine ganz bestimmte Brauart des Bieres, die ihren Namen nach der böhmischen Stadt Pilsen erhielt, die heute zu Tschechien gehört. Hier braute der bayrische Braumeister Josef Groll erstmals 1842 nach der heute so bekannten und beliebten Pilsner Brauart. Die Zutaten für dieses Bier bestehen aus hellem Malz, untergäriger Hefe, sehr aromatischem Hopfen und weichem Wasser. Pils ist heute das meistgebraute und -getrunkene Bier in Deutschland.

Vor allem in Süddeutschland beliebt ist das Weizen, auch Hefeweizen oder Weißbier genannt. Diese Biersorte wird nicht nur aus Gerstenmalz hergestellt, sondern man verwendet für die Herstellung einen Teil Weizenmalz. Weizenbier oder Weißbier unterteilt man in Kristallweizen und Hefeweizen. Beim Hefeweizen sind kleine Hefepartikel im Bier zu finden, während das Kristallweizen gefiltert wurde und somit klar ist. Eine besondere Spezialität ist das dunkle Weizenbier, welches mit dunklem Weizen gebraut wird.

Eine der ebenfalls regional sehr beliebten Biersorten ist das Kölsch. Das Kölsch ist ein klares, helles Bier. Es wird aus den sogenannten »Stangen« getrunken. Das sind schmale, zylindrische Gläser, welche 0,2 Liter Bier fassen. Das Kölsch wird dem Gast im Brauhaus vom »Köbes«, dem typischen Kölner Kellner, in einem Kranz gebracht. Köln ist die deutsche Stadt mit den meisten Brauereien, auch wenn man dies wahrscheinlich nicht vermuten würde.

Biersorten, die alle kennen

Alt	Kölsch	Lager hell	Pils
Berliner Weiße	Lager dunkel	Helles / Export	Schwarzbier
Bock	Dunkles / Export	Leichtbier	Weißbier

Biersorten, die alle kennen (lernen) sollten

Dinkelbier	Kräusenbier	Märzen
Eisbier	Zwickelbier	Rauchbier
Kellerbier	Zoigl	Roggenbier

1996

18. 1. In Lübeck sterben bei einem **Brandanschlag** auf ein Asylanten-
heim zehn Menschen.

6. 2. 146 Deutsche kommen bei einem Flugzeugabsturz einer türki-
schen Maschine kurz nach dem Start von der Dominikanischen
Republik ums Leben.

23. 3. Angst vor **Rinderwahnsinn**: Für britisches Rindfleisch wird eine
Einfuhrsperre verhängt.

11. 4. Bei Schweißarbeiten entsteht im Düsseldorfer Flughafen ein
Großbrand. 16 Menschen lassen ihr Leben.

27. 4. Der Zigarettenimperiumserbe **Jan Philipp Reemtsma** wird nach
33 Tagen Geiselhaft gegen eine Lösegeldsumme von 30 Mio. DM
von seinen Entführern freigelassen.

Mai Die Sendung mit der Maus feiert ihr 25-jähriges Bestehen.

8. 5. Radioaktive Abfälle werden von Frankreich nach **Gorleben** trans-
portiert.

30. 6. Durch das erste **Golden Goal** der Geschichte von Oliver Bierhoff
wird Deutschland in London vor Tschechien Europameister.

1. 7. Die Kultusminister der deutschsprachigen Länder beschließen,
dass ab 1998 die **Rechtschreibreform** eingeführt werden soll.

5 7. Das erste geklonte Säugetier der Welt, **Schaf Dolly**, wird geboren
und löst auch in Deutschland Diskussionen über Moral und Fort-
schritt aus.

1. 11.   An allen Werktagen können Läden nun bis 20 Uhr geöffnet bleiben.

3. 11.   **Henry Maske** verliert gegen Virgil Hill den letzten Kampf seiner Profi-Karriere.

Michael Schumacher wechselt von Benetton zu Ferrari.

Beliebteste erste Vornamen:	Anna	Lucas
Kinder pro Frau in Ost und West:	0,95	1,41
Erwerbslosenquote West und Ost:	9,9	16,6
Bestseller Belletristik:	Nicolas Evans: »Der Pferdeflüsterer«	
Bestseller Sachbuch:	Ute Ehrhardt: »Gute Mädchen kommen in den Himmel, böse überall hin«	
Deutscher Fußballmeister:	Borussia Dortmund	
Das meistgekaufte Auto:	Golf III, blau	
Benzinpreis 1 Liter Super bleifrei:	0,82 Euro	
Der meistbesuchte Film des Jahres:	»Independence Day«	
Wort des Jahres:	Sparpaket	
Unwort des Jahres:	Rentnerschwemme	

Über Gartenzwerge und die Rechtslage am Gartenzaun

In Deutschland gibt es ca. 25 Millionen Gartenzwerge. Ihre Vorbilder waren Terrakottafiguren aus den barocken Schlossgärten. Ab dem 19. Jahrhundert hielten sie auch in deutsche Privatgärten Einzug.

Ursprünglich aus Keramik, einem mittelalterlichen Bergkumpel mit Lederschürze, Hacke, Laterne und Schubkarre nachempfunden, sind sie heute als Plastikzwerge in unterschiedlichster Ausführung anzutreffen.

Gartenzwerge wurden zum Sinnbild deutschen Spießertums und des schlechten Geschmacks. Es bildeten sich sogar Initiativen zur Befreiung von Gartenzwergen. In den 90er Jahren erlebten sie ein Comeback. Heute sind sie für ca. 5,6 Millionen Deutsche schlicht und einfach »Das beste Erzeugnis aus deutschem Lande« (laut einer Forsa-Umfrage aus dem Jahr 2008).

Grundsätzlich darf jeder in seinem Garten beliebig viele Zwerge aufstellen, außer es handelt sich um »Frustzwerge«!

Frustzwerge mit obszönen Gesten müssen laut Gerichtsurteil entfernt werden, wenn sie gegen einen Nachbarn gerichtet sind und als grobe Beleidigung verstanden werden können. In einem Streitfall hatte ein Gartenzwerg dem Nachbarn den Stinkefinger und den blanken Hintern gezeigt.

Gartenfeste im Wohngebiet sind zweimal im Jahr als Ausdruck der Geselligkeit zu dulden.

Die **Früchte an einem Baum** gehören dem Eigentümer des Baumes, auch wenn die Äste ins Nebengrundstück ragen. Der Baumeigentümer darf über den Zaun greifen, um die Früchte zu ernten, aber nicht über den Zaun klettern. Die Früchte können nur zum Eigentum des Nachbarn werden, wenn sie selbständig (ohne Schütteln) auf das Nachbargrundstück gefallen sind. Der Baumbesitzer darf sie dann auch nicht zurückholen.

Herüberhängende Äste von Nachbarbüschen (gilt nicht für alte Bäume) stellen einen ständigen Übergriff dar. Die Beseitigung darf verlangt oder, nach einer Frist, selbst übernommen werden.

Verschattung durch Nachbarbäume muss in der Regel geduldet werden.

Der Einsatz von **Stacheldraht** zur Gartenbegrenzung in Wohngebieten ist verboten.

Rechtlich gesehen, gilt ein **Verbotsschild** auf privatem Grund als Hausordnung und muss in jedem Fall eingehalten werden.

Mit dem Einpflanzen eines Baumes oder Strauches durch einen Mieter wird der Grundeigentümer auch zum **Eigentümer der Pflanze**.

Eine Pflicht zur **Blattlaus- und Mehltaubekämpfung** besteht nicht.

Nachbarn dürfen ihre **Gärten verwildern** lassen, aber nicht mit altem Krempel vollstellen. Als unzumutbar ist die Überwucherung durch das allergieauslösende Traubenkraut (Ambrosia) zu bewerten.

Eine **Wäschespinne**, die nur bei Bedarf aufgestellt wird, ist keine bauliche Veränderung und deshalb zu dulden.

Nach einer 48-stündigen Voranmeldung bei den Nachbarn ist das **Grillen auf dem Balkon** einmal im Monat erlaubt. Geringfügige Rauchentwicklung ist hinzunehmen.

Kinder, die ihren Ball auf ein **Nachbargrundstück** schießen, müssen vor Betreten des Nebengrundstückes erst den Eigentümer um Erlaubnis bitten.

Hunde sind so zu halten, dass der Nachbar sie maximal 30 Minuten am Tag bellen hört.

Selbst bei unzumutbarem **Froschgequake** hat der Naturschutz Vorrang.

Zum Montieren und Warten eines »**Rasen betreten verboten!**«-Schildes darf der Rasen betreten werden.

In Wohngebieten darf der **Rasen** nur werk- und samstags von 7 bis 20 Uhr gemäht werden. Besonders laute Geräte wie Laubsauger dürfen werktags nur von 9 bis 13 sowie 15 bis 17 Uhr zum Einsatz kommen.

Ein Volk – ein Fakt: 2008 wurden übrigens 976 000 Elektrorasenmäher (überwiegend aus China) im Wert von 64,7 Millionen Euro nach Deutschland eingeführt.

1997

24. 1.	Der Vater der Tennisspielerin Steffi Graf, Peter Graf, muss wegen Steuerhinterziehung in Haft.
26. 4.	»Durch Deutschland muss ein Ruck gehen« – Bundespräsident **Roman Herzog** hält in Berlin eine Ansprache, die als „Ruckrede" in die deutsche Geschichte eingehen wird.
Mai	Eine halbe Million Fans besuchen in Deutschland **Michael Jacksons** »History«-Welttournee.
21. 6.–28. 9.	Documenta X mit 628 776 Besuchern.
27. 7.	**Jan Ullrich** gewinnt als erster Deutscher die Tour de France.
Juli/August	Das **Oder-Hochwasser** richtet einen Schaden von mehr als 250 Millionen Euro an.
25. 8.	Der letzte Staatschef der DDR, **Egon Krenz**, wird wegen der Todesschüsse an der innerdeutschen Grenze zu 6,5 Jahren Haft verurteilt, kommt nach 18 Tagen jedoch wieder frei.
31. 8.	Die Nachricht über den tödlichen Autounfall von **Lady Diana** bewegt auch die deutsche Nation.
18. 9.	Bei einem Terroranschlag auf Touristen vor dem Ägyptischen Museum in Kairo sterben neun Deutsche.
18. 10.	Der Triathlet Thomas Hellriegel gewinnt als erster Deutscher den **Ironman**-Titel auf Hawaii.

ab 29. 10.	Die umstrittene Ausstellung »Körperwelten« im Mannheimer Landesmuseum wird ein großer Publikumserfolg.
11. 11.	Die Auslieferung der Mercedes-A-Klasse verzögert sich wegen Problemen beim »Elchtest«.
	Die ersten SMS werden verschickt, das Tamagotchi kommt in Mode, und die ersten DVDs erscheinen auf dem Markt.
14. 11.	Die Promillegrenze für Verkehrsteilnehmer wird auf 0,5 herabgesetzt.

Beliebteste erste Vornamen:	Anna	Jan
Überschuss Geborene / Gestorbene:	– 0,6	
Kinder pro Frau in Ost und West:	1,05	1,44
Erwerbslosenquote West und Ost:	10,8	19,1
Bestseller Belletristik:	Marianne Fredriksson: »Hannas Töchter«	
Bestseller Sachbuch:	Ute Ehrhardt: »Gute Mädchen kommen in den Himmel, böse überall hin«	
Deutscher Fußballmeister:	FC Bayern München	
Das meistgekaufte Auto:	Golf IV, blau	
Benzinpreis 1 Liter Super bleifrei:	0,87 Euro	
Der meistbesuchte Film des Jahres:	»MIB – Men in Black«	
Wort des Jahres:	Reformstau	
Unwort des Jahres:	Wohlstandsmüll	

Deutsche Tierliebe

Heimtiere

2.5 Milliarden Euro für Tiernahrung werden in Deutschland jährlich für die Fütterung der 23,3 Millionen Heimtiere investiert. Davon sind 8 Millionen Katzen, 5,3 Millionen Hunde, 6,6 Millionen Kleintiere wie Kaninchen, Hamster und Meerschweinchen und 3,4 Millionen Ziervögel. Außerdem soll es in deutschen Wohnzimmern 2,1 Millionen Aquarien und 420 000 Terrarien geben.

Im europäischen Vergleich liegen die Deutschen in Sachen Tierliebe auf Platz fünf zwischen Großbritannien und Spanien. Die meisten Heimtiere besitzen die Russen. Jährlich werden aber auch etwa 500 000 Tiere in deutschen Tierheimen abgegeben.

Deutschlands Hunde

> »Ein Leben ohne Mops ist möglich, aber sinnlos.« LORIOT

- In Deutschland gibt es 336 offiziell anerkannte Hunderassen.
- Die meisten Großstadthunde gehen in Berlin, Oberhausen und Herne Gassi.
- Die erste Hundetagesstätte, bei der Berufstätige tagsüber ihren Hund abgeben können, eröffnete 2003 in Hannover.
- Jeder fünfte Hund darf nachts bei Herrchen oder Frauchen im Bett schlafen.

Deutschlands beliebteste Hunde (nach Welpenzahl 2007)

1.	Deutscher Schäferhund	16 868
2.	Teckel/Dackel	7 120
3.	Deutsch Drahthaar	3 377
4.	Labrador Retriever	2 451
5.	Golden Retriever	2 164
6.	Deutsche Dogge	1 905
7.	Deutscher Boxer	1 864
8.	Pudel	1 776
9.	Rottweiler	1 741
10.	English Cocker Spaniel	1 466

Ein Volk – ein Fakt: In Deutschland werden jährlich ca. 3500 Briefzusteller von Hunden gebissen.

Auswahl berühmter Deutscher und ihre geliebten Hunde

Friedrich der Große	u. a. Biche	Windhund
Kaiser Wilhelm II.	Erdmann	Dachshund
Otto von Bismarck	Tyras/Rebecca	Deutsche Dogge
Arthur Schopenhauer	Atma	Pudel
Thomas Mann	Bauschan	Hühnerhundmischling
Adolf Hitler	Blondi	Schäferhund

Richard Wagner	Peps und Rüpel	Pudel
Helmut Kohl	Felix	Berner Sennenhund
Robert Lembke	Struppi	Foxterrier
Rudolph Moshammer	Daisy	Yorkshire-Terrier
Johannes Rau	Scooter	Riesenschnauzermischling
Loriot	u. a. Mime	Mops
Gerhard Schröder	Holly	Borderterrier
Heino	(unzählige)	Schäferhunde
Jacob Sisters	Athena, Alexa,	Pudel
	Leslie, Snoopy	Pudel

Kaninchenzuchtvereine

Dem Zentralverband Deutscher Rasse-Kaninchenzüchter ZDRK unterstehen 6800 Kaninchenzüchtervereine mit etwa 185 000 Züchtern. Ein größerer Kaninchenzuchtverband ist weltweit nirgends zu finden.

Die alle zwei Jahre in Deutschland stattfindende Bundesschau ist mit 25 000 Kaninchen aus 88 vom ZDRK anerkannten Rassen auch die größte Kaninchenschau der Welt. Hier werden die begehrten deutschen Meistertitel vergeben. Die Bundesschau findet im jährlichen Wechsel mit der Bundesrammlerschau statt, auf der nur männliche Kaninchen ausgestellt und prämiert werden.

Die größten Kaninchen sind die Deutschen Riesen. Sie müssen zwischen 5 und 11,8 kg wiegen. Das schwerste Kaninchen auf der Bundesschau 2006 hieß Robert, war 80 cm lang und brachte 9,2 kg auf die Waage. Konkurrent Rudi hatte allerdings die längeren Ohren.

Tiere, die in Deutschland ausgestorben sind

Auerochse	ca. 15. Jh.	Langflügelfledermaus	ca. 1950
Wisent	ca. 17. Jh.	Ziesel (Erdhörnchen)	1950
Gänsegeier	ca. 17. Jh.	(wird im Erzgebirge	
Elch	ca. 18. Jh.	wieder angesiedelt)	
Braunbär	ca. 1830	Stör	1969
Nerz	ca. 1930		

Tiere, die in Deutschland wieder heimisch geworden sind

Waschbären	ca. 1930
Wölfe	ca. 1990
Luchse	ca. 1950
Fisch-, Schrei- und Steinadler	

Eine Besonderheit stellt die weltweit nördlichste Flamingo-Kolonie im Zwillbrocker Venn an der niederländischen Grenze in Nordrhein-Westfalen dar.

Berühmt gewordene Tiere in Deutschland

Abul Abbas († 810) war ein Elefant, den Karl der Große von einem Kalifen geschenkt bekam. Der erste namentlich und urkundlich belegte Elefant nördlich der Alpen wurde vom Kaiser gerne als Machtsymbol auf Reisen mitgeführt. 810 starb der Elefant nach einer Rheinüberquerung.

Der sogenannte **Goethe-Elefant** (*1771, † 1780 in Kassel) war ein indischer Elefant, der von 1773 bis 1780 im Tierpark des Landgrafen Friedrich II. lebte. Der Liebling der Besucher kam jedoch mit etwa neun Jahren bei einem Sturz ums Leben. Seinen Namen erhielt er, als Goethe sich den Schädelknochen für wissenschaftliche Studien auslieh. Das über 200 Jahre alte Skelett ist im naturkundlichen Museum in Kassel ausgestellt. Es gehört zu den ersten Skeletten von Großsäugern, die jemals präpariert wurden.

Der **Kluge Hans** (*um 1895) war ein Pferd des Mathematiklehrers Wilhelm von Osten, das angeblich rechnen und zählen konnte. Das Pferd löste Rechenaufgaben auch richtig, wenn ein Fremder die Fragen stellte. Obwohl der Lehrmeister bis zum Schluss an seine pädagogischen Fähigkeiten und die besondere mathematische Begabung des Pferdes glauben wollte, reagierte der Kluge Hans wohl eher auf die Körperspannung des Aufgabenstellers.

Tuffi (*1946; † 1989) war eine Elefantendame des Zirkus Althoff, die am 21. Juli 1950 im Alter von vier Jahren bei einer Zirkuswerbefahrt in Wuppertal die Seitenwand der fahrenden Schwebebahn herausdrückte und in die Wupper sprang. Sie überstand den Sprung weitestgehend unverletzt.

Moby Dick war ein Belugawal, der in ganz Deutschland für Aufsehen sorgte. Im Mai 1966 wurde er plötzlich von Schiffern, fernab seines eigentlichen Lebensraumes, im Rhein schwimmend entdeckt. Etwa einen Monat foppte er seine Verfolger und Jäger und eroberte so schnell die Herzen der deutschen Bevölkerung. Sein unerwartetes Auftauchen bei Bonn sprengte nicht nur eine Bundestagssitzung, es löste auch eine Umweltschutzdebatte über den mit chemischen Abwässern verseuchten Rhein aus und brachte so die ersten Umweltgesetze auf den Weg.

Antje (*25. Mai 1976, † 17. Juli 2003) war ein pazifisches Walross des Hamburger Tierparks Hagenbeck, das ab 1978 durch seine Auftritte als Pausenfüller beim NDR zum beliebten Medienstar avancierte. Seit Anfang September 2004 ist Antje im Zoologischen Museum von Hamburg zu besichtigen.

Ronny, der Schimpanse, »moderierte« mit der Stimme von Otto Waalkes von 1982 bis 1988 die 45-minütige Videoclipsendung Ronny's Popshow im ZDF.

Rembrandt (*1977, † 30. Oktober 2001) war das erfolgreichste Dressurpferd auf internationalen Turnieren weltweit. Der Westfalenwallach wurde mit seiner Reiterin Nicole Uphoff u. a. Olympiasieger 1988 in Seoul und 1992 in Barcelona. 2001 musste Rembrandt wegen einer Arthrose eingeschläfert werden.

JJ1 war ein Braunbär, der unter dem Namen Bruno bekannt wurde. Im Mai 2006 wanderte er von Italien ins bayerisch-österreichische Grenzgebiet, wo er mehrere Schafe und Haustiere riss. Nach vergeblichen Einfangversuchen wurde der »Problembär« trotz heftiger Proteste zum Abschuss freigegeben und am 26. Juni 2008 erlegt. Heute ist er im Museum »Mensch und Natur« in München ausgestellt.

Petra ist ein Trauerschwan auf dem Aasee im westfälischen Münster, der wegen seiner treuen Liebe zu einem weißen Tretboot in Schwanenform deutschlandweit bekannt wurde.

Daisy, Yorkshire-Terrier-Dame des exzentrische Modedesigners Rudolph Moshammer, wurde nach der Ermordung ihres Herrchens im Januar 2005 im Testament großzügig berücksichtigt. Sie starb am 24. Oktober 2006 im Alter von 13 Jahren in der Handtasche, in der Moshammer sie oft getragen hatte, an einer Luftröhrenverengung.

Bulette (*3. April 1952 in Leipzig, † 31. Dezember 2005 in Berlin) war eine bekannte Flusspferddame des Zoologischen Gartens Berlin. Bulette gebar im Laufe ihres Lebens 20 Nachkommen, die zum Teil in Afrika ausgewildert wurden. Mit 53 Jahren wurde das älteste Zoo-Säugetier der europäischen Geschichte gesundheitsbedingt eingeschläfert. Ihr Vater, Knautschke, war übrigens das einzige Flusspferd in ganz Deutschland, das den Zweiten Weltkrieg überlebt hatte.

Knut (*5. Dezember 2006 in Berlin), der Eisbär, und sein Zwillingsbruder wurden nach ihrer Geburt von Mutter Tosca nicht angenommen. Während der Zwillingbruder starb, wurde Knut nach 44 Tagen im Brutkasten von dem inzwischen verstorbenen Tierpfleger Thomas Dörflein im Zoologischen Garten Berlin von Hand aufgezogen. Millionen von Menschen verfolgten in der Presse sein Heranwachsen, bevor er mit 15 Wochen der Öffentlichkeit präsentiert wurde. Obwohl seit 1980 in deutschen Zoos rund 70 Eisbären geboren wurden, wurde der knopfäugige »Knuddel-Knut« über die deutschen Grenzen hinaus zum Publikumsliebling.

Etwa ein Jahr später lösten die Geburt und die Handaufzucht des Eisbärenbabys Flocke (*11. Dezember 2007) im Nürnberger Zoo ein ähnliches Medienecho aus.

Und dann gibt es natürlich noch die beiden lebendigen Maskottchen aus der Fußball-Bundesliga: Hennes XIII, der Ziegenbock des 1. FC Köln, und Attila, der Adler von Eintracht Frankfurt.

Nutztiere in Deutschland

Hühner	etwa 44 Millionen
Schweine	etwa 26 Millionen
Rinder insgesamt	etwa 13 Millionen
davon Milchkühe	etwa 4 Millionen
Schafe	etwa 2,5 Millionen

Ein Volk – ein Fakt: Die meistverbreitete Kakerlakenart der Welt stammt aus Afrika. Sie bekommt häufig den Namen einer unpopulären Gruppierung. Im Süden Deutschlands wird sie »Preuße« genannt, in Westdeutschland »Franzose«, in Ostdeutschland »Russe« und in Norddeutschland »Schwabe«. Überall sonst auf der Welt heißt sie »Deutsche Küchenschabe« (Blatella Germanica).

1998

Januar	Die **Arbeitslosigkeit** erreicht mit 4,8 Millionen Erwerbslosen nach 1945 den absoluten Höchststand.
5. 1.	Auf der Automobilschau in Detroit wird der Nachfolger des VW-Käfer, der »**New-Beetle**«, vorgestellt.
22. 2.	Mit 12 Gold-, 9 Silber- und 8 Bronzemedaillen wird Deutschland zum erfolgreichsten Teilnehmer der **Winterolympiade** im japanischen Nagano.
6. 3.	Eine Änderung des Grundgesetzes legalisiert die akustische Wohnraumüberwachung (»**Lauschangriff**«).
10. 3.	»**Ich habe fertig ...**« – Ein Wutausbruch des italienischen Bayern-Trainers Giovanni Trappatoni während einer Pressekonferenz wird zum Kult.
27. 3.	Der Potenzstärker Viagra kommt auf den Markt.
1. 4.	Die Mehrwertsteuer wird von 15 % auf 16 % erhöht.
20. 4.	Die terroristische Organisation RAF meldet der Nachrichtenagentur Reuters ihre Auflösung.
3. 6.	In Eschede bei Celle entgleist der ICE »Wilhelm Conrad Röntgen«. Beim **größten Zugunglück** der deutschen Geschichte kommen 101 Menschen ums Leben.
6. 6.	»Schüler Helfen Leben«: 35 000 Schülerinnen und Schüler in

Schleswig-Holstein jobben einen Tag, statt zur Schule zu gehen, und spenden dann knapp 1 Million Euro für wohltätige Zwecke.

1. 7. »Harry Potter und der Stein der Weisen« von Joanne K. Rowling erscheint und löst eine beispiellose Begeisterungswelle aus.

14. 8. Der Schauspieler und Showmaster Hans-Joachim Kulenkampff stirbt mit 77 Jahren.

27. 9. Zum ersten Mal in der Bundestagsgeschichte wird eine Regierung komplett abgewählt. Nach 16 Jahren Kanzlerschaft Kohl entsteht eine rot-grüne Regierung unter Gerhard Schröder. Die FDP ist seit 29 Jahren zum ersten Mal nicht mehr an der Regierung beteiligt.

14. 11. Der 14-jährige Serienstraftäter »Mehmet« wird in die Türkei abgeschoben.

18. 12. Die Deutsche Bahn wird erpresst. – In Mecklenburg-Vorpommern entgleist bei einem Anschlag ein Güterzug.

Beliebteste erste Vornamen:	Anna	Jan
Kinder pro Frau in Ost und West:	1,1	1,41
Erwerbslosenquote West und Ost:	10,3	19,2
Bestseller Belletristik:	Marianne Fredriksson: »Hannas Töchter«	
Bestseller Sachbuch:	Dale Carnegie: »Sorge dich nicht – lebe!«	
Deutscher Fußballmeister:	1. FC Kaiserslautern	
Das meistgekaufte Auto:	Golf IV, blau	
Benzinpreis 1 Liter Super bleifrei:	0,92 Euro	
Der meistbesuchte Film des Jahres:	»Titanic«	
Wort des Jahres:	Rot-Grün	
Unwort des Jahres:	sozial verträgliches Frühableben	

Deutsche Märchen, Fabeln und Sagengestalten

Märchen

Alle Völker der Welt haben Märchen (»maere« heißt Bericht, Kunde). Wann sie entstanden sind, weiß niemand genau, aber Forscher gehen davon aus, dass die Menschen schon vor Tausenden von Jahren damit angefangen haben, sich Märchen zu erzählen. Sie wurden in all der Zeit mündlich von einer Generation zur nächsten weitergegeben. Aufgeschrieben wurden sie erst vor ungefähr 200 Jahren, in Deutschland von den Brüdern Jacob und Wilhelm Grimm, die durch die Dörfer fuhren und sich die Märchen erzählen ließen.

Fabeln

Bekannte deutsche Fabeltiere sind Meister Petz (der gutmütige Bär), Grimbart (der bedächtige Dachs), Tybbke (die dumme Ente), Bellyn (der schwache Widder), Boldewyn (der störrische Esel), Reineke (der listige Fuchs), Bokert (der arbeitswütige Biber), Adelheid (die schwatzhafte Gans), Meister Lampe (der ängstliche Hase), Äugler (das vorlaute Kaninchen), Henning (der eitle Hahn), Kratzefuß (die mütterliche Henne), Wackerlos (das treue Hündchen), Adebar (der stolze Storch), Isegrim (der gierige Wolf), Pflückebeutel (der besserwisserische Rabe), Lütke (der bürokratische Kranich) und Nobel (der mächtige Löwe).

Ein Volk – ein Fakt: 62 Prozent der Deutschen geben an, dass Märchen für sie untrennbar zu ihrer Kindheit gehören und dass sie das Gefühl hätten, es fehlte ihnen etwas Wichtiges, wenn sie diese Märchen nicht kennen würden. 54 Prozent erklären, dass Märchen sie sehr beschäftigt und beeindruckt (nicht aber verängstigt) hätten. Für 53 Prozent der Deutschen gehören die Märchen der Gebrüder Grimm zu den Dingen, die für sie am stärksten ein Gefühl von Heimat und Heimatland aufkommen lassen, die sie an die Kinder weitergeben möchten.

Sagen

Im Grimmschen Wörterbuch von 1893 wird der Begriff »Sage« als »kunde von ereignissen der vergangenheit, welche einer historischen beglaubigung entbehrt« beschrieben. Die Überlieferung erfolgte mündlich, »von geschlecht zu geschlecht«, und die Erzählung handelte oft von wunderbaren, phantastischen Ereignissen, die den Zuhörern jedoch als Wahrheitsbericht präsentiert wurden und von diesen auch als solcher verstanden wurden. Über die Generationen hinweg »gestaltete das dichterische vermögen des volksgemüthes« die Sagen stets ein wenig um.

Gestalten aus der Nibelungensage

Alberich: Graubärtiger Zauberzwerg, der später Zwergenkönig wurde. A. stand zunächst in Diensten der Zwergenkönige Nibelung und Schilbung, deren Reich und Goldschätze er schützte, nachdem Siegfried die Herrscher getötet hatte. A. gebrauchte eine Tarnkappe, die ihn unsichtbar machte und ihm die Kraft von zwölf Männern verlieh. Nachdem Siegfried A. besiegt hat, bekam er von A. die Tarnkappe und den Nibelungenschatz.

Brünhild: »Kämpferin im Panzerkleide« aus der Nibelungensage. B. war die Gattin Gunthers und Feindin Kriemhilds, deren Gemahl Siegfried B. von Hagen ermorden ließ.

Etzel: Hunnenkönig, zweiter Gatte Kriemhilds und Vater von Diether, Ort, Scharf und Ortlieb; E. residiert auf der Etzelburg inmitten einer heldenhaften Schar als milder Regent.

Fafnir: Der Lindwurm mit Schlangenleib und Flügeln, der den Nibelungenschatz (Eigentum der Zwergenkönige Nibelung und Schilbung) hütet, bis Siegfried ihn tötet.

Gunther: Der älteste der drei Burgunderkönige; Sohn der Ute, Bruder der Kriemhild und Gemahl der Brünhild, die Siegfried für ihn umwirbt und bezwingt. Mitschuldig an der Ermordung Siegfrieds durch Hagen; stirbt als Opfer von Kriemhilds Rache an Etzels Hof.

Hagen: König von Tronje aus dem Geschlecht der Burgunder; treuer, furchtloser und heldenhafter Anhänger Gunthers; Werkzeug der Rache Brünhilds, der Siegfried meuchelt.

Kriemhild: Gewaltigste Frauengestalt der Nibelungensage; Tochter der Ute, Nichte des Hagen, Gattin Siegfrieds, zweite Gattin Etzels. Nach einem Streit mit ihrer Schwägerin Brünhild über den Wert ihrer Ehemänner veranlasst sie unwissentlich die Ermordung ihres Gatten durch Hagen. K. heiratet Etzel und lädt ihre Burgunder Verwandten an dessen Hof in Ungarn, wo sie sich blutig rächt und selbst von Hildebrand getötet wird.

Laurin: Zwergenkönig im Tiroler Rosengarten, der von Dietrich von Bern besiegt und seines Zaubergürtels beraubt wird.

Nibelungen: Besitzer des Nibelungenschatzes (Nibelungenhort). Zunächst ein Zwergengeschlecht unter Nibelung und Schilbung. Nachdem Siegfried beide getötet und auch Alberich besiegt hat, heißen Siegfrieds Gefolgsleute Nibelungen. Und als nach Siegfrieds Tod die Burgunder den Hort verwahren, erhalten sie den Namen Nibelungen.

Rüdiger: Markgraf von Bechlaren, im Dienste König Etzels von Hunnenland, für den er in Worms um Kriemhild wirbt. Stirbt im Kampf von Gernots Hand, als Kriemhild Rache an den Burgundern nimmt.

Siegfried: König von Niederland, Held, Drachentöter, Gatte der Kriemhild. Wurde – nachdem er alle Drachen getötet hatte – durch den Sud des Drachenpfuhls unverwundbar, bis auf eine Stelle zwischen den Schulterblättern, an der ein Lindenblatt klebte. S. besiegte Nibelung, Schilbung und Alberich und erwarb das sagenhafte Schwert Balmung, mit dem er Fafnir überwand. Aus dem Nibelungenschatz nimmt er den Ring Andwaranaut, obwohl Alberich ihn vor dem Fluch, der auf dem Ring laste, warnt. Als Herrscher über das Nibelungenreich rettete er die schöne Walküre Brünhild aus der Flammenwand auf Isenland und schenkt ihr den Unglück bringenden Ring, worauf sie nicht seine Frau wird; sie heiratet den Burgunder Gunther, den sie für den Bezwinger Fafnirs hält; S. heiratet Gunthers Schwester Kriemhild. Als Brünhild sich eines Tages ihres tapferen Gemahls Gunther rühmt, dem S. habe weichen müssen, deckt Kriemhild Brünhilds Irrtum auf. Brünhild lässt Siegfried von Hagen hinterhältig ermorden.

Weitere bekannte Sagengestalten

Rübezahl: Rothaariger Berggeist aus dem Riesengebirge, der zu seinem Spottnamen gekommen ist, nachdem er eine Frau gefangen hat und zur Heirat zwingen wollte. Die Frau machte es zur Bedingung, dass er die

Rüben auf seinem Acker zähle: Während er dies gründlich tat, floh die Auserwählte.

Störtebeker: Klaus Störtebeker war einer der bekanntesten Seeräuber, der im 14. Jahrhundert den hanseatischen »Pfeffersäcken« zu schaffen machte. Nach seiner Gefangennahme soll ihm zugesagt worden sein, dass all jene seiner Likedeeler (wörtlich: Gleichteiler) überleben durften, an denen er nach seiner Enthauptung noch vorbeizugehen vermochte. Störtebeker passierte elf Männer, bevor ihn der Henker mit dem Richtblock zum Stolpern brachte. Der Bürgermeister der Hansestadt Hamburg hielt jedoch nicht Wort und ließ alle 73 Likedeeler enthaupten.

Tannhäuser: Fahrender Sänger und Ritter, der bei Papst Urban IV. in Rom um Vergebung für sein sündiges Treiben auf dem Berg der Venus bittet. Der Papst lehnt ab: So wenig wie dieser toter Zweig zu grünen beginne, werde Gott Tannhäuser seine Sünden vergeben. Tannhäuser kehrt zurück zu Frau Venus. Drei Tage später grünt der tote Zweig. Die eilig in alle Länder ausgesandten Boten des Papstes finden Tannhäuser nirgendwo.

Till Eulenspiegel: Trat in einem anonym verfassten Volksbuch aus dem Jahr 1510/11 als Narr und Gaukler auf, der seinen Mitmenschen jedoch an Witz und Verstand deutlich überlegen war und mit seinen Streichen die Unzulänglichkeiten des Lebens sowie die Missstände seiner Zeit aufdeckte.

Tristan und Isolde: Der tugendhafte Ritter Tristan soll die schöne Königstochter Isolde von Irland nach Cornwall zu ihrem zukünftigen Ehemann Marke bringen. Tristan und Isolde trinken aber von einem für Isolde und Marke bestimmten Liebestrank und verlieben sich unsterblich ineinander. Es beginnt eine unheilvolle Zeit, in der die beiden Liebenden mit allen gesellschaftlichen und religiösen Gesetzen brechen, bis sie schließlich einer Täuschung erliegen und beide an Kummer sterben.

1999

17. 1. Die Lottofee Karin Tietze-Ludwig moderiert nach 30 Jahren zum letzten Mal die Übertragung der Ziehung.

19. 2. Weimar wird zur Europäischen Kulturhauptstadt des Jahres gewählt.

24. 2. Zwei deutsche Brüder werden in Arizona wegen Raubmordes nach 15 Jahren in der Todeszelle hingerichtet.

11. 3. Oskar Lafontaine legt nach Uneinigkeiten mit Kanzler Schröder überraschend das Amt des Bundesfinanzministers und gleichzeitig auch den SPD-Parteivorsitz nieder (Abbildung).

24. 3. Die Ökosteuer wird eingeführt.

12. 4. In Wuppertal entgleist die Schwebebahn, beim acht Meter tiefen Sturz in die Wupper kommen fünf Menschen ums Leben, 45 weitere werden verletzt.

7. 5. Neugeborene ausländischer Eltern erhalten ab diesem Tag die doppelte Staatsbürgerschaft, wenn ein Elternteil seit mindestens acht Jahren rechtmäßig in Deutschland lebt.

18. 6. Der Film »Lola rennt« von Tom Tykwer wird in Berlin bei der Verleihung des deutschen Filmpreises achtmal ausgezeichnet.

5. 7. Beginn des Regierungsumzugs von Bonn nach Berlin.

6. 7. Die Abtreibungspille Mifegyne wird auf dem deutschen Markt zugelassen.

1. 8. Alle deutschen Nachrichtenagenturen stellen auf die **neue Rechtschreibung** um.

11. 8. **Totale Sonnenfinsternis.**

23. 10. Rex Gildo begeht Selbstmord.

4. 11. Beginn der **CDU-Spendenaffäre**.

10. 12. Günter Grass erhält den Nobelpreis für Literatur.

Die Teletubbies fiepen erstmals über die deutschen Mattscheiben.
Der Film »Sonnenallee« begeistert ein Millionenpublikum.

Beliebteste erste Vornamen:	Sarah	Jan
Kinder pro Frau in Ost und West:	1,15	1,41
Erwerbslosenquote West und Ost:	9,6	18,7
Bestseller Belletristik:	John Irving: »Witwe für ein Jahr«	
Bestseller Sachbuch	Waris Dirie: »Wüstenblume«	
Deutscher Fußballmeister:	FC Bayern München	
Das meistgekaufte Auto:	Golf IV, silbergrau	
Benzinpreis 1 Liter Super bleifrei:	0,94 Euro	
Der meistbesuchte Film des Jahres:	»Star Wars, Episode I«	
Wort des Jahres:	Millennium	
Unwort des Jahres:	Kollateralschaden	

Die berühmtesten deutschen Philosophen

Gottfried Wilhelm Leibniz (1646–1716)

Der Universalgelehrte stellte die kühne These auf, es gäbe eine autonome menschliche Vernunft neben einem allmächtigen, allwissenden Gott, und beantworte damit für sich die Frage, wie die Existenz Gottes mit der Freiheit des menschlichen Willens zu vereinbaren sei, eine der drängendsten Fragen der Aufklärung.

> »Alles ist also im Menschen, wie überall, im voraus sicher und bestimmt, und die menschliche Seele ist somit eine Art geistiger Automat.«
> Aus: Theodizee (1710)

Immanuel Kant (1724–1804)

Er bescheinigte dem Menschen die Fähigkeit, rational (also nicht nur instinktgesteuert und egoistisch) handeln und sich damit auch moralisch verhalten zu können.

> »So lange also die Eitelkeit der menschlichen Gemüter noch mächtig sein wird, so lange wird sich das Vorurteil auch erhalten, d. i. es wird niemals aufhören.«
> Aus: Wahre Schätzung der lebendigen Kräfte (1746)

Johann Gottlieb Fichte (1762–1814)

Er ging davon aus, dass es jedem Menschen gegeben ist, zu echter Selbsterkenntnis zu gelangen und damit auch das göttliche Gefüge der Welt zu begreifen (Abbildung nächste Seite links).

> »Jedes Schreckbild verschwindet, wenn man es fest ins Auge faßt.«
> Aus: Reden an die deutsche Nation (1807)

Georg Wilhelm Friedrich Hegel (1770–1831)

Er war der Überzeugung, dass wahre Erkenntnis und Rationalität nur dann zu erreichen sind, wenn alle Dinge und Fakten in ihrem kompletten Zusammenhang verstanden werden: Die Realität ist demnach also ein einzigartiges Ganzes.

> »Der Mut der Wahrheit, der Glaube an die Macht des Geistes ist die erste Bedingung der Philosophie.«
> Aus: Vorlesungen über die Geschichte der Philosophie (um 1837)

Arthur Schopenhauer (1788–1860)

Er führte letztlich sämtliche Handlungen und allen Wissenserwerb auf den menschlichen Willen zurück. Wille und Tat seien eins; der Wille sei eine Kraft, die den innersten Kern des menschlichen Seins ausmache (oben rechts).

>»Der Lebenslauf des Menschen besteht darin, dass er, von der Hoffnung genarrt, dem Tod in die Arme tanzt.«
>Aus: Die Welt als Wille und Vorstellung (1819)

Ludwig Feuerbach (1804–1872)

Er glaubte, dass die Vernunft alle Menschen einige, und war ein Wegbereiter moderner Humanwissenschaften wie etwa der Psychologie.

>»Der Himmel erinnert den Menschen an seine Bestimmung, daran, daß er nicht bloß zum Handeln, sondern auch zur Beschauung bestimmt ist.«
>Aus: Das Wesen des Christentums (1848)

Karl Marx (1818–1883)

Er hielt den Drang zur Arbeitstätigkeit für das eine unveränderliche Merkmal des Menschen. Das, was ein Mensch durch seine Arbeit produziere, werde aber im Kapitalismus nicht angemessen bzw. nicht gerecht entlohnt. Die Arbeiterklasse sei prädestiniert, die Missstände zu durchschauen und den Kapitalismus zu stürzen. Er gilt damit als einflussreicher Kritiker des Sozialismus und Kommunismus.

»Die Religion ist der Seufzer der bedrängten Kreatur, das Gemüt einer herzlosen Welt, wie sie Geist geistloser Zustände ist. Sie ist das Opium des Volkes.«
Aus: Zur Kritik der Hegelschen Rechtsphilosophie (1844)

Friedrich Nietzsche (1844–1890)

Er vertrat die Ansicht, es gäbe keinen Begriff von Gut und Böse (mit dieser Unterscheidung lähme das Christentum die Menschheit); den Wert von Dingen und Menschen könne man nur nach Maßstäben von Größe und Erhabenheit messen. Der »Wille zur Macht« sei dabei entscheidend. Dass Hitler sich diese Gedanken später aneignete, hat viel zu Nietzsches zwiespältigem Ruhm beigetragen (Abbildung unten links).

»Gott ist tot.«
Aus: Also sprach Zarathustra (1883)

Martin Heidegger (1889–1976)

Er wollte die abendländischen Fundamente der Philosophie (vor allem Platons Gedanke vom beseelten Menschen) niederreißen und eine ganz neue Auffassung vom Menschen etablieren. Den Nazis war Heidegger nicht linientreu genug, dennoch wird sein nationalsozialistisches Engagement – zu Recht – bis heute kontrovers diskutiert (unten rechts).

»Der Mensch ist nicht der Herr des Seienden. Der Mensch ist der Hirt des Seins.«
Aus: Brief über den »Humanismus« (1946)

Theodor W. Adorno (1903–1969) und Max Horkheimer (1895–1973)

Sie gehörten der Frankfurter Schule an, einer Gruppe von Philosophen, die nach Hitlers Machtergreifung ins amerikanische Exil gingen. In ihrem gemeinsamen Werk »Dialektik der Aufklärung« (1947) schrieben sie, dass die Basis des Fortschritts zwar zweifellos Wissenschaft und Technik seien, dass diese die Menschen aber auch entmenschlichten und instrumentalisierten und damit in die Barbarei trieben.

ADORNO: »Die Forderung, dass Auschwitz nicht noch einmal sei, ist die allererste an Erziehung. Sie geht so sehr jeglicher anderen voran, daß ich weder glaube, sie begründen zu müssen noch zu sollen.«
Aus: Stichworte (1969)

HORKHEIMER: »Je mehr Freiheit es gibt, desto mehr wird die Gerechtigkeit dadurch gefährdet, dass die Stärkeren, Gescheiteren, Geschickteren die anderen schädigen.«

Hannah Arendt (1906–1975)

Sie, die die Gefahr des Nationalsozialismus früh erkannte und bereits 1933 emigrierte, wollte das Wesen und die Moral politischer Gemeinschaften ergründen und wartete mit der These auf, die Industrialisierung habe einen politisch inaktiven Massenmenschen geschaffen, der anfällig für die totalitären Gedanken eines Hitler und eines Stalin sei.

»Der wohl hervorstechendste und auch erschreckendste Aspekt der deutschen Realitätsflucht liegt in der Haltung, mit Tatsachen so umzugehen, als handele es sich um bloße Meinungen.«
Aus: Nach Auschwitz. Essays und Kommentare 1 (1944–1965)

Jürgen Habermas (*1929)

Er vertritt die Ansicht, der Mensch müsse und könne es lernen, mittels seiner Sprachfähigkeit einen breiten Gesellschaftskonsens herzustellen, mehr Verständnis, Kommunikation und soziales Handeln zu entwickeln (anstatt ständig nach dem Zweck zu fragen) und so dem Traum der Aufklärung, der Schaffung einer idealen Gesellschaft, näherzukommen.

»Dieselben Konstellationen, die den Einzelnen in die Neurose treiben, bewegen die Gesellschaft zur Errichtung von Institutionen.«
Aus: Erkenntnis und Interesse (1968)

2000

11. 1.	Deutsche Frauen dürfen Dienst an der Waffe leisten.
18. 1.	Rücktritt von Altbundeskanzler **Helmut Kohl** als Ehrenvorsitzender der CDU; Grund ist die Spendenaffäre.
4. 2.	Das Düsseldorfer Traditionsunternehmen Mannesmann wird Teil der **vodafone** Group.
27. 2.	100. Geburtstag des FC Bayern München.
8. 4.	In Hamburg-Altona wird die erste deutsche Baby-Klappe eingerichtet.
1. 6.	Die Weltausstellung **EXPO 2000** in Hannover wird eröffnet (bis 31. 10.; Abbildung unten).
1. 7.	Das Recht auf gewaltfreie Kindererziehung wird gesetzlich festgeschrieben.
25. 7.	Bei einem Concorde-Absturz bei Paris kommen 97 Deutsche ums Leben.
21. 8.	Der **Boxer Gustav (Bui) Scholz** (Jg. 1930) stirbt.
13. 9.	Rolf Kauka (Jg. 1917), »Vater« von Fix und Foxi, stirbt.
16. 10.	Allzeittief des Euro: 0,8225 US-Dollar.
20. 10.	Aufgrund einer Haaranalyse wird dem designierten Fußballbundestrainer Christoph Daum Drogenkonsum nachgewiesen und der Vertrag gekündigt.
20. 11.	Börsengang der Deutschen Post AG.
24. 11.	In Deutschland wird der erste **BSE-Fall** bekannt.

Beliebteste erste Vornamen:	Anna	Lucas
Kinder pro Frau in Ost und West:	1,22	1,4
Erwerbslosenquote West und Ost:	8,4	18,6
Bestseller Belletristik:	Joanne K. Rowling: »Harry Potter und der Stein der Weisen«	
Bestseller Sachbuch:	Marcel Reich-Ranicki: »Mein Leben«	
Deutscher Fußballmeister:	FC Bayern München	
Das meistgekaufte Auto:	Golf IV, silbergrau	
Benzinpreis 1 Liter Super bleifrei:	0,99 Euro	
Der meistbesuchte Film des Jahres:	»American Pie«	
Wort des Jahres:	Schwarzgeldaffäre	
Unwort des Jahres:	national befreite Zone	

Bildung und Beruf

»Da steh' ich nun , ich armer Tor, und bin so klug als wie zuvor.«
JOHANN WOLFGANG VON GOETHE, Faust I

Schulpflicht

Die ersten Schulen in Deutschland gab es bereits im frühen Mittelalter. In Klosterschulen wurde, unter harten Prügelstrafen, vor allem in lateinischer Sprache auswendig gelernt. Im Jahr 1524 forderte Martin Luther die Ratsherren aller Städte auf, die allgemeine Schulpflicht einzuführen. Das Herzogtum Pfalz-Zweibrücken setzte 1592, als erstes Territorium weltweit, dieser Forderung um. Besonders schleppend setzte sich die Idee eines allgemeinen Schulbildungssystems in den katholischen Landesteilen und bei der Landbevölkerung durch. Erst Anfang des 20. Jahrhunderts war das Netz der Schulen deutschlandweit so ausgebaut, dass die allgemeine Schulpflicht überhaupt flächendeckend ausgeführt werden konnte.

Der höhere Bildungsweg war bis Ende des 19. Jahrhunderts ausschließlich Knaben vorbehalten. 1893 wurden, auf private Initiative hin, die ersten Mädchengymnasien in Karlsruhe und Berlin gegründet. Heute machen mehr Mädchen als Jungen Abitur.

Bis 1960 bestand die allgemeine Schulpflicht übrigens nur für Kinder mit deutscher Staatsangehörigkeit, ausländische Einwohner hatten lediglich ein Schulbesuchsrecht.

Bildungsabschlüsse

aller deutschen Einwohner über 15 Jahre im Jahr 2007

noch in Ausbildung	4,5 %
Volks- oder Hauptschulabschluss	40,5 %
Realschulabschluss oder Mittlere Reife	20,8 %
Fachhochschul- bzw. Hochschulreife	23,5 %
Abschluss der polytechnischen Oberschule	6,5 %
ohne Schulabschluss	3,7 %

PISA

Die PISA-Studie ist eine Erhebung der Kenntnisse und Fähigkeiten 15-Jähriger in den Fächern Mathematik, Naturwissenschaften und Lesen. Alle drei Jahre wird sie, in Zusammenarbeit mit den OECD-Ländern, durchgeführt. Die schlechten Ergebnisse der 15-jährigen Deutschen im Jahr 2000 schockten das Land. Besonders alarmierend war dabei der Zusammenhang von schulischen Leistungen und dem jeweiligen sozialen Hintergrund. Vor allem Schüler mit Migrationshintergrund sind im deutschen Bildungssystem benachteiligt. Der Anteil der Migrantenkinder, die die Hauptschule ohne Abschluss verlassen, ist doppelt so hoch wie unter den deutschen Hauptschülern. Besonders problematisch sind Ballungsräume wie Berlin, in denen Kinder, deren Familiensprache nicht Deutsch ist, bereits ab dem Kindergarten im Bildungssystem nahezu unter sich bleiben.

Insgesamt haben sich die Leistungen jedoch seit 2000 verbessert. Bei der PISA-Studie 2006 lag Deutschland in allen drei Kompetenzbereichen bereits über dem OECD-Durchschnitt.

Ein Volk – ein Fakt: 20 Prozent der deutschen Schüler bleiben einmal sitzen (am häufigsten in der 9. Klasse). Damit liegt Deutschland an der EU-Spitze. Berühmte Sitzenbleiber sind u.a. Ulrich Wickert und Harald Schmidt.

Studium

Studieren war lange Männersache. Die ersten Universitäten im heutigen Deutschland wurden Ende des 14. Jahrhunderts gegründet. Als älteste gilt die Heidelberger Universität aus dem Jahr 1385. Erst nach 1900 genehmigten die ersten deutschen Universitäten den Frauen nicht nur Gasthörerschaften, sondern nahmen sie auch offiziell als Studentinnen auf. Die meisten Studentinnen der ersten Stunde immatrikulierten sich im Fach Medizin. Lag der Frauenanteil an deutschen Unis 1950 noch bei 19,2 Prozent, erreichte er 1985 die vorläufige Höchstmarke von 50,1 Prozent. Heute bewegt er sich um die 48 Prozent.

Die 7 meistbelegten Studienfächer der Studienanfänger im Wintersemester 2006/07

Studentinnen	Studenten
BWL	BWL
Germanistik	Maschinenbau
Medizin	Informatik
Rechtswesen	Rechtswesen
Pädagogik	Elektrotechnik
Anglistik	Wirtschaftswissenschaften
Biologie	Wirtschaftsingenieurswesen

Auswahl neuer Studiengänge in Deutschland seit 2005

- Solartechnik (FH)
- Regenerative Energietechnik (FH)
- Ökolandbau und Vermarktung (FH)
- Infrastruktur und Umwelt
- Forstwissenschaft und Ressourcenmanagement
- Bio- and Environmental Engineering
- Technologien biogener Rohstoffe
- Geoinformation
- Pharmazeutische Biotechnologie
- Consumer Affairs/Verbraucherwissenschaften
- Game Development & Creation (Entwicklung von Computerspielen)

Arbeitnehmer

- Ein Viertel aller Arbeitnehmer arbeitet im produzierenden Gewerbe, nahezu ein Viertel im Handel, und etwa die Hälfte aller berufstätigen Deutschen ist im Dienstleistungsgewerbe tätig.
- Die umsatzstärksten Unternehmen des Dienstleistungssektors sind die Deutsche Telekom und die Deutsche Post AG.
- 98 Prozent aller deutschen Unternehmen sind mittelständische Betriebe, d. h. mit weniger als 500 Arbeitnehmern und einem Jahresumsatz unter 50 Millionen Euro.
- Die Hälfte aller Einwohner in Deutschland hat eine Lehre abgeschlossen. Ohne beruflichen Bildungsabschluss waren im Jahr 2007 fast 30 Prozent. Elf Prozent aller Mitbürger haben ein Studienfach abgeschlossen.

Die 10 häufigsten Berufskrankheiten

Lärmschwerhörigkeit

Asbestose (durch asbestfaserhaltigen Staub ausgelöste Lungenerkrankung)

Hauterkrankungen

Silikose (Quarzstaublungenerkrankung)

allergische Atemwegserkrankungen (durch Staub/Mikroorganismen)

Lungen- und Kehlkopfkrebs (ausgelöst durch Asbest)

Mesotheliom (bösartige Neubildung im Rippen- oder Bauchfell durch Asbest)

chronisch obstruktive Bronchitis (durch Staub/Mikroorganismen)

Rückenschäden (durch langes Sitzen oder schweres Heben)

Infektionskrankheiten

Lehrberufe

Junge Frauen entscheiden sich nach ihrem Schulabschluss, den sie im Durchschnitt wesentlich erfolgreicher beenden als ihre männlichen Mitschüler, nach wie vor für frauenspezifische Berufsausbildungen und Studienfächer. Das belegen die Zahlen des Statistischen Bundesamtes. Grundsätzlich wäre deutschen Frauen nur die Ausbildung zum Bergmechaniker sowie zum Berg- und Maschinenmann verwehrt. Unter 346 anerkannten Ausbildungsberufen wählt jedoch über die Hälfte der Schulabgängerinnen nur unter zehn Berufen aus. Diese sind mehrheitlich Dienstleistungs- bzw. Sozialberufe. Die Berufe Arzthelferin, zahnmedizinische Fachangestellte, Fachverkäuferin im Nahrungsmittelhandwerk oder Friseurin waren 2004 zu über 90 Prozent von Frauen belegt.

Damit haben sich die Frauen für Berufe entschieden, die gesellschaftlich niedriger bewertet und bezahlt werden als handwerkliche Fertigungsberufe oder technische Berufe, für die sich wiederum die Mehrheit der Männer interessiert.

Etwa ein Drittel der männlichen Azubis lässt sich zum Kraftfahrzeugmechatroniker oder Metallbauer ausbilden. Außerdem gefragt bei den männlichen Azubis sind die Lehrberufe Industriemechaniker, Elektroniker und Koch.

Aussterbende Lehrberufe

Zu den aussterbenden Handwerksberufen zählen vor allem die textilverarbeitenden Berufe wie Gerber, Stricker oder Handschuhmacher. Unter 20 Auszubildende gab es die letzten Jahre in diesen drei Lehrberufen. Nur noch äußerst magere Lehrlingszahlen gab es u. a. bei den Musikinstrumentenbauern und Bogenmachern, den Korbmachern, Thermometerbauern, Edelsteinschleifern, Backofenbauern, Seilern und Böttchern zu vermelden.

Nahezu ausgestorbene Berufe

Herrgottsschnitzer
Schirmmacher, Seifensieder
Bürstenbinder
Knopfmacher
Posamentierer (Silber- und Gold-
borten)
Klöppler
Barbier
Bogner und Armbruster

Schriftsetzer
Köhler
Scharfrichter
Hufschmied
Glöckner
Kupferstecher
Wappenmaler
Trambahnschaffner

Neue Lehrberufe seit 2006

Holz- und Bautenschützer/-in
Bestattungsfachkraft
Sport- und Fitnesskaufmann (-frau)
Servicefachkraft für Dialogmarketing (Callcenter)
Speiseeishersteller/-in,
Bergbautechnologe /-in
Automatenfachmann (-frau)
»Mats« (mathematisch-technische/r Softwareentwickler/-in)
Fachkraft für Möbel-, Küchen- und Umzugsservice

Die 10 Traumberufe deutscher Kinder zwischen 6 und 12 Jahren

Jungen	Mädchen
Fußballprofi	Tierärztin
Polizist	Lehrerin
Pilot	Ärztin
Feuerwehrmann	Sängerin
Ingenieur	Krankenschwester
Forscher	Kindergärtnerin
Automechaniker	Schauspielerin
Lehrer	Model
Arzt	Tierpflegerin
Profisportler	Polizistin

Arbeitszeiten

Während der Industrialisierung wurden Arbeiter schamlos ausgenutzt. Neugegründete Gewerkschaften versuchten Kinder- und Frauenarbeit auf zehn Stunden täglich zu begrenzen.

- Am 1. Januar 1904 trat ein Kinderschutzgesetz in Kraft, das die Beschäftigung von Kindern unter zwölf Jahren in gewerblichen Unternehmen verbietet.
- Urlaub ist im Bundesurlaubsgesetz geregelt. Bezahlter Jahresurlaub von 24 Werktagen.
- Ab 1932 arbeiteten die Deutschen erst acht Stunden am Tag. Die 40-Stunden-Woche mit Wochenende wurde zwar im Westen Mitte der 50er Jahre eingeführt, setzte sich jedoch erst ab 1975 endgültig durch.
- In den 80er Jahren führt das Bedürfnis nach Selbstverwirklichung und mehr Freizeit zu flexibleren Arbeitszeiten. Die 38,5-Stunden-Woche wurde zur Norm.
- Die Finanzkrise 2008 zwang viele Unternehmen zur Kurzarbeit. Die Angst vor Arbeitslosigkeit steigerte auf der anderen Seite die Bereitschaft der Bundesbürger, wieder längere Arbeitszeiten in Kauf zu nehmen.

Einkommen

Das höchste Jahreseinkommen in Deutschland mit 14 Millionen Euro sackte im Jahr 2008 der Chef der Deutschen Bank, Josef Ackermann, ein. Mit einem durchschnittlichen Jahreseinkommen von 92 556 Euro verdienten Geschäftsführer und Geschäftsbereichsleiter 2006 mit am meisten. Am schlechtesten werden Deutschlands Friseure bezahlt. In Brandenburg liegt der Monatstarif zwischen 464 und 755 Euro.

Auswahl tariflicher Vergütungen 2008

Beruf	Monatseinkommen West	Monatseinkommen Ost
Abteilungsleiter im Einzelhandel	2533–3939 €	2840 €–3797 €
Arbeiter im Handwerk	1235–1257 €	995–1083 €
Arzt / Ärztin (Uniklinik)	3705–4635 €	3295–4120 €
Bäcker	1518–1700 €	1190–1345 €
Briefzusteller	1641 €	1339 €
Betriebswirt	3204–4900 €	2845–4539 €
Facharzt	4890–8130 €	4325–7205€
Krankenschwester	1930–2738 €	1930–2624 €
Müllmann	1685 € (37,5-Std.-Woche)	1685 € (40-Std.-Woche)

Der Ruhestand

Rente in Deutschland

- In Deutschland leben etwa 20 Millionen Rentner, das entspricht im Vergleich zum Jahr 1993 einem Anstieg von über 30 Prozent.
- Im Jahr 2007 waren 70 Prozent aller Rentner im Westen Deutschlands zu Hause, 23 Prozent wohnten im Osten und 7 Prozent im Ausland.
- Im Vergleich zur Gesamteinwohnerzahl ist der Anteil der Rentner in Sachsen-Anhalt mit 29,4 Prozent am höchsten, mit 20,1 Prozent am geringsten.
- In absoluten Zahlen lebten mit knapp 4 Millionen Rentnern die meisten Rentner in Nordrhein-Westfalen; am wenigsten in Bremen (156 000).
- Den höchsten Frauenanteil hatte Hamburg (60,5 Prozent). Das Saarland (55,9 Prozent), Rheinland-Pfalz (57,4 Prozent) sowie Nordrhein-Westfalen und Hessen (jeweils 57,7 Prozent) hatten hingegen die niedrigsten Frauenanteile unter den Rentnern.

Der deutsche Eckrentner

Der Eckrentner ist eine fiktive Größe des deutschen Rentenrechts, mit deren Hilfe das durchschnittliche Rentenniveau berechnet wird. Wie schon der Begriff vermuten lässt, geht man davon aus, dass eine fiktive Person das 65. Lebensjahr vollendet hat und 45 Jahre lang in die gesetzliche Rentenversicherung eingezahlt hat. Der Verdienst entsprach dabei jeweils dem Durchschnittseinkommen (Bezugsgröße 2009: 30 240 € Jahreseinkommen) aller Versicherten in der gesetzlichen Rentenversicherung in diesem Zeitraum. Die Eckrente ist die bisher abschlagsfreie Rente, die der Eckrentner mit dieser Beitragsleistung erworben hat. Laut Rentenversicherungsbericht der Bundesregierung 2008 (Zahlen für 2007) beträgt die Rente des Eckrentners im Westen Deutschlands 1078 Euro und im Osten Deutschlands 941 Euro – und weicht damit zum Teil erheblich von der im Einzelfall tatsächlich ausgezahlten Rente ab.

Pensionäre

- Im Januar 2009 lag die Zahl der Pensionäre in Deutschland bei 123 400.
- Im Bereich Beamte und Richter des Bundes wurden insgesamt rund 57 000 Pensionäre versorgt, bei den Berufssoldaten waren es 55 900.
- 59 Prozent der neupensionierten Beamten und Beamtinnen sowie Richter und Richterinnen erreichten die Regelaltersgrenze von 65 Jahren. Der Anteil der Pensionierungen aufgrund von Dienstunfähigkeit vor Erreichen der Regelaltersgrenze lag bei 12 Prozent. Auf die Antragsaltersgrenze 63. und 60. Lebensjahr entfielen 10 Prozent beziehungsweise 7 Prozent der Neupensionierungen, 12 Prozent erreichten eine für sie geltende besondere Altersgrenze (Beamte und Beamtinnen der Bundespolizei). Unter den neupensionierten Berufssoldaten dominiert die besondere Altersgrenze mit einem Anteil von 85 Prozent.

2001

2. 1.	Die Bundeswehr beginnt mit der Grundausbildung von Frauen an der Waffe.
21. 1.	**Jutta Kleinschmidt** gewinnt als erste Frau die Rallye Paris-Dakar.
2. 3.	Das Ermittlungsverfahren in der CDU-Spendenaffäre gegen Ex-Bundeskanzler Kohl wird gegen eine Zahlung von 300 000 DM eingestellt.
18. 3.	Gründung der Vereinten Dienstleistungsgewerkschaft **(ver.di)** in Berlin.
6. 4.	Als erste Mannschaft in der Geschichte der Bundesliga tritt Energie Cottbus ohne einen einzigen deutschen Spieler an.
16. 5.	Die deutschen Lufthansapiloten streiken zum ersten Mal. Sie bekommen eine Lohnerhöhung von 26 Prozent.
20. 5.	Als erster ostdeutscher Verein wird der **SC Magdeburg** gesamtdeutscher Handballmeister.
4. 7.	Hannelore Kohl begeht Selbstmord.
16. 7.	**Beate Uhse** (Jg. 1919), Sex-Shop-Unternehmensgründerin und Pilotin, stirbt.
11. 9.	Terroranschläge der islamistischen **Terrororganisation al-Qaida** auf das World Trade Center in New York und das Pentagon in Washington erschüttern die ganze Welt. Rund 3000 Menschen sterben.

20. 12.   Verkürzung des Grundwehrdienstes der Bundeswehr von zehn
auf neun Monate.

22. 12.   Der Bundestag stimmt der Entsendung deutscher Streitkräfte
nach **Afghanistan** zu. Das bedeutet den ersten außereuropäischen
Kampfeinsatz für Angehörige der Bundeswehr.

Beliebteste erste Vornamen:	Anna	Niclas
Kinder pro Frau in Ost und West:	1,23	1,38
Erwerbslosenquote West und Ost:	8,0	18,8
Bestseller Belletristik:	Joanne K. Rowling: »Harry Potter und der Stein der Weisen«	
Bestseller Sachbuch:	Sebastian Haffner: »Geschichte eines Deutschen«	
Deutscher Fußballmeister:	FC Bayern München	
Das meistgekaufte Auto:	Golf IV, silbergrau	
Benzinpreis 1 Liter Super bleifrei:	1,03 Euro	
Der meistbesuchte Film des Jahres:	»Der Schuh des Manitu«	
Wort des Jahres:	der 11. September	
Unwort des Jahres:	Gotteskrieger	

Deutsche Naturforscher, Entdecker und Pioniere

Maria Sybilla Merian (1647–1717)
Zur damaligen Zeit war es eigentlich für eine Frau undenkbar, naturwissenschaftlich zu forschen. Merians Scheidung machte es ihr aber möglich, sich unabhängig zu bewegen und im Jahr 1699 eine dreijährige Reise in die südamerikanischen Tropen Surinams zu unternehmen. Sie hinterließ der Nachwelt wunderschöne Insekten- und Blumenbilder von wissenschaftlichem Wert.

George Forster (1754–1794)
Der damals 17-Jährige begleitete als Naturforscher und Chronist den berühmten Kapitän James Cook auf seiner zweiten Weltumseglung (1772 bis 1775) in den südlichen Pazifik und in das antarktische Eismeer. Seine Veröffentlichungen über die Expedition gelten als erste wissenschaftlich fundierte Reiseberichte und lösten damals unter der Leserschaft eine romantisch verklärte Begeisterung für die Südsee aus, die bis heute anhält. Forsters Begeisterung für die Gedanken der Französischen Revolution führten ihn nach Paris, wo er auch starb.

Alexander von Humboldt (1769–1859)
Der universalgelehrte Naturforscher betrieb auf seinen Expeditionen nach Mittel- und Lateinamerika und Zentralasien Feldforschung u. a. in den Bereichen Botanik, Zoologie, Physik, Chemie, Astronomie, Geologie, Mineralogie, Vulkanologie, Geographie und Klimatologie. Seine Forschungsreisen machten ihn bereits zu Lebzeiten weltberühmt. Goethe und Schiller zählten u. a. zu seinen erklärten Bewunderern. In seinem Werk »Kosmos, Entwurf einer physischen Weltbeschreibung« (1845–1862) versuchte Alexander von Humboldt, alle geltenden naturwissenschaftlichen Erkenntnisse seiner Zeit zusammenzufassen und einer möglichst breiten Leserschaft verständlich zu machen.

Charles Darwin: »Er war der größte reisende Wissenschaftler, der jemals gelebt hat.« – »Ich habe ihn immer bewundert; jetzt bete ich ihn an.«

Heinrich Barth (1821–1865)
Seine zweite Afrikareise von 1849 bis 1855 machte den Philologen, Archäologen und Afrikaforscher kurzzeitig weltberühmt. In sechs Jahren reiste Barth 18 000 Kilometer durch die damals weitgehend unerforschten

heutigen Staaten Libyen, Niger, Nigeria, Tschad und Mali. Für einen Europäer in dieser Zeit äußerst ungewöhnlich, begegnete er den Zentralafrikanern unvoreingenommen und ohne missionarisches Sendungsbewusstsein. Weil er neben der arabischen Sprache schnell mehrere afrikanische erlernte, war es ihm möglich, vieles über die Menschen und ihr Leben in Afrika unmittelbar zu erfragen. Seine akribischen Aufzeichnungen waren vielen Lesern damals zu wissenschaftlich, langatmig und tolerant. Für geographische, ethnographische und linguistische Studien sind sie bis heute ein bedeutendes Dokument. Heinrich Barth starb mit 44 Jahren, möglicherweise an den Spätfolgen einer Schussverletzung, die er 1847 in Libyen erhalten hatte.

Heinrich Schliemann (1822–1890)

Als begeisterter Leser von Homers »Ilias« war Schliemann von Kindheit an von der Wahrheit der Dichtung und der reellen Existenz Trojas überzeugt. Durch sein in verschiedenen Unternehmungen erworbenes Vermögen konnte sich der erfolgreiche Kaufmann 1848 aus dem Geschäftsleben zurückziehen und sich seinen Kindheitstraum erfüllen, nach dem sagenumwobenen Troja zu suchen. Über die Beschreibungen antiker Schriftsteller gelang es Schliemann, die vermutete Lage zu bestätigen und tatsächlich ab 1871 durch Grabungen fündig zu werden. Den Höhepunkt dieses sensationellen Fundes bildete die Bergung des legendären Schatzes des Priamos im Jahr 1873. Seiner Leidenschaft und seinem archäologischen Spürsinn sind außerdem bedeutende antike Funde in Mykene und Tiryns zu verdanken. Schliemann verstarb 1890 überraschend nach einer Ohrenoperation.

Ferdinand Graf von Zeppelin (1838–1917)

Seit einer Ballonfahrt in den USA war Graf Zeppelin von der Idee besessen, ein lenkbares Luftschiff zu konstruieren. Nach einer fast zwanzigjährigen Entwicklungsphase konnte die begeisterte Bevölkerung im Jahr 1900 die Aufstiege des ersten Zeppelins über dem Bodensee verfolgen. Ab 1909 entwickelte sich das technisch verbesserte Luftschiff zum sichersten und luxuriösesten Transportmittel für zivile Atlantiküberquerungen. Bis zu Beginn des Ersten Weltkrieges 1914 hatten sieben Luftschiffe auf über 1500 Flügen ca. 35 000 Passagiere sicher über den Atlantik gebracht. Im Krieg waren die »Zigarren« zunächst für militärische Aufklärungsflüge unverzichtbar. Durch die neuen Motorflugzeuge wurde der Zeppelin für die Luftwaffe jedoch leicht angreifbar und schnell bedeutungslos. In der zivilen Luftfahrt endete die große Zeit der Zeppeline erst mit der legendären »Hindenburg LZ 129«, die am 6. Mai 1937 im US-Bundesstaat New Jersey bei der Landung in Flammen aufging.

Otto Lilienthal (1848–1896)

Der Luftfahrtpionier gilt heute als der erste erfolgreiche Gleitflieger der Menschheit. Er studierte zunächst den Flug und die Flügel von Störchen und entwickelte aus dem natürlichen Vorbild die ersten technischen Zeichnungen für seine Flugapparate. Durch über 2000 systematische Flugversuche und die kontinuierliche Verbesserung seiner Gleitflieger gelangen ihm später Flüge bis zu 250 Metern und Luftkehrtwenden. Insgesamt konstruierte er etwa 20 bis 30 Fluggeräte, von denen sogar eines in Serie produziert wurde. Seine Erkenntnisse über die physikalischen Zusammenhänge des thermischen Auftriebs und der Tragflächenform bildeten die Grundlage für den späteren Bau der ersten Motorflugzeuge der Gebrüder Wright. Lilienthal erlag 1896 seinen schweren Verletzungen nach einem Absturz mit einem seiner Flugapparate.

Gottlieb Daimler (1834–1900)

Er entwickelte 1883 in einem Gartenhäuschen, zusammen mit seinem Freund und Wegbegleiter Wilhelm Maybach, unter strengster Geheimhaltung den ersten schnelllaufenden Benzinmotor. 1885 montierten sie ihn an ein Holzzweirad und konstruierten mit dem »Petroleumreitwagen« das erste Motorrad der Welt. Es folgten das Motorboot und, unabhängig von Carl Benz, 1886 die erste motorbetriebene Kutsche.

Carl Friedrich Benz (1844–1929)

Er baute 1885 das erste benzinbetriebene Automobil der Geschichte, das er im folgenden Jahr zum Patent anmeldete. Der dreirädrige Zweisitzer mit Benzinmotor und elektrischer Zündung hatte 0,8 PS und erreichte eine Höchstgeschwindigkeit von 18 km/h.

Bertha Benz (1849–1944)

Sie glaubte immer an ihren Mann und seine Erfindung. Um Vorbehalte auszuräumen und die Zukunftstauglichkeit des »Benz-Patent-Motor-wagens« unter Beweis zu stellen, plante sie im August 1888 eine 106 Kilometer lange Werbefahrt von Mannheim nach Pforzheim. Ohne ihren Mann einzuweihen, schob sie heimlich, mit ihren beiden Söhnen, das Gefährt vom Hof und startete mit ihnen die erste Auto-Fernfahrt der Geschichte. Getankt wurde übrigens in Apotheken, denn Benzin war damals nur dort als Reinigungsmittel zu erwerben. Die Fahrt wurde ein großer Erfolg, und schon bald gingen die ersten Bestellungen bei Benz ein.

Louise Otto-Peters (1819–1895)

Die sächsische Dichterin und Journalistin gilt als Begründerin der deutschen Frauenbewegung. Bereits 1843 forderte sie: «Die Teilnahme der Frauen an den Interessen des Staates ist nicht nur ein Recht, sondern auch eine Pflicht.« Eine von ihr 1849 herausgegebene Frauenzeitung wurde zwar bereits zwei Jahre später verboten, doch Louise Otto-Peters kämpfte weiter für die Rechte der Frauen. 1865 gründete sie den Leipziger Frauenbildungsverein, und sie berief im gleichen Jahr die erste deutsche Frauenkonferenz nach Leipzig. Trotz ihrer beachtlichen Vorarbeit wurde das Frauenwahlrecht in Deutschland erst 1919 eingeführt.

Sigmund Jähn (*1937)

Der deutsche Diplom-Militärwissenschafter und promovierte Physiker war bei der sowjetischen Luftwaffe in der DDR tätig. 1976 wurde er zum Kosmonauten berufen und flog zwei Jahre später mit der sowjetischen Raumkapsel »Sojus 31« als erster Deutscher ins All.

2002

1. 1.	Der **Euro** wird neue Währung der Europäischen Währungsunion.
6. 1.	**Sven Hannawald** gewinnt als erster Skispringer alle vier Einzelspringen der Vierschanzentournee.
1. 2.	Die Schauspielerin Hildegard Knef (Jg. 1925) stirbt.
11. 3.	Die Journalistin und Publizistin **Marion Gräfin Dönhoff** (Jg. 1909) stirbt.
8. 4.	Pleite des Medienimperiums von Leo Kirch.
26. 4.	**Amoklauf** am Erfurter Gutenberg-Gymnasium: Robert Steinhäuser (19) tötet 15 Menschen und sich selbst.
8. 6.	In Kassel startet die **Documenta 11**, Weltausstellung der Kunst (bis 15. 9.).
17. 6.	Der Fußballspieler **Fritz Walter** (Jg. 1920) stirbt.
30. 6.	Das »Obere Mittelrheintal« zwischen Bingen/Rüdesheim und Koblenz wird UNESCO-Weltkulturerbe der Menschheit.
1. 7.	Eine DHL-Frachtmaschine vom Typ Boeing 757 und ein russisches Passagierflugzeug vom Typ Tupolew Tu-154 stoßen in 11 000 Metern Höhe in der Nähe des Bodensees zusammen und stürzen ab. 71 Menschen sterben, darunter 45 Kinder und Jugendliche.
16. 9.	Eröffnung der **Pinakothek der Moderne** in München (Architekt Stephan Braunfels).
22. 9.	Bundestagswahl: SPD und Grüne behaupten knapp ihre Regierungsmehrheit.

26. 10.	Der Suhrkamp-Verleger Siegfried Unseld (Jg. 1924) stirbt.
7. 11.	Der Verleger, Publizist und Journalist **Rudolf Augstein** (Jg. 1923) stirbt.

Im August kommt es zu einer **Jahrhundertflut** an der Elbe und einigen ihrer Nebenflüsse. Dramatisch betroffen sind vor allem das Erzgebirge und Dresden, wo die Semper-Oper und Staatliche Kunstsammlungen schwer beschädigt werden. Manche Pegelstände wurden bis dato für unerreichbar gehalten. Gesamtschaden in Deutschland: etwa 15 Milliarden Euro.

Beliebteste erste Vornamen:	Anna	Jan
Kinder pro Frau in Ost und West:	1,24	1,37
Erwerbslosenquote West und Ost:	8,5	19,2
Bestseller Belletristik:	Günter Grass: »Im Krebsgang«	
Bestseller Sachbuch:	Allan & Barbara Pease: »Warum Männer lügen und Frauen immer Schuhe kaufen«	
Deutscher Fußballmeister:	Borussia Dortmund	
Das meistgekaufte Auto:	Golf IV, silbergrau	
Benzinpreis 1 Liter Super bleifrei:	1,09 Euro	
Der meistbesuchte Film des Jahres:	»Harry Potter und die Kammer des Schreckens«	
Wort des Jahres:	Teuro	
Unwort des Jahres:	Ich-AG	

Gesetz und Verbrechen

Die deutschen Grundrechte nach dem Bundesgesetzbuch

Art. 1   Schutz der Menschenwürde
Art. 2   Freie Persönlichkeitsentfaltung (Recht auf Leben und körperliche Unversehrtheit)
Art. 3   Gleichheit vor dem Gesetz
Art. 4   Glaubensfreiheit
Art. 5   Meinungsfreiheit
Art. 6   Schutz von Ehe und Familie
Art. 7   Recht auf Schulbildung
Art. 8   Versammlungsfreiheit
Art. 9   Vereinigungsfreiheit (außer, wenn sie sich gegen den Gedanken der Völkerverständigung richtet)
Art. 10   Brief-, Post- und Fernmeldegeheimnis
Art. 11   Recht auf Freizügigkeit
Art. 12   Freie Wahl des Berufes
Art. 12a Recht auf Verweigerung des Wehrdienstes
Art. 13   Unverletzlichkeit der Wohnung
Art. 14   Eigentumsrecht
Art. 15   Recht auf Gemeineigentum (z. B. Grund und Boden, Naturschätze und Produktionsmittel)
Art. 16   Staatsangehörigkeit
Art. 16a Recht auf Asyl
Art. 17   Recht auf schriftliche Bitten und Beschwerden

Frauenwahlrecht

Nach dem Sturz Kaiser Wilhelms II. und dem Ausrufen der Republik im November 1918 übernahm der Rat der Volksbeauftragten die Macht im Land und änderte das Wahlrecht. Zum ersten Mal in der deutschen Geschichte war es Frauen ab 1919 nicht nur erlaubt, an Wahlen teilzunehmen, sie konnten auch selbst für einen Sitz in der Nationalversammlung kandidieren. Für dieses Recht hatten die deutschen Frauen nahezu ein Vierteljahrhundert kämpfen müssen, und sie machten sofort eindrücklich davon Gebrauch: An den Reichstagswahlen am 19. Januar 1919 nahmen 82 Prozent aller wahlberechtigten Frauen teil, und 41 weibliche Abgeordnete zogen anschließend in den Reichstag ein. Das war eine Quote von fast zehn Prozent, die erst wieder im Bundestag von 1983 erreicht werden sollte. Die Nationalsozialisten schafften nach der Machtergreifung allerdings das passive Wahlrecht für Frauen wieder ab. Erst 1949 wurde die Gleichberechtigung im Grundgesetz festgeschrieben und auch für Wahlen selbstverständlich.

Trotzdem saßen nach der ersten Bundestagswahl 1949 nur 31 Frauen mit 378 Männern im Bundestag. Das waren nicht einmal sieben Prozent der Abgeordneten. Heute sind es immerhin 31,8 Prozent, obwohl weit über die Hälfte der wahlberechtigten Deutschen weiblich ist.

Prügelstrafe

In der DDR wurde die körperliche Züchtigung an Schulen bereits 1949 abgeschafft. In der BRD zog man erst 1973 nach. Die konservativen Bayern setzten sogar per landesgerichtlichem Beschluss für den Freistaat noch ein »gewohnheitsrechtliches Züchtigungsrecht« durch, das bis 1980 in Kraft war. Deutsche Kinder haben seit 2000 per Gesetz das ausdrückliche Recht auf eine gewaltfreie Erziehung – auch zu Hause! Die Abänderung des § 1631 BGB verbietet den Eltern nicht nur körperliche Übergriffe, sondern auch seelische Verletzungen.

Todesstrafe

Die Todesstrafe wurde 1949 in Westdeutschland abgeschafft. Drei Monate zuvor wurde die Todesstrafe zum letzten Mal am Raubmörder Richard Schuh mit dem Fallbeil vollstreckt. Dennoch wurden auf westdeutschem Boden im Dienst der US-amerikanischen Besatzungsbehörde bis 1951 Kriegsverbrecher gehängt.

In der DDR gab es die Todesstrafe bis 1987. Insgesamt 227-mal wurde die Höchststrafe in der 40-jährigen Geschichte des Arbeiter- und Bauernstaates verhängt und man schätzt, auch in mehr als zwei Dritteln der Fälle vollstreckt. Neben Nazis und Schwerverbrechern wurden auch Saboteure des SED-Regimes exekutiert. Auf insgesamt 20 Delikte stand in der DDR der Tod. Als letztes Opfer wurde im Juni 1981 der 39-jährige Stasi-Hauptmann Werner Teske durch unerwarteten Nahschuss hingerichtet. Ihm wurde vorgeworfen, sich mit geheimen Akten in den Westen absetzen zu wollen. Seine Witwe erfuhr erst nach dem Sturz der SED 1990 von seiner Hinrichtung.

Beamtenbeleidigung

Beleidigungen gegenüber Amtspersonen führen in der Regel zu Geldstrafen. Dazu zählt auch das Duzen. In den 1920er Jahren wurden jährlich etwa 50 000 Fälle von Beamtenbeleidigung verfolgt, heute sind es 200 000. Während früher hauptsächlich Schimpfwörter mit Tiernamen verwendet wurden, dominieren heute fäkale und sexuelle Ausdrücke und Gesten.

Ein Volk – ein Fakt: Weil Dieter Bohlen jeden duzt, bewertete das Gericht 2005 seine vertrauliche Art einem Polizisten gegenüber, der ihn wegen Parkens auf dem Bürgersteig maßregelte, nicht als Beamtenbeleidigung. Stefan Effenberg kostete sein »Arschloch!« 90 000 Euro, denn die Höhe der Strafsumme richtet sich u. a. nach den Einkommensverhältnissen des Angreifers.

Richtwerte für Beamtenbeleidigungen

»dienstgeile Tussi«	2000 Euro
»Schlampe«	2000 Euro
»fieses Miststück«	2500 Euro
Zunge rausstrecken	300–500 Euro
an die Stirn tippen	1000–1500 Euro
Stinkefinger zeigen	1000–4000 Euro
»Sie Schwein«	200–500 Euro
»Du Schwein«	2000 Euro

Wertvolle Rechtstipps

- Bei jeder Polizeivernehmung kann man die Aussage verweigern. Lediglich der Name, die Wohnanschrift, der Geburtstag und die Staatsangehörigkeit müssen angegeben werden.
- Polizeibeamte brauchen keinen Polizeibeschluss, wenn Gefahr im Verzug besteht.
- Jeder Bürger darf einen Straftäter, den er in flagranti erwischt, bis die Polizei kommt, notfalls mit Gewalt festnehmen.
- Mitarbeiter der Gebühreneinzugszentrale (GEZ) haben kein Recht, gegen den Willen des Bewohners die Wohnung zu betreten.

- Eine Kassiererin hat keinen juristischen Anspruch, die Handtasche einer Kundin zu untersuchen.
- Bei grobem Undank können wertvolle Geschenke zurückgefordert werden.
- Der Tatbestand des Mundraubs wurde bereits 1976 abgeschafft. Wer Lebensmittel entwendet, auch wenn er Hunger hat, macht sich des Diebstahls strafbar.
- Beim Reißverschlussverfahren müssen Autofahrer so nah wie möglich an das Hindernis fahren und erst dann die Spur wechseln. Wer ein anderes Fahrzeug nicht einfädeln lässt, begeht Nötigung
- Der Letzte muss die Zeche nicht bezahlen, wenn noch einige Getränke und Speisen nach Auflösung der Gesellschaft offenstehen.
- Strafbar ist Schwarzfahren erst dann, wenn man sich die Beförderung erschleicht. Wer ein T-Shirt mit der Aufschrift »Achtung – Ich fahre ohne Fahrschein!« trägt, dürfte eigentlich strafrechtlich nicht belangt werden.

> **Ein Volk – ein Fakt:** Wer während der Arbeit einschläft, vom Bürostuhl fällt und sich dabei verletzt, hat nur dann einen Arbeitsunfall erlitten, wenn er infolge betrieblicher Überarbeitung vom Schlaf übermannt worden ist (SozG Dortmund S 36 U 294/97).

Gruß aus Flensburg

Wenn es um Verkehrssünden geht, überschreiten Frauen annähernd so oft die zulässige Geschwindigkeit wie männliche Fahrer. Allerdings verursachen sie wesentlich seltener schwere Verkehrsunfälle, auch wenn deutsche Frauen auffallend häufiger die Vorfahrtsregeln missachten. Von der deutschen Gesamtbevölkerung ist jeder zehnte Bürger in Flensburg eingetragen. 80 Prozent davon sind Männer.

Auswahl aus 242 möglichen Ordnungswidrigkeiten aus dem Bußgeldkatalog von Flensburg

Punkte	Vergehen	Bußgeld in €
0	falsch parken	15
0	Halten in zweiter Reihe	15
0	im Winter mit Sommerreifen gefahren	20

0	beim Fahrradfahren Handy benutzt	25
0	Kfz nicht für die vorschriftsmäßige Sicherung des Kindes gesorgt	30
0	Tempoüberschreitung innerorts um 21–25 km/h	80
0	Teilnahme an illegalen Autorennen	400
1	Tempoüberschreitung innerorts um 26–30 km/h	100
1	bei laufendem Motor Handy benutzt	40
3	Vorfahrt nicht beachtet und dadurch einen Vorfahrtsberechtigten gefährdet	50
3	Ampel bei Rot überfahren	90
4	Ampel bei Rot überfahren mit Gefährdung	320 + 1 Monat Fahrverbot

Nach zwei Jahren verfallen die Punkte, wenn keine weiteren dazugekommen sind.
Bei Straftaten im Zusammenhang mit Alkohol und Drogen erlöschen die Punkte erst nach zehn Jahren.

Ein Volk – ein Fakt: Im Jahr 2007 sind rund 392 000 Personen wegen des Telefonierens am Steuer ins Flensburger Verkehrszentralregister eingetragen worden.

Korruption

Laut der Antikorruptionsorganisation Transparency International geht im internationalen Vergleich die deutsche Justiz am härtesten gegen die Bestechung von Behörden und Managern durch einheimische Firmen im Ausland vor. Nur die USA seien in der Strafverfolgung ähnlich konsequent. Mehr oder weniger unverfolgt bleiben Schmiergeldaffären u. a. in Japan, Kanada, Großbritannien und Italien. 2008 belegten allerdings Somalia, Myanmar und der Irak die hintersten Plätze auf der Internationalen Antikorruptionsliste. Als am wenigsten bestechlich galten Dänemark, Schweden und Neuseeland, dicht gefolgt von Singapur. Deutschland verbesserte sich von Platz 16 auf den 14. Rang.
In Deutschland neigen am ehesten die Unternehmen im Baugewerbe dazu, Amtsträger zu bestechen oder unzulässig Einfluss auf Entscheidungen der Regierung zu nehmen.

Straftaten in Deutschland

- 2007 wurden in Deutschland etwa 6,3 Millionen Straftaten registriert (Verkehrsdelikte sind in dieser Zahl noch nicht berücksichtigt).
- Leichter und schwerer Diebstahl machen mit zusammen 40 Prozent den Großteil der Vergehen aus.
- Ein Drittel der ca. 600 000 Diebstähle wird von Frauen begangen. Dabei handelt es sich meistens um sogenannten leichten Diebstahl. Sobald Fahrzeuge geklaut werden, steckt mit 90-prozentiger Wahrscheinlichkeit ein Mann hinter der Tat, genauso verhält es sich auch bei Raubüberfällen.
- Etwa die Hälfte aller Straftaten wird aufgeklärt. In Augsburg sind es sogar 69 Prozent. Die schlechtesten Aufklärungsraten im deutschen Städtevergleich haben Bremen und Aachen.
- Die Mordrate in Deutschland ist seit 1996 um etwa 20 Prozent zurückgegangen. Etwa 1000 Mordopfer gab es pro Jahr durchschnittlich in letzter Zeit. Ganze zehn Prozent der Morde gingen auf das Konto von Frauen.
- Deutsche Frauen ermorden meistens ihren Lebensgefährten – weil sie ihn nicht mehr lieben. Oft geht ihnen dabei ein Komplize zur Hand. Wenn deutsche Männer ihre Partnerin töten, dann weil sie von ihr nicht mehr geliebt werden.
- 95 Prozent aller Morde werden aufgeklärt.
- Die häufigsten Mordopfer in Deutschland sind Männer zwischen 18 und 25 Jahren, die von männlichen Rivalen getötet werden.

> **Ein Volk – ein Fakt:** Bei den rund 13 000 Fällen von Brandstiftung sind Frauen zu einem Fünftel beteiligt. Davon legen sie zwar doppelt so häufig fahrlässig wie vorsätzlich Feuer, was aber freilich am Schaden nichts ändert.

Gefängnis

- 2008 verbüßten über 60 000 Menschen eine Haftstrafe oder waren in Sicherungsverwahrung in einer der 195 deutschen Justizvollzugsanstalten.
- Nur fünf Prozent davon waren Frauen.
- Etwa die Hälfte aller Insassen in deutschen Gefängnissen ist zwischen 25 und 40 Jahren alt.

- Jeder Zehnte sitzt eine Jugendstrafe ab.
- Ein Drittel aller Inhaftierten verbringt weniger als neun Monate hinter Gittern.
- 25 Prozent sitzen bis zu zwei Jahren, weitere 25 Prozent bis zu fünf Jahren ein.
- Etwa 6000 Täter verbringen derzeit zwischen fünf und 15 Jahren im Knast.
- Etwa 2000 sitzen lebenslänglich, also mindestens 15 Jahre.
- Ein Drittel aller Ersthaftierten wird bereits im ersten Jahr nach der Entlassung wieder straffällig.

Die häufigsten Gründe für Gefängnisstrafen und Sicherungsverwahrungen

Diebstahl und Unterschlagung	21 %
Verstöße gegen das Betäubungsmittelgesetz	15 %
Raub und Erpressung	12 %
Schwere Körperverletzung	11 %
Betrug und Untreue	10 %
Sexualdelikte	8 %
Mord und Totschlag	7 %

Ein Volk – ein Fakt: Der »Winnetou«-Autor Karl May war nie im Wilden Westen. Seine Indianerabenteuerromane begann er im Zuchthaus zu schreiben, wo er wegen Betrugs einsaß. Er hatte sich zwischen 1864 und 1870 immer wieder als Augenarzt »Dr. Heilig« ausgegeben.

Seniorenknast

Obwohl junge Männer statistisch betrachtet wesentlich öfter straffällig werden als Senioren, macht sich der zunehmende Altersdurchschnitt der Gesellschaft auch bei Strafgefangenen bemerkbar. In Singen Hohentwiel gibt es den ersten Seniorenknast Deutschlands. Vierundfünfzig Haftplätze stehen dort für über 62-jährige Straftäter zur Verfügung, die eine Haftstrafe von mindestens 15 Monaten verbüßen müssen. Der älteste Insasse ist derzeit 77 Jahre alt. Die Hälfte der inhaftierten Männer sind Sexualstraftäter. Ein Drittel der Häftlinge verbrachte die meiste Zeit ihres Lebens hinter Gittern. Die anderen zwei Drittel wurden erst im Alter straffällig.

In einer deutschen Gefängniszelle

Justiz und Strafvollzug liegen in der Zuständigkeit der einzelnen Bundesländer. Deswegen gibt es keine bundeseinheitliche Regelung zu beiden Punkten.

Von den 63 685 Strafgefangenen in Deutschland befanden sich zum 31. März 2007 52 539 (82,51 %) im geschlossenen Vollzug und 11 138 (17,49 %) im offenen Vollzug.

Haftträume sind in der Regel auf einer Grundfläche von acht bis zehn Quadratmetern mit Bett, Tisch, Stuhl, Schrank oder Regal, Waschgelegenheit und freistehender Toilette ausgestattet. Die Fenster sind vergittert; die Tür mit einem Spion und/oder einer Klappe ausgestattet. Die weitere Ausstattung des Vollzugs ist uneinheitlich, da sie vom Alter der Anstalt, von der Klassifizierung der Insassen (Straftäter mit geringer und solche mit starker krimineller Gefährdung) und der sozialpädagogischen Ausgestaltung des Vollzugs (z. B. Wohngruppenvollzug) abhängen. Private Ergänzungen wie Fernseher, Poster, Fotos, Bücher, Kleidung, Nahrungs- und Genussmittel sind in vielen Fällen zugelassen. Die Einzelunterbringung ist oft nicht möglich, etwa wegen Überbelegung oder wenn es sich um einen kranken, suizidgefährdeten Häftling handelt.

> **Ein Volk – ein Fakt:** Die unfreiwillige Gemeinschaftsunterbringung wird von den Gerichten mitunter als Verstoß gegen die Menschenwürde bewertet, besonders wenn die Toilette nur unzureichend abgetrennt ist.

Neben den üblichen Hafträumen gibt es Beobachtungszellen (besondere Sicherungsmaßnahme), Stahlzellen (verstärkter Boden, Decke und Wände für stark ausbruchgefährdete Gefangene), Arrestzellen (klein, karg, Verbot persönlicher Dinge für die Dauer des Disziplinararrests), Schlichtzellen (mit speziell gesichertem Mobiliar für Gefangene, die randalieren), B-Zellen, auch BgH (für besonders gesicherter Haftraum) genannt (für gewalttätige und suizidgefährdete Gefangene, mit kissenartiger Ausstattung, abgerundeten Ecken, im Boden eingelassener Toilette, Fixierungsvorrichtungen, Kameras, zwei Zugängen. Der BgH ist keine Straf-, sondern eine Sicherungsmaßnahme; die Notwendigkeit der Fortdauer dieser Unterbringung wird fortlaufend geprüft).

Ein Volk – ein Fakt: Der durchschnittliche Stundenverdienst eines Gefangenen belief sich 2005 auf etwa 1 Euro 35.

Kriminelles Deutschland

Folgende Großstädte (über 100000 Einwohner) hatten 2007 die höchste Kriminalitätsrate: Frankfurt am Main, Hannover, Bremen, Berlin, Bremerhaven, Hamburg, Düsseldorf, Koblenz, Leipzig, Saarbrücken. Die wenigsten Straftaten gab es in Bergisch Gladbach, Solingen und Remscheid.

2007 wurden deutschlandweit ca. 92000 Taschen gestohlen gemeldet. Die meisten Taschen (pro Einwohner) wurden in folgenden Städten (über 200000 Einwohner) entwendet: Köln, Düsseldorf, Hamburg, Bonn, Berlin, Hagen, Aachen; und die wenigsten in: Potsdam, Augsburg und Schwerin.

Außerdem wurden in ganz Deutschland im Jahr 2007 etwa 372000 Fahrräder geklaut. Die meisten, bezogen auf die Einwohnerzahl, in: Münster, Bremen, Magdeburg, Rostock, Lübeck, Freiburg im Breisgau, Hannover; und die wenigsten in: Stuttgart, Hagen und Wuppertal.

Die meisten der insgesamt 39500 geklauten Kraftfahrzeuge verschwanden 2007 in: Schwerin, Magdeburg, Rostock und Aachen, Berlin, Hamburg, Saarbrücken und Essen. Die wenigsten in: Augsburg, Nürnberg und München.

Verbrechen, die Deutschland bewegten, prägten, spalteten und einten

Am 1. August 1771 tötete die Frankfurter Dienstmagd Susanna Margaretha Brandt ihren unehelichen, neugeborenen Sohn. Im Januar 1772 wurde sie geköpft. Johann Wolfgang von Goethe, damals Rechtsanwalt, lieferte sie das Vorbild für die Gretchentragödie im »Urfaust«.

Im Juni 1922 wurde der Außenminister des Deutschen Reichs, **Walther Rathenau**, von ehemaligen Reichswehroffizieren erschossen.

Am 1. November 1957 wurde **Rosemarie Nitribitt**, eine Frankfurter Prostituierte, mit einer Platzwunde am Kopf und Würgemalen am Hals tot in ihrer Wohnung gefunden, vermutlich etwa drei Tage nach ihrem Tod. Bei den polizeilichen Ermittlungen stellte sich heraus, dass sie Kontakt zu bedeutenden Persönlichkeiten hatte. Da der Mordfall bis heute nicht aufgeklärt werden konnte, entstand schnell der Eindruck, dass bestimmte Kreise aus Wirtschaft und Politik die Aufklärung zu verhindern suchten. Im Verlauf der Ermittlungen kam es zu mehreren Pannen, einige Akten verschwanden spurlos. Der Hauptverdächtige Heinz Pohlmann, ein Handelsvertreter und Freund Nitribitts, wurde im Juli 1960 aus Mangel an Beweisen freigesprochen. Das Verbrechen wurde bis heute nicht aufgeklärt.

Während der sechziger Jahre war die Hamburger Packerin Gisela Werler an 19 Banküberfällen beteiligt und erbeutete 400 000 D-Mark – bis dahin Nachkriegsrekord. Die Bevölkerung war fasziniert von der »**Banklady**«, die im Dezember1967 in Bad Segeberg gefasst und zu neun Jahren Gefängnis verurteilt wurde. Nach ihrer Freilassung führte sie bis zu ihrem Tod 2004 ein unauffälliges Leben.

Im November 1971 wurde der Lebensmitteldiscounter-Unternehmer **Theodor Albrecht** entführt und siebzehn Tage später gegen ein Lösegeld von sieben Millionen D-Mark freigelassen. Die beiden Täter wurden gefasst.

Im September 1972 verübte die palästinensische Terrororganisation »**Schwarzer September**« einen Terroranschlag auf das olympische Dorf in München. 17 Menschen starben.

Im April 1975 überfiel ein Terrorkommando die **deutsche Botschaft in Stockholm**. Das Kommando nahm Geiseln und forderte die Freilassung der 26 Mitglieder der Baader-Meinhof-Gruppe. Zwei Menschen wurden erschossen, die Täter auf der Flucht gefasst.

Im Dezember 1976 wurde der Industriellensohn **Richard Oetker** entführt und nach zwei Tagen, schwer verletzt durch Stromstöße, die ihm in einer viel zu engen Kiste zugefügt wurden, gegen ein Lösegeld von 21 Millionen D-Mark freigelassen. Der Entführer wurde gefasst.

Im November 1976 wurde der Springreiter und Unternehmer **Hendrik Snoek** in Münster entführt. Nach Zahlung eines Lösegeldes von fünf Millionen D-Mark wurde er aus dem Kabelschacht einer Autobahnbrücke befreit. Die Täter wurden gefasst.

Im Herbst 1977, dem sogenannten Deutschen Herbst der RAF-Terrorgewalt, wurde Arbeitgeberpräsident **Hanns Martin Schleyer** ermordet und die von Palestinensern entführte Lufthansa-Maschine »Landshut« nach tagelanger Odyssee in Mogadischu von der Antiterrorismuseinheit GSG 9 gestürmt.

1980 ging auf dem **Münchner Oktoberfest** die Bombe eines Rechtsradikalen hoch. 13 Menschen starben.

Im März 1981 erschoss **Marianne Bachmeier** in einem Lübecker Gerichtssaal den Mörder ihrer siebenjährigen Tochter Anna, den vorbestraften Sexualtäter Klaus Grabowski. Viele Menschen zeigten Verständnis für die alleinerziehende Mutter, andere verwiesen auf die Verletzung des Rechtsstaates. Bachmeier war nach ihrer Verurteilung drei Jahre wegen Totschlags in Haft.

Im August 1986 wurden die Leichen der Schwestern Melanie (7) und Karola (5) in Weimar entdeckt. Es konnte nie zweifelsfrei geklärt werden, wer die Kinder umgebracht hat. Hauptverdächtige waren die Eltern, Monika und Reinhard Weimar. Monika Weimar verbüßte nach mehreren Prozessen eine 20-jährige Haftstrafe.

Im Dezember 1987 wurden eine Tochter und ein Sohn des Drogerieunternehmers **Anton Schlecker** aus dem Elternhaus entführt. Die Täter erpressten 9,6 Millionen D-Mark, die Kinder überlebten. Erst 1998, nach einem Bankraub, wurden die Täter gefasst.

Im Mai 1988 ließ **Arno Funke** im Berliner »Kaufhaus des Westens« eine Bombe hochgehen und erpresste eine halbe Million D-Mark. Sechs Jahre lieferte sich der technisch versierte Funke alias **Dagobert** ein Katz-und-Maus-Spiel mit seinen Verfolgern. Nachdem er auch durch ferngesteuerte Geldabwurfgeräte, Schienenvehikel, Attrappen und Kleinst-U-Boote nicht an weiteres Lösegeld gekommen war, wurde er 1994 verhaftet und zu neun Jahren Haft verurteilt.

Im August 1988 lieferten sich Hans-Jürgen Rösner und Dieter Degowski nach einem Banküberfall mit **Geiselnahme** eine mehrtägige Verfolgungsjagd mit der Polizei. Die Verfolgung geriet zum Medienspektakel. Die Verbrecher gaben sogar Live-Interviews. Zwei Geiseln starben.

Im Mai 1993 starben bei einem **Brandanschlag** von Rechtextremen auf ein von Türken bewohntes Haus in **Solingen** fünf Menschen. Der Haupttäter wurde zu 15 Jahren Gefängnis verurteilt.

Im März 1996 wurde der Hamburger Mäzen, Multimillionär und u. a. Stifter und Vorstand des Hamburger Instituts für Sozialforschung **Jan Philipp Reemtsma** entführt. Die Täter ließen ihn nach 33 Tagen gegen ein Lösegeld von 30 Millionen D-Mark frei. Der Haupttäter wurde gefasst.

Im September 2002 wurde der Bankierssohn **Jakob von Metzler** entführt. Der Täter, der ein Lösegeld forderte, nachdem er den Jungen bereits getötet hatte, verbüßt eine lebenslange Freiheitsstrafe.

Im April 2002 erschoss **Robert Steinhäuser** im Erfurter Gutenberg-Gymnasium 16 Menschen, bevor er die Waffe gegen sich selbst richtete.

Der Schweizer **Helg Sgarbi** erschlich sich zunächst rund sieben Millionen Euro von der BMW-Großaktionärin Susanne Klatten und versuchte dann, sie mit kompromittierendem Material um weitere 40 Millionen zu erpressen. Im März 2009 wurde Sgarbi zu sechs Jahren Haft verurteilt.

Im März 2009 erschoss Tim K. an der Albertville-Realschule in **Winnenden** und in Wendlingen 15 Menschen. Nach einer Irrfahrt richtete er die Waffe gegen sich selbst.

2003

1. 2.	Für einen Monat übernimmt Deutschland den Vorsitz im **Weltsicherheitsrat.**
3. 3.	Der Schauspieler **Horst Buchholz** (Jg. 1933) stirbt.
20. 3.	Ausbruch des dritten Golfkriegs **(Irakkrieg).**
24. 3.	Demonstration von 20 000 Schülerinnen und Schülern »Jugend gegen den Krieg« in Hamburg.
28. 5.	Erster Ökumenischer Kirchentag (in Berlin, bis 1.6.).
30. 5.	Der Schauspieler Günter Pfitzmann (Jg. 1924) stirbt.
1. 6.	Das neue Ladenschlussgesetz tritt in Kraft.
5. 6.	Der FDP-Politiker **Jürgen Möllemann** (Jg. 1945) stirbt bei einem Fallschirmsprung.
Juni	In Ostdeutschland bleibt ein vierwöchiger Streik der IG Metall für die Einführung der 35-Stunden-Woche ohne Erfolg.
16. 7.	Das Maskottchen des NDR, das Walross Antje (*1976), stirbt.
30. 7.	Im Volkswagenwerk in Pueblo (Mexiko) rollt der der **letzte VW Käfer** vom Band.
August	Hoch Michaela sorgt in ganz Europa für Dürre und Hitze: eine der schwersten Naturkatastrophen Europas der vergangenen hundert Jahre. Tausende Menschen sterben und Milliardenschäden entstehen.
10. 10.	Das Wasserstraßenkreuz Magdeburg (Doppelsparschleuse Hohenwarthe und die 918 Meter lange Kanalbrücke Magdeburg, die größte Europas) wird in Betrieb genommen.

12. 10.   Die deutschen Frauen gewinnen die **Fußballweltmeisterschaft** gegen Schweden (2:1).
Michael Schumacher wird zum sechsten Mal Formel-1-Weltmeister.

9. 12.   Nach gut zwei Jahren scheitert der Hamburger Senat aus CDU, FDP und der Partei rechtsstaatlicher Offensive (Gründer Ronald Schill). Neuwahlen werden ausgerufen.

Dezember   Wegen technischer Probleme kann das satellitengestützte **Autobahnmautsystem** nicht planmäßig in Betrieb genommen werden.

Beliebteste erste Vornamen:	Anna	Jan
Kinder pro Frau in Ost und West:	1,26	1,36
Erwerbslosenquote West und Ost:	9,3	20,1
Bestseller Belletristik:	Joanne K. Rowling: »Harry Potter und der Orden des Phönix«	
Bestseller Sachbuch:	Michael Moore: »Volle Deckung, Mr. Bush«	
Deutscher Fußballmeister:	FC Bayern München	
Das meistgekaufte Auto:	Golf V, silbergrau	
Benzinpreis 1 Liter Super bleifrei:	1,15 Euro	
Der meistbesuchte Film des Jahres:	»Findet Nemo«	
Wort des Jahres:	das alte Europa	
Unwort des Jahres:	Tätervolk	

Die Bundeswehr

Nach der Gründung der Bundesrepublik Deutschland 1949 war es Deutschland als Folge des Zweiten Weltkriegs nicht erlaubt, über eigene Streitkräfte zu verfügen. Wegen der sowjetischen Aufrüstungspolitik wurde der BRD 1951 der Aufbau einer Grenzschutzpolizei zugestanden, ab 1955 auch die Aufstellung von Streitkräften, auch um der NATO beitreten zu können. Nach der Wende 1990 wurden Teile der Nationalen Volksarmee der DDR in die Bundeswehr übernommen.

Oberbefehlshaber	Bundesminister der Verteidigung (im Frieden), Bundeskanzler (im Verteidigungsfall)
aktive Soldaten	250 831 (Frauenanteil: 8,6 %)
Wehrpflicht	9 Monate (1959 eingeführt)
Soldatinnen	seit 2001 uneingeschränkter Dienstzugang
Anteil der Soldaten	an der Gesamtbevölkerung 0,3 %
Militärbudget	31,1 Mrd. Euro

Die Bundeswehr verfügte 2008 u. a. über folgende Ausrüstungen

- 390 Kampfpanzer
- 520 Schützenpanzer
- 210 Panzerhaubitzen und Raketenwerfer
- 340 Pionier- und Bergepanzer
- 2700 gepanzerte Rad- und Kettenfahrzeuge
- 870 geschützte Radfahrzeuge (besonders für Auslandseinsätze)
- 300 strahlgetriebene Kampfflugzeuge
- 460 Hubschrauber
- 100 Transportflugzeuge
- 15 Fregatten
- 12 Unterseeboote

Laufende Auslandseinsätze der Bundeswehr

Seit 1990 wird die Bundeswehr zu friedenserhaltenden oder -sichernden Maßnahmen auch außerhalb der deutschen Grenzen eingesetzt. Nach dem zweiten Golfkrieg beteiligte sich die deutsche Marine 1991 erstmals an Minenräumaktionen im Persischen Golf. 1999 nahm die Bundesrepublik im Kosovo (erstmalig seit ihrer Gründung 1949) mit 500 Einsätzen aktiv an einem Krieg teil. Bis heute sind dort 2600 deutsche Soldaten stationiert. Insgesamt sind derzeit etwa 7400 Soldaten im Auslandseinsatz, davon 260 Soldatinnen.

Seit	Gebiet	Soldaten	Maßnahme
1994	Georgien	12	UN-Mission: waffenloser Einsatz zur Überwachung des Waffenstillstandes in Abchasien und zur medizinischen Versorgung
1999	Kosovo	2600	unter NATO-Führung: KFOR-Truppen zur Überwachung des Waffenstillstandes und zur Entwicklung von professionellen, demokratischen und multiethnischen Sicherheitsstrukturen
2001	Mittelmeer	1 U-Boot mit 24 Mann	Operation: Active Endeavour unter NATO-Führung, um potenzielle terroristische Anschläge auf den Seeverkehr zu verhindern
2002	Horn von Afrika	800	Operation: Enduring Freedom, unter US-Führung wird versucht, den illegalen Transport von Waffen, Drogen oder Munition zu unterbinden, der dem internationalen Terrorismus dienen könnte
2002	Afghanistan	3800	seit 2003 unter NATO-Führung, zur Wahrung der inneren Sicherheit und der Menschenrechte
2004	Bosnien-Herzegowina	120	unter EU-Führung, zur Unterstützung und Versorgung
2005	Sudan	40	unter UN-Führung, zur Überwachung des Friedensabkommens
2006	Libanon	230	unter UN-Führung, zur Überwachung des angestrebten Waffenstillstandes, gegen Waffenschmuggel und zur Minenräumung
2008	Golf von Aden	230	Operation Atalanta unter EU-Führung, zur Bekämpfung der Piraterie

2004

23. 1.	Der deutsch-jüdische Fotograf Helmut Newton (Jg. 1920) stirbt.
6. 2.	Bundeskanzler Gerhard Schröder gibt den Parteivorsitz der SPD an Franz Müntefering ab.
7. 3.	Sprengung des größten Bürohochhauses Europas: der »Lange Oskar« (Baujahr 1975, 98 Meter hoch) in Hagen fällt.
11. 3.	Islamistischer Terroranschlag auf Madrider Zug. 191 Menschen sterben. Über 1500 werden verletzt.
3. 4.	Rund eine halbe Million Menschen demonstriert u. a. in Berlin, Köln und Stuttgart gegen den Reformkurs (Hartz IV) der Bundesregierung.
6. 4.	In Deutschland starten erste Versuche mit gentechnisch verändertem Weizen.
1. 5.	EU-Osterweiterung um zehn weitere Mitglieder: Estland, Lettland, Litauen, Malta, Polen, Slowakei, Slowenien, Tschechische Republik, Ungarn, Republik Zypern.
23. 5.	Horst Köhler wird von der Bundesversammlung zum Bundespräsidenten gewählt.
1. 7.	Amtsantritt von Horst Köhler.
2. 8.	Sondersteuer auf Alkopops tritt in Kraft.
5. 8.	Bei der größten Exhumierungsaktion in Deutschland nach dem Krieg werden die ersten von 42 Gräbern geöffnet. Ein Kranken-

pfleger des Sonthofener Krankenhauses hatte gestanden, Patienten durch Spritzen getötet zu haben.

2. 9. Bei einem Brand in der Herzogin **Anna Amalia Bibliothek** in Weimar werden Tausende von Büchern, Originalausgaben und Raritäten zerstört und beschädigt.

5. 10. Mit 27,25 Grad Celsius der wärmste 5. Oktober in Deutschland seit 125 Jahren.

17. 11. Das Bundeskabinett beschließt die Entsendung von zwei Transall-Flugzeugen mit etwa 200 Soldaten zur Unterstützung des Transports von OAU-(Organisation für Afrikanische Einheit-)Soldaten in die Region Darfur im Sudan.

26. 12. Ein Erdbeben im Indischen Ozean löst einen **Tsunami** aus, der weite Teile Indiens, Sri Lankas, Thailands, Malaysias und Indonesiens verwüstet. Knapp 240 000 Menschen sterben.

August bis Oktober: An vielen Orten demonstrieren Zigtausende gegen die **Hartz-IV-Gesetze.**

Beliebteste erste Vornamen:	Marie	Lucas
Kinder pro Frau in Ost und West:	1,31	1,36
Erwerbslosenquote West und Ost:	9,4	20,1
Bestseller Belletristik:	Dan Brown: »Sakrileg«	
Bestseller Sachbuch:	Susanne Fröhlich: »Moppel-Ich«	
Deutscher Fußballmeister:	Werder Bremen	
Das meistgekaufte Auto:	Golf V, silbergrau	
Benzinpreis 1 Liter Super bleifrei:	1,17 Euro	
Der meistbesuchte Film des Jahres:	»(T)Raumschiff Surprise – Periode I«	
Wort des Jahres:	Hartz IV	
Unwort des Jahres:	Humankapital	

Wie wird man deutscher Staatsbürger?

Die deutsche Staatsangehörigkeit erwirbt ein Mensch durch sogenannten gesetzlichen Automatismus (de lege):

- durch Geburt, wenn zu dieser Zeit mindestens ein Elternteil Deutscher ist.
- durch Adoption: Minderjährige erwerben die deutsche Staatsangehörigkeit, wenn einer der Annehmenden Deutsche(r) ist und die Adoption nach deutschem Recht als Volladoption wirksam ist. Volljährige erwerben dagegen die deutsche Staatsbürgerschaft grundsätzlich nicht durch Adoption.
- durch Übersiedlung nach Deutschland als deutsche Volkszugehörige (Aussiedler, Spätaussiedler).
- durch Geburt im Inland, wenn ein Elternteil zu diesem Zeitpunkt seit acht Jahren seinen gewöhnlichen, rechtmäßigen Aufenthalt in Deutschland hat und ein unbefristetes Aufenthaltsrecht besitzt.

Ein Volk – ein Fakt: Ein Findelkind, das im Inland aufgefunden wird, gilt bis zum Beweis des Gegenteils als Kind eines Deutschen.

Die Einbürgerung ausländischer Staatsbürger oder Staatenloser kann auf Antrag auch durch Verwaltungsakt geschehen:

- kraft Rechtsanspruchs, wenn die Voraussetzungen eines gesetzlichen Anspruchs vorliegen
- Soll-Einbürgerung, wenn der Aspirant bereit ist, seine bisherige Staatsbürgerschaft zu verlieren (die Behörde darf nur in Ausnahmen und aufgrund besonderer rechtfertigender Gründe den Erwerb der Staatsangehörigkeit versagen)
- Kann-Einbürgerung nach pflichtgemäßem Ermessen der Staatsbürgerschaftsbehörde

Im Jahr 2007 wurden rund 113 000 Menschen in Deutschland eingebürgert. Davon hat etwa die Hälfte auch noch eine weitere Staatsangehörigkeit. Knapp zwei Drittel der eingebürgerten Ausländerinnen und Ausländer kamen aus:

Türkei	25,5 %	(28 861)
Serbien, Montenegro	9,3 %	(10 458)
Polen	4,8 %	(5479)
Ukraine	3,9 %	(4454)
Irak	3,6 %	(4102)
Russische Föderation	3,6 %	(4069)
Rumänien	3,1 %	(3502)
Marokko	3,1 %	(3489)
Iran	2,8 %	(3121)
Afghanistan	2,5 %	(2831)

Ein Volk – ein Fakt: Man nutzte ein Detail des damaligen Beamtenrechts, um den Österreicher Adolf Hitler als deutschen Staatsbürger wählbar für politische Ämter im Deutschen Reich zu machen: Wer zum Beamten ernannt wurde, bekam den Status eines Reichsangehörigen zugestanden. Der erste Anlauf scheiterte jedoch, da der Sozialdemokrat Hermann Brill es ablehnte, Hitler zum thüringischen Polizeibeamten zu ernennen, da Hitler seinen Dienst als Polizeibeamter nie ausüben würde. Man verwarf die Idee, Hitler zum Professor der Technischen Hochschule Braunschweig zu machen, und verfiel schließlich darauf, ihn in der Braunschweiger Landesvertretung in Berlin zum Braunschweiger Regierungsrat zu ernennen. Als solcher trat er 1932 zur Reichspräsidentenwahl an.

»Der Pass ist der edelste Teil von einem Menschen. Er kommt auch nicht auf so einfache Weise zustande wie ein Mensch. Ein Mensch kann überall zustande kommen, auf leichtsinnigste Art und ohne gescheiten Grund, ein Pass niemals. – Dafür wird er auch anerkannt, wenn er gut ist, während ein Mensch noch so gut sein kann und doch nicht anerkannt wird.«
Bertolt Brecht

Der Einbürgerungstest – solides staatsbürgerliches Wissen ist gefragt

Seit dem 1. September 2008 muss jeder Zuwanderer, der einen deutschen Pass haben möchte und keinen deutschen Schulabschluss (mindestens Hauptschule) vorweisen kann, den neuen, bundeseinheitlichen Einbürgerungstest bestehen: Damit soll unter Beweis gestellt werden, dass dem

Aspiranten das Land, seine Gesellschaft und ihre Werteordnung bekannt sind. Befreit sind alle, die noch nicht 16 Jahre alt oder wegen Krankheit, Behinderung oder aus Altersgründen beeinträchtigt sind.

Der Katalog aus 310 Multiple-Choice-Fragen wurde im Auftrag des Bundesinnenministeriums von dem renommierten Institut zur Qualitätsentwicklung im Bildungswesen (IQB) an der Humboldt-Universität in Berlin entwickelt. Aus dem Katalog werden dann jeweils 33 Fragen ausgewählt. Es geht um die Themenbereiche »Leben in der Demokratie«, »Geschichte und Verantwortung« sowie »Mensch und Gesellschaft«, außerdem um das jeweilige Bundesland, in dem der Teilnehmer lebt. 17 Fragen müssen innerhalb von 60 Minuten richtig beantwortet werden. Der umstrittene Test kann beliebig oft wiederholt werden. Er ersetzt freilich nicht den für die Einbürgerung erforderlichen Nachweis bestimmter deutscher Sprachkenntnisse (Sprachniveau B1).

Für die Vorbereitung auf den Test werden schriftliche Erläuterungen angeboten, außerdem gibt es Kurse. Über Einzelheiten informieren die Stadt- und Kreisverwaltungen.

Testen Sie sich selbst

1. In Deutschland dürfen Menschen offen etwas gegen die Regierung sagen, weil …
   a) hier Religionsfreiheit gilt.
   b) die Menschen Steuern zahlen.
   c) die Menschen das Wahlrecht haben.
   d) hier Meinungsfreiheit gilt.

2. Deutschland ist ein Rechtsstaat. Was ist damit gemeint?
   a) Alle Einwohner / Einwohnerinnen und der Staat müssen sich an die Gesetze halten.
   b) Der Staat muss sich nicht an die Gesetze halten.
   c) Nur Deutsche müssen die Gesetze befolgen.
   d) Die Gerichte machen die Gesetze.

3. In Deutschland können Eltern bis zum 14. Lebensjahr ihres Kindes entscheiden, ob es in der Schule am …
   a) Geschichtsunterricht teilnimmt.
   b) Religionsunterricht teilnimmt.
   c) Politikunterricht teilnimmt.
   d) Sprachunterricht teilnimmt.

4. Welches Recht gehört zu den Grundrechten in Deutschland?
   a) Waffenbesitz.
   b) Faustrecht.
   c) Meinungsfreiheit.
   d) Selbstjustiz.

5. Wie heißt die deutsche Verfassung?
   a) Volksgesetz.
   b) Bundesgesetz.
   c) Deutsches Gesetz.
   d) Grundgesetz.

6. Eine Partei im Deutschen Bundestag will die Pressefreiheit abschaffen. Ist das möglich?
   a) Ja, wenn mehr als die Hälfte der Abgeordneten im Bundestag dafür sind.
   b) Ja, aber dazu müssen zwei Drittel der Abgeordneten im Bundestag dafür sein.
   c) Nein, denn die Pressefreiheit ist ein Grundrecht. Es kann nicht abgeschafft werden.
   d) Nein, denn nur der Bundesrat kann die Pressefreiheit abschaffen.

7. Was versteht man unter dem Recht der »Freizügigkeit« in Deutschland?
   a) Man darf sich seinen Wohnort selbst aussuchen.
   b) Man kann seinen Beruf wechseln.
   c) Man darf sich für eine andere Religion entscheiden.
   d) Man darf sich in der Öffentlichkeit nur leicht bekleidet bewegen.

8. Die Bundesrepublik Deutschland ist heute gegliedert in ...
   a) vier Besatzungszonen.
   b) einen Oststaat und einen Weststaat.
   c) 16 Kantone.
   d) Bund, Länder und Kommunen.

9. Jeder/jede Staatsangehörige muss ...
   a) immer einen Reisepass dabeihaben.
   b) mit Vollendung des 16. Lebensjahres einen gültigen Personalausweis oder einen gültigen Reisepass besitzen.
   c) immer eine Krankenkassenkarte dabeihaben.
   d) mit Vollendung des 18. Lebensjahres einen Führerschein besitzen.

10. Was bedeutet »aktives Wahlrecht« in Deutschland?
    a) Man kann gewählt werden.
    b) Man muss wählen gehen.
    c) Man kann wählen.
    d) Man muss zur Auszählung der Stimmen gehen.

11. Wahlen in Deutschland sind frei. Was bedeutet das?
    a) Alle verurteilten Straftäter/Straftäterinnen dürfen nicht wählen.
    b) Wenn ich wählen gehen möchte, muss mein Arbeitgeber/meine Arbeitgeberin mir freigeben.
    c) Jede Person kann ohne Zwang entscheiden, ob sie wählen möchte und wen sie wählen möchte.
    d) Ich kann frei entscheiden, wo ich wählen gehen möchte.

12. Viele Menschen in Deutschland arbeiten in ihrer Freizeit ehrenamtlich. Was bedeutet das?
    a) Sie arbeiten als Soldaten/Soldatinnen.
    b) Sie arbeiten freiwillig und unbezahlt in Vereinen und Verbänden.
    c) Sie arbeiten in der Bundesregierung.
    d) Sie arbeiten in einem Krankenhaus und verdienen dabei Geld.

13. Was ist bei Bundes- und Landtagswahlen in Deutschland erlaubt?
    a) Der Ehemann wählt für seine Frau mit.
    b) Man kann durch Briefwahl seine Stimme abgeben.
    c) Man kann am Wahltag telefonisch seine Stimme abgeben.
    d) Kinder ab dem Alter von 14 Jahren dürfen wählen.

14. Wann kommt es in Deutschland zu einem Prozess vor Gericht? Wenn jemand …
    a) zu einer anderen Religion übertritt.
    b) eine Straftat begangen hat und angeklagt wird.
    c) eine andere Meinung als die, welche die Regierung vertritt.
    d) sein Auto falsch geparkt hat und es abgeschleppt wird.

15. Was ist eine Aufgabe der Polizei in Deutschland?
    a) das Land zu verteidigen.
    b) die Bürgerinnen und Bürger abzuhören.
    c) die Gesetze zu beschließen.
    d) die Einhaltung von Gesetzen zu überwachen.

16. Wer kann Gerichtsschöffe/Gerichtsschöffin in Deutschland werden?
a) Alle in Deutschland geborenen Einwohner/Einwohnerinnen über 18 Jahre.
b) Alle deutschen Staatsangehörigen älter als 24 und jünger als 70 Jahre.
c) Alle Personen, die seit mindestens 5 Jahren in Deutschland leben.
d) Nur Personen mit einem abgeschlossenen Jurastudium.

17. Was war am 8. Mai 1945?
a) Tod Adolf Hitlers.
b) Beginn des Berliner Mauerbaus.
c) Wahl von Konrad Adenauer zum Bundeskanzler.
d) Ende des Zweiten Weltkriegs in Europa.

18. Claus Schenk Graf von Stauffenberg wurde bekannt durch …
a) eine Goldmedaille bei den Olympischen Spielen 1936.
b) den Bau des Reichstagsgebäudes.
c) den Aufbau der Wehrmacht.
d) das Attentat auf Hitler am 20. Juli 1944.

19. Soziale Marktwirtschaft bedeutet, die Wirtschaft …
a) steuert sich allein nach Angebot und Nachfrage.
b) wird vom Staat geplant und gesteuert, Angebot und Nachfrage werden nicht berücksichtigt.
c) richtet sich nach der Nachfrage im Ausland.
d) richtet sich nach Angebot und Nachfrage, aber der Staat sorgt für einen sozialen Ausgleich.

20. Wie endete der Zweite Weltkrieg in Europa offiziell?
a) mit dem Tod Hitlers.
b) durch die bedingungslose Kapitulation Deutschlands.
c) mit dem Rückzug der Deutschen aus den besetzten Gebieten.
d) durch eine Revolution in Deutschland.

21. Was bedeutet im Jahr 1989 in Deutschland das Wort »Montagsdemonstration«?
a) In der Bundesrepublik waren Demonstrationen nur am Montag erlaubt.
b) Montags waren Demonstrationen gegen das DDR-Regime.
c) Am ersten Montag im Monat trafen sich in der Bundesrepublik Deutschland Demonstranten.
d) Montags demonstrierte man in der DDR gegen den Westen.

22. Welches Grundrecht ist in Artikel 1 des Grundgesetzes garantiert?
    a) die Unantastbarkeit der Menschenwürde.
    b) das Recht auf Leben.
    c) Religionsfreiheit.
    d) Meinungsfreiheit.

23. Eine Partei in Deutschland verfolgt das Ziel, eine Diktatur zu errichten. Sie ist dann …
    a) tolerant.
    b) rechtsstaatlich orientiert.
    c) gesetzestreu.
    d) verfassungswidrig.

24. Wie viele Bundesländer hat die Bundesrepublik Deutschland?
    a) 14
    b) 15
    c) 16
    d) 17

25. Die Zusammenarbeit von Parteien zur Bildung einer Regierung nennt man …
    a) Einheit.
    b) Koalition.
    c) Ministerium.
    d) Fraktion.

26. Was ist in Deutschland vor allem eine Aufgabe der Bundesländer?
    a) Verteidigungspolitik.
    b) Außenpolitik.
    c) Schulpolitik.
    d) Wirtschaftspolitik.

27. Welche Religion hat die europäische und deutsche Kultur geprägt?
    a) das Christentum.
    b) der Hinduismus.
    c) der Buddhismus.
    d) der Islam.

28. Was bezahlt man in Deutschland automatisch, wenn man festangestellt ist?
    a) Sozialhilfe.
    b) Kindergeld.

c) Sozialversicherung.
d) Wohngeld.

29. Was kennzeichnete den NS-Staat? Eine Politik …
    a) des staatlichen Rassismus.
    b) der Meinungsfreiheit.
    c) der allgemeinen Religionsfreiheit.
    d) der Entwicklung der Demokratie.

30. Was wollte Willy Brandt mit seinem Kniefall 1970 im ehemaligen jüdischen Ghetto in Warschau ausdrücken?
    a) Er hat sich den ehemaligen Alliierten unterworfen.
    b) Er bat Polen und die polnischen Juden um Vergebung.
    c) Er zeigte seine Demut vor dem Warschauer Pakt.
    d) Er sprach ein Gebet am Grab des Unbekannten Soldaten.

31. Wer schrieb den Text zur deutschen Nationalhymne?
    a) Friedrich Schiller.
    b) Clemens Brentano.
    c) Johann Wolfgang von Goethe.
    d) Heinrich Hoffmann von Fallersleben.

32. Wer in seiner Heimat wegen seiner politischen Meinung verfolgt wird und deshalb nach Deutschland flieht, kann was beantragen?
    a) Begrüßungsgeld.
    b) Arbeitslosengeld.
    c) Asyl.
    d) Rente.

33. Welches Land ist ein Nachbarland von Deutschland?
    a) Ungarn.
    b) Portugal.
    c) Schweiz.
    d) Spanien.

Lösung: 1 d), 2 a), 3 b), 4 c), 5 d), 6 c), 7 a), 8 d), 9 b), 10 c), 11 c), 12 b), 13 b), 14 b), 15 d), 16 b), 17 d), 18 d), 19 d), 20 b), 21 b), 22 a), 23 d), 24 c), 25 b), 26 c), 27 a), 28 c), 29 a), 30 b), 31 d), 32 c), 33 c).

2005

1. 1.	Start der **Lkw-Maut** in Deutschland.
14. 1.	Der Modemacher Rudolph Mooshammer (Jg. 1940) wird in München ermordet.
26. 1.	Das Bundesverfassungsgericht kippt das bundesweite Verbot von **Studiengebühren**.
27. 1.	Robert Hoyzer, Berliner Fußball-Schiedsrichter, gesteht, Spiele manipuliert zu haben, um **Wettbetrug** zu ermöglichen.
30. 1.	Die 1000. Folge der »Lindenstraße« wird in der ARD ausgestrahlt.
2. 2.	Max Schmeling (Jg. 1905) stirbt.
1. 4.	Der Entertainer **Harald Juhnke** (Jg. 1929) stirbt.
19. 4.	Joseph Alois Ratzinger aus Marktl am Inn wird von der Wahlversammlung der Kardinäle zum neuen **Papst Benedikt XVI.** gewählt.
28. 4.	Die Bundesgartenschau öffnet in München ihre Pforten (bis 9. 10.).
10. 5.	Feierliche Einweihung des Denkmals für die ermordeten Juden Europas **(Holocaust-Mahnmal)** in Berlin.
22. 5.	Nach den Landtagswahlen in Nordrhein-Westfalen regiert nach 39 Jahren erstmals nicht mehr die SPD, sondern die CDU siegt.
24. 5.	Carl Amery (Jg. 1922), Schriftsteller und Umweltaktivist, stirbt.

1. 7.	Bundeskanzler Gerhard Schröder (SPD) stellt im Deutschen Bundestag die **Vertrauensfrage** und verliert.
7. 7.	In London sterben rund 50 Menschen (und 700 werden verletzt) bei vier Terroranschlägen an U-Bahn- und Busstationen.
18. 9.	vorgezogene Wahl zum Deutschen Bundestag.
10. 10.	Die beiden stärksten Fraktionen, CDU/CSU und SPD, einigen sich auf eine **große Koalition**. Angela Merkel soll die erste deutsche Bundeskanzlerin werden.
30. 10.	Die **Dresdner Frauenkirche** wird mehr als 60 Jahre nach ihrer Zerstörung durch den Feuersturm im Februar 1945 erneut ihrer Bestimmung als Gotteshaus übergeben.
3. 11.	Die Verlegerin Aenne Burda (Jg. 1909) stirbt.
22. 11.	**Angela Merkel** (CDU) wird vom Bundestag zur ersten Bundeskanzlerin in der Geschichte Deutschlands gewählt.
25. 11.	Größter Stromfall in der Geschichte Deutschlands im Münsterland.

Beliebteste erste Vornamen:	Leonie	Lucas
Kinder pro Frau in Ost und West:	1,3	1,35
Erwerbslosenquote West und Ost:	11,0	20,6
Bestseller Belletristik:	Joanne K. Rowling: »Harry Potter und der Halbblutprinz«	
Bestseller Sachbuch:	Peter Hahne: »Schluss mit lustig«	
Deutscher Fußballmeister:	FC Bayern München	
Das meistgekaufte Auto:	Golf V, silbergrau	
Benzinpreis 1 Liter Super bleifrei:	1,25 Euro	
Der meistbesuchte Film des Jahres:	»Die weiße Massai«	
Wort des Jahres:	Bundeskanzlerin	
Unwort des Jahres:	Entlassungsproduktivität	

Die vier deutschen Friedensnobelpreisträger

Gustav Stresemann (1926)

1878–1929: Der damalige deutsche Außenminister erhielt den Preis zusammen mit seinem französischen Amtskollegen Aristide Briand für seine Versöhnungsarbeit im Rahmen der Locarno-Verträge, in denen im Jahr 1925 Deutschland, Frankreich und Belgien festlegten, auf eine gewaltsame Veränderung ihrer gemeinsamen Grenzen zu verzichten.

Ludwig Quidde (1927)

1858–1941: Der Historiker und Leiter der deutschen Friedensgesellschaft war aus tiefstem Herzen Pazifist und Politiker mit unerschrockenem demokratisch-sozialpolitischem Engagement. Er erhielt den Preis zusammen mit Ferdinand Buisson für sein pazifistisches Lebenswerk, für seine Leistungen als treibende Kraft in der deutschen Friedensbewegung und für seine Beteiligung an der deutsch-französischen Verständigung.

Carl von Ossietzky (1935)

1889–1938: Der umtriebige Journalist, Friedensaktivist und Herausgeber der Zeitschrift »Die Weltbühne« wurde 1931 wegen eines Artikels, der auf die unerlaubte Aufrüstung der Reichswehr aufmerksam machte, zu einer Gefängnisstrafe verurteilt und 1933 ins KZ gebracht. Das Naziregime verhinderte auch die persönliche Entgegennahme des rückwirkend verliehenen Preises.

Willy Brandt (1971)

1913–1992: Er entspannte als Außenminister (1966–1969) das Verhältnis zwischen den östlichen Nachbarländern und wurde als Bundeskanzler (1969–1974) zum »Vater der Ostverträge«. Sein Kniefall vor dem Ehrenmal des jüdischen Ghettos 1970 in Warschau ist als Geste seines Versöhnungswillens bis heute unvergessen. Für seine Ostpolitik erhielt er ein Jahr später den Friedensnobelpreis.

2006

2. 1.	Beim Einsturz der Eislaufhalle in Bad Reichenhall sterben 15 Menschen.
23. 1.	Bei Temperaturen bis minus 34 Grad Celsius sterben in Deutschland vier Menschen.
27. 1.	Johannes Rau (Jg. 1931), Politiker und Bundespräsident, stirbt.
31. 1.	Die Zahl der Arbeitslosen in Deutschland ist auf 5,012 Millionen gestiegen (12,1 Prozent).
27. 3.	Eine Windhose über Hamburg verursacht Millionenschäden.
1. 5.	Die Ingenieure René Bräunlich und Thomas Nitzschke werden 99 Tage nach ihrer Entführung im Irak freigelassen.
28. 5	Der neue Berliner Hauptbahnhof wird in Betrieb genommen.
9. 6.	Eröffnungsspiel der 18. Fußballweltmeisterschaft in Deutschland: Deutschland – Costa Rica (4 : 2).
30. 6.	Robert Gernhardt (Jg. 1937), Maler und Lyriker, stirbt.
4. 7.	WM-Halbfinale: Deutschland verliert 0 : 2 gegen Italien.
	Der Astronaut Thomas Reiter fliegt an Bord des amerikanischen Space-Shuttle »Discovery« zur Internationalen Raumstation ISS.

9. 7.   In Berlin gewinnt Italien das WM-Finale gegen Frankreich mit 5 : 3 (Elfmeterschießen). Das Sommermärchen ist zu Ende.

15. 7.   Love-Parade in Berlin mit rekordverdächtigen 1,2 Millionen Teilnehmern.

31. 7.   Versuchte Terroranschläge auf zwei Kölner Regionalzüge: Die Sprengsätze explodierten jedoch wegen handwerklicher Fehler nicht.

11. 9.   Joachim C. Fest (Jg. 1926), Historiker und Autor, stirbt.

4. 11.   10 Millionen Menschen in Westeuropa sitzen im Dunkeln. Vermutliche Ursache: das Abschalten einer Hochspannungsleitung im Emsland.

20. 11.   Geschwister-Scholl-Schule in Emsdetten: Der ehemalige Schüler Sebastian B. schießt wahllos um sich, bevor er sich selbst umbringt. 37 Menschen werden verletzt.

3. 12.   In Westerholt wird der 337 Meter hohe Kamin des ehemaligen Kraftwerks gesprengt.

Der Juli ist der wärmste Monat seit Beginn der Wetteraufzeichnungen, es folgt der wärmste Herbst seit Beginn der Wetteraufzeichnungen.

Beliebteste erste Vornamen:	Anna	Lucas
Kinder pro Frau in Ost und West:	1,3	1,34
Erwerbslosenquote West und Ost:	10,2	19,2
Bestseller Belletristik:	Daniel Kehlmann: »Die Vermessung der Welt«	
Bestseller Sachbuch:	Hape Kerkeling: »Ich bin dann mal weg«	
Deutscher Fußballmeister:	FC Bayern München	
Das meistgekaufte Auto:	Golf V, silbergrau	
Benzinpreis 1 Liter Super bleifrei:	1,35 Euro	
Der meistbesuchte Film des Jahres:	»Das Parfum«	
Wort des Jahres:	Fanmeile	
Unwort des Jahres:	freiwillige Ausreise	

Unsere Gesundheit und unser Tod

Jeden Tag gehen ca. 5,2 Millionen Deutsche zum Arzt – ohne Zahnarzt- und Klinikbesuche. Das bedeutet 38 Patienten pro Praxis einer durchschnittlichen Behandlungszeit von 12 Minuten. Ein absoluter Rekordtag der deutschen Krankheitsgeschichte war der 1. Oktober 2007. Pünktlich zum Start des vierten Quartals suchten 9,7 Millionen Bundesbürger einen Arzt auf und bezahlten ihre 10 Euro Praxisgebühr.

Ein Patient in einem deutschen Krankenhaus ist durchschnittlich 52 Jahre alt und bleibt acht Tage.

Die häufigsten Gründe stationärer Krankenhausaufenthalte
(bei insgesamt 17 Millionen Patienten)

Frauen

Herzinsuffizienz	170 000 Erkrankte
Brustdrüsenkrebs	147 000 Erkrankte
Gallensteine	137 000 Erkrankte

Männer

psychische und Verhaltensstörungen durch Alkohol	223 000 Erkrankte
Angina Pectoris	187 000 Erkrankte
Herzinsuffizienz	147 000 Erkrankte

Ein Volk – ein Fakt: Nur drei Prozent der deutschen Bevölkerung spenden regelmäßig Blut. Aber 60 Prozent aller Deutschen benötigen einmal im Leben eine Blutkonserve.

Übergewicht

Die Hälfte aller Menschen in Deutschland schnarcht. Die meisten davon sind übergewichtig. Rund 70 Prozent aller Männer, die Hälfte aller Frauen und jedes sechste Kind bringen zu viele Kilos auf die Waage. Jeder fünfte Deutsche gilt als fettsüchtig.

Die 10 am häufigsten verordneten Medikamente 2007

Medikament	Anwendung
l-Thyroxin	Schilddrüse
Diclofenac-ratiopharm	Schmerzmittel
Ibu-ratiopharm	Schmerzmittel
Nasenspray-Gel-ratiopharm	Erkältung
Voltaren K Migräne	Kopfschmerzen / Migräne
Thyronajod	Schilddrüse
Amoxicillin-ratiopharm	Antibiotikum bei Entzündungen
Paracetamol	Fieber / Schmerzen
MetoHEXAL	Herz-Kreislauf-Beschwerden
Nurofen	Fieber / Schmerzen

Die am häufigsten in Apotheken ausgegebenen Medikamente sind jedoch diverse Rheuma-Medikamente.
Bei Kindern bis zu 14 Jahren wurden überwiegend Nasensprays und Hustensäfte verschrieben. Bei Jugendlichen zwischen 14 und 18 führen verschiedene Antibabypillen die Hitlisten an.

Lebenserwartung

In Deutschland werden Frauen derzeit durchschnittlich 81 Jahre alt. Männer erreichen dagegen nur ein Alter von knapp 75 Jahren. Die Gründe dafür sind vielfältig – als Hauptursachen gelten jedoch neben biologischen Unterschieden auch soziale und umweltbedingte Faktoren. Fest steht allerdings, dass die deutschen Männer ungesünder und sorgloser leben als die Frauen. Sie trinken mehr Alkohol, nehmen fetthaltigere Nahrung zu sich, rauchen häufiger und mehr, sie gehen seltener zum Arzt und nutzen die Angebote zu Vorsorgeuntersuchungen deutlich weniger. Seit 1972 sterben in Deutschland mehr Menschen, als Babys geboren werden. Etwa 800 000 sind es jährlich.
Gut die Hälfte aller Deutschen verstirbt in Krankenhäusern. Davon etwa drei Prozent auf der Intensivstation. Nur zehn Prozent sterben zu Hause.

Die ältesten Deutschen

Maria Laqua (12. Februar 1889 bis 9. Februar 2002) war mit 112 Jahren und 362 Tagen die älteste hier lebende Deutsche.

Hermann Dörnemann (27. Mai 1893 bis 2. März 2005) hält mit 111 Jahren und 279 Tagen den Lebensaltersrekord bei den deutschen Männern.

Deutsche, die ins Ausland auswanderten, wurden teilweise noch älter.

Kleine Statistik der häufigsten Todesursachen

Die meisten deutschen Männer und Frauen starben in den letzten Jahren an einer Erkrankung des Herz-Kreislauf-Systems. Etwa 90 Prozent der Betroffenen waren über 65 Jahre alt. Krebs ist die zweithäufigste Todesursache in Deutschland. Etwa ein Viertel aller Verstorbenen erlag im Jahr 2007 einer bösartigen Neubildung im Bereich der Verdauungsorgane. Männer waren außerdem von Lungenkrebs, Frauen von Brustkrebs betroffen.

Etwa 900 bis 1000 junge Männer zwischen 15 und 25 Jahren lassen jährlich auf der Straße ihr Leben. Das sind dreimal so viele Opfer wie unter den weiblichen Verkehrstoten dieses Alters. Dennoch führt der Verkehrsunfall auch bei Frauen in dieser Altersklasse vor Selbstmord die Sterbestatistik an. Insgesamt gerechnet, kamen jedoch in den letzten Jahren mehr Deutsche durch Suizid ums Leben als durch Verkehrsunfälle. Etwa vier Prozent aller Todesfälle haben keine natürliche Ursache und sind auf Verletzungen oder Vergiftungen zurückzuführen.

Rauchen und Trinken kosteten im Jahr 2007 etwa 40-mal so vielen Menschen das Leben wie illegale, harte Drogen wie Heroin oder Kokain.

Ein Volk – ein Fakt: Ein Drittel aller Senioren, die in deutsche Altenheime ziehen, verstirbt in den ersten drei Monaten nach ihrem Einzug.

Die 5 häufigsten Methoden, sich das Leben zu nehmen

Erhängen / Ersticken (50 %)   Sturz in die Tiefe
Vergiften   Erschießen
Vor ein Fahrzeug werfen

Epidemien in der deutschen Geschichte

Pest	1349–1351	Jeder Zehnte fiel dem »Schwarzen Tod« zum Opfer. Erst nach 100 Jahren war der Bevölkerungsverlust ausgeglichen. Bis ins 19. Jahrhundert rollten immer wieder mal Pestwellen über das Land. Die Seuche ist bis heute nicht ausgerottet.
Pocken	1871–1872	150 000 Opfer. Im 18. Jahrhundert wurden Kinder erst zur Familie gezählt, wenn sie die Pocken überlebt hatten.
Spanische Grippe	1918–1920	250 000 Opfer (doppelt so viele wie Gefallene des Ersten Weltkriegs)
Asiatische Grippe	1958	30 000 Opfer
Hongkong-Grippe	1968	30 000 Opfer

Ein Volk – ein Fakt: Bis nach dem Zweiten Weltkrieg ziehen immer wieder Pockenwellen über das Land. Seit 1980 gelten die Pocken als einzige Seuche weltweit als ausgerottet. Der letzte Fall in Deutschland trat noch 1972 in Hannover auf. Durch die Globalisierung und den Flugtourismus sind Tuberkulose- und Ruhrerkrankungen auch in Deutschland wieder auf dem Vormarsch, und jährlich werden in Deutschland 1000 Neuinfizierungen mit Malaria registriert.

Seit 1981 breitet sich die Seuche Aids in Deutschland aus. Über 60 000 Menschen sind hierzulande derzeit mit dem tödlichen Virus infiziert. Jährlich sterben daran zwischen 500 und 600 Deutsche. Die Wahrscheinlichkeit, sich mit Syphilis zu infizieren, liegt dagegen heute bei 0,0004 Prozent.

Berühmte Deutsche und ihre bahnbrechende Neuerung in der Medizin

Hildegard von Bingen (1098–1179)

In der Abgeschlossenheit des Klosters war es der Äbtissin möglich, sich neben der Religion auch mit Musik, Kosmologie, Ethik und vor allem mit Medizin zu beschäftigen. Ihren Schriften, die bis heute in der Heilkunde Beachtung finden, lag stets der ganzheitliche medizinische Aspekt von Körper, Geist und Seele zugrunde.

Samuel Hahnemann (1755–1843)

Der Arzt gilt als Begründer der Homöopathie. 1790 entdeckte er durch Selbstversuche, dass Substanzen, die Krankheitssymptome hervorrufen, in stark verdünnter Form als Heilmittel gegen die symptomtypische Krankheit verwendet werden können.

Robert Koch (1843–1910)

Er gilt als Begründer der modernen Bakteriologie. Er entdeckte den Erreger des Milzbrandes, der Cholera und der Tuberkulose und entwickelte den Impfstoff Tuberkulin. 1905 erhielt er den Nobelpreis für Medizin.

Wilhelm Conrad Röntgen (1845–1923)

Der Physiker entdeckte 1895 die nach ihm benannten Röntgenstrahlen. 1901 erhielt er dafür als Erster den Nobelpreis für Physik. Sein Verzicht auf ein Patent machte die rasche Verbreitung von Röntgenapparaten möglich (Abbildung linke Seite, links).

Paul Langerhans (1847–1888)

Der Pathologe entdeckte 1869 die insulinproduzierenden Zellen in den Inseln der Bauchspeicheldrüse und bereitete damit den Weg für die moderne Diabetesbehandlung.

Emil von Behring (1854–1917)

Sein Diphtherieserum machte den Bakteriologen und Serologen 1901 zum ersten Nobelpreisträger für Medizin und brachte ihm den Titel »Retter der Kinder« ein.

Paul Ehrlich (1854–1915)

Der Arzt und Chemiker legte durch seine Forschungsarbeit den Grundstein für die Chemotherapie und entwickelte ein Medikament gegen die tabuisierte Geschlechtskrankheit Syphilis. 1908 erhielt er den Nobelpreis für Medizin (Abbildung linke Seite, rechts).

Ferdinand Sauerbruch (1875–1951)

Der einflussreiche Arzt entwickelte ein Unterdruckverfahren, das erstmals Lungenoperationen, d. h. die Operation am offenen Brustkorb, ermöglichte und als Vorläufer der heute üblichen Intubationsnarkose gilt. Zudem ist er der Erfinder bewegbarer Prothesen (Abbildung nächste Seite, links).

Georg Haas (1886–1971)

Der deutsche Arzt entwickelte das Blutwäscheverfahren bei nierenkranken Patienten und machte es 1925 öffentlich. Noch heute wird sein Verfahren weltweit angewandt und rettet täglich allein 60 000 deutschen Dialysepatienten das Leben.

Gerhard Domagk (1895–1964)

Der Pathologe und Bakteriologe entwickelte ein hautverträgliches Desinfektionsmittel und entdeckte die antibakterielle Wirkung von Farbstoffen und deren chemotherapeutische Verwendungsmöglichkeit bei Streptokokkeninfektionen. Dadurch konnten noch vor der Entdeckung des Penicillins viele Menschenleben gerettet werden. Für den Wirkstoff Prontosil erhielt er 1939 den Nobelpreis.

Werner Forßmann (1904–1979)

Der deutsche Mediziner schob sich selbst von der Armvene aus einen Gummischlauch bis zur rechten Herzkammer und gilt mit diesem Eigenexperiment als Erfinder des Herzkatheters. 1956 wurde er dafür mit dem Nobelpreis ausgezeichnet.

Harald zur Hausen (*1936)

Der Arzt und Krebsforscher fand heraus, dass Gebärmutterhalskrebs durch Virusinfektionen ausgelöst wird, und erhielt dafür 2008 den Nobelpreis für Medizin.

Christiane Nüsslein-Volhard (*1942)

Die Biologin erhielt 1995 den Nobelpreis für Medizin für ihre Erkenntnisse über die grundlegenden genetischen Steuerungsmechanismen der frühen Embryonalentwicklung (Abbildung oben).

Ein Volk – ein Fakt: Von den bislang 80 deutschen Nobelpreisträgern erhielten 68 den Preis für Verdienste in den Naturwissenschaften oder der Medizin.

Wie die Deutschen sterben wollen

Bei einer Umfrage zum Thema Sterben gaben 92 Prozent der Befragten an, als Sterbenskranke nicht möglichst lange am Leben erhalten werden zu wollen. Ebenso viele waren es, die sich eine ungeschönte Aussage über ihren Krankheitszustand von Medizinern wünschen und bezüglich ihres bevorstehenden Ablebens nicht belogen oder geschont werden wollen. Drei Viertel der Befragten hätten gerne einen plötzlichen, schnellen und unvorbereiteten Tod, 18 Prozent wollen bewusst Abschied nehmen.

Bestattungsrecht

Das Bestattungsrecht ist Sache der Bundesländer. Die jeweiligen Gesetze sind dabei ähnlich streng gehalten. Grundsätzlich richtet sich die Bestattungsart nach dem Willen des Verstorbenen. Wurde der letzte Wille notariell festgehalten, ist er für die unmittelbare Verwandtschaft rechtlich bindend, ansonsten vertraut man auf das Pietätsgefühl der Hinterbliebenen, das Begräbnis dem Willen des Verstorbenen entsprechend zu gestalten. Die nächsten Blutsverwandten sind in jedem Fall bestattungspflichtig. Sie müssen für ein würdiges Begräbnis sorgen und für die Kosten aufkommen, unabhängig davon, wie zerrüttet das persönliche Verhältnis zum Verstorbenen war. Fehlt eine Willensäußerung über Form und Art der Bestattung, so bestimmt der Ehepartner über die Ausführung. Gibt es keinen Ehepartner, dann entscheiden die Kinder. Findet keine Einigung statt, beschließt die örtliche Polizeibehörde über die Art der Ausführung.

Bestattungen

Etwa 5000 Bestattungsunternehmen gibt es in Deutschland. Das bedeutet derzeit etwa 160 Leichen für jede Firma im Jahr. 7000 Euro kostet eine Beisetzung in Deutschland im Schnitt. Bis 2004 übernahmen die Krankenkassen davon etwa 2000 Euro. Seit der Abschaffung des Sterbegeldes steigt der Bedarf an Billigbestattungen, am sogenannten einfachen Abtrag ohne Trauerfeier, kontinuierlich.
55 Prozent aller Deutschen werden noch traditionell in einem Sarg erdbestattet. Herkömmliche, christliche Begräbnisrituale verlieren in Deutschland allerdings auch immer mehr an Bedeutung. Jedes fünfte Begräbnis wird inzwischen von einem weltlichen Redner abgehalten, und immer mehr Leute suchen nach alternativen Bestattungsformen.

Doch in Deutschland sind der Phantasie eindeutig Grenzen gesetzt. Während u. a. bei unseren niederländischen Nachbarn die Asche der Angehörigen auch privat aufgehoben oder in den Wind gestreut werden darf und in den USA der Leichnam eingefroren oder die Asche auf den Mond geschossen werden kann, besteht in Deutschland für Särge und Urnen grundsätzlich Friedhofszwang. Grund dafür ist, neben den strengen hygienischen und umweltrechtlichen Auflagen, das Recht auf Totenruhe. Der Gesetzgeber sieht dieses Recht durch Umsetzungen der Urne innerhalb einer Privatwohnung oder durch Umzüge für nicht einhaltbar. Außerdem könnten dadurch Hinterbliebene davon ausgeschlossen werden, die Ruhestätte eines Angehörigen aufsuchen zu können.

Die einzigen Alternativen zur herkömmlichen Bestattung sind die Seebestattung, bei der die Urne verschlossen im Meer versenkt wird und sich dort mit der Zeit auflöst, und sogenannte Baumbestattungen in Friedwäldern. 23 dieser naturbelassenen Parks gibt es derzeit in Deutschland, in denen die Asche eines Verstorbenen in das Wurzelwerk eines Baumes eingebracht werden kann und so ein Baum zum natürlichen Grab- und Denkmal wird.

Oft wohnen die Angehörigen nicht, wie früher, am selben Ort. Gräber und Grabpflege sind teuer. So steigt der Bedarf an alternativen Bestattungsplätzen kontinuierlich. Ein Grab, gemietet für 20 Jahre, kostet in Berlin um die 2000 Euro, in Aachen sogar über 4000 Euro. Viele Angehörige lassen deswegen die Urne des Verstorbenen in die Schweiz bringen und dort die Asche in die freie Natur streuen.

Die einzige ausgewiesene Streuwiese für menschliche Aschereste in Deutschland gibt es übrigens in Rostock, da derzeit nur das Bestattungsgesetz von Mecklenburg-Vorpommern das Ausstreuen von Asche erlaubt.

Särge

Deutsche Särge müssen in ihrer Machart zertifiziert sein, um Schäden innerhalb der Feuer- und Erdbestattungsanlagen bzw. beim Personal des Bestattungsinstitutes auszuschließen. Grundsätzlich gelten für Erwachsenensärge die Höchstmaße: Länge 2,00 m, Breite 0,65 m, Höhe 0,65 m. Diese Maße dürfen nur überschritten werden, wenn dies durch die Statur der Leiche erforderlich ist. Das Gewicht des leeren Sarges darf mit Füllung der aufsaugenden Stoffe 60 kg nicht überschreiten, weil sonst die geltenden Arbeitsstättenrichtlinien bezüglich des zumutbaren Gewichtes für Sargträger nicht eingehalten werden können. Alle verwendeten Materialien müssen schadstoffgeprüft sein und den Umweltauflagen der VDI 3891 genügen. Das gilt selbstverständlich auch für die Sargtextilien und die Bekleidung der Leiche. Damit die zulässigen Emissionswerte bei einer Feuerbestattung nicht überschritten werden oder die Textilien sicher innerhalb der vorgeschriebenen Verrottungszeit von 20 bis 30 Jahren zu Erde werden, darf der Polyesteranteil dabei 30 Prozent nicht überschreiten.

Es gibt auch einen zertifizierten Pappsarg mit aufgedämpfter Holzstruktur. Er besteht zu 60 Prozent aus chlorfrei recyceltem Altpapier und nur zu 40 Prozent aus neuem Zellstoff. Eine Person kann ihn in nur wenigen Minuten ohne Werkzeug zusammenbauen.

Ein Volk – ein Fakt: Erst seit August 2003 steht der Lehrberuf der »Bestattungsfachkraft« jedem Interessierten offen. Vorher kamen alle Bestatter immer aus traditionellen Familienbetrieben.

2007

1. 1.   Die Mehrwertsteuer steigt von 16 auf 19 Prozent.

16. 1.   Der Unternehmer Rudolf-August Oetker (Jg. 1916) stirbt.

18. 1.   Der **Orkan Kyrill** tötet 34 Menschen in Europa und verursacht allein in Deutschland Sachschäden in Höhe von 8 Milliarden Euro.

2. 2.   Reform der Krankenversicherung: Alle Bundesbürger müssen künftig pflichtversichert sein, und jeder Bundesbürger hat die Möglichkeit, in eine Krankenversicherung aufgenommen zu werden.

4. 2.   Die deutsche **Handball-Nationalmannschaft** der Herren wird in Köln Weltmeister gegen Polen.

18. 2.   Die deutsche Hockey-Nationalmannschaft der Herren wird in Wien Weltmeister gegen Polen.

9. 3.   Gegen die Proteste von Gewerkschaften verabschiedet der Bundestag die **Rente mit 67**.

Nachdem der Deutsche Bundestag die Entsendung von Tornados nach Afghanistan beschließt, tauchen **Terrorwarnungen** der al-Qaida im Internet auf.

27. 4.   Die Bundesgartenschau öffnet ihre Pforten in den thüringischen Nachbarstädten Gera und Ronneburg.

7. 5.   Bundespräsident Köhler lehnt die Begnadigung des RAF-Mitgliedes **Christian Klar** ab.

28. 5.	Jörg Immendorff (Jg. 1945), Maler und Bildhauer, stirbt.
6. 6.–8. 6.	G8-Gipfel in **Heiligendamm**.
7. 6.	Deutscher Evangelischer Kirchentag in Köln. Rund 1 Million Besucher und 3000 Veranstaltungen (bis 10. 6.).
16. 6.	Oskar Lafontaine und Lothar Bisky werden Vorsitzende der neuen Partei **Die Linke**, die aus WASG und Linkspartei PDS gebildet wurde.
16. 6.	In Kassel wird die Documenta 12 eröffnet.
25. 8.	Die Love-Parade in Essen zählt 1,2 Millionen Besucher.
30. 9.	In China gewinnt Deutschland die Fußballweltmeisterschaft der Frauen.
5. 10.	Der Schriftsteller **Walter Kempowski** (Jg. 1929) stirbt.
28. 10.	Die Schauspielerin Evelyn Hamann (Jg. 1942) stirbt.
Winter 2007	Einer der wärmsten Winter seit Beginn der Wetteraufzeichnungen. Es folgt einer der **wärmsten Frühlinge** aller Zeiten.

Beliebteste erste Vornamen:	Hanna	Leon
Kinder pro Frau in Ost und West:	1,34	1,37
Erwerbslosenquote West und Ost:	8,4	16,8
Bestseller Belletristik:	Joanne K. Rowling: »Harry Potter und die Heiligtümer des Todes«	
Bestseller Sachbuch:	Hape Kerkeling: »Ich bin dann mal weg«	
Deutscher Fußballmeister:	VfB Stuttgart	
Das meistgekaufte Auto:	Golf V, silbergrau	
Benzinpreis 1 Liter Super bleifrei:	1,39 Euro	
Der meistbesuchte Film des Jahres:	»Harry Potter und der Orden des Phönix«	
Wort des Jahres:	Klimakatastrophe	
Unwort des Jahres:	Herdprämie	

Letzte Verse deutscher Dichter

Friedrich Gottlieb Klopstock (1724–1803)
Die höheren Stufen (1802)
»Und ich sah erwachend den Abendstern.«

Friedrich Schiller (1759–1805)
Herr von Mecheln aus Basel (1805)
»Für beide [Natur und Kunst] bewahrst du im Herzen reges Gefühl,
und so ist ewige Jugend dein Los.«

Karoline von Günderode (1780–1806)
Erde, du meine Mutter (1806)
»Und ich gehe zur andern Welt, euch gerne verlassend. Lebt wohl,
Bruder und Freund, Vater und Mutter, lebt wohl.«

Johann Wolfgang von Goethe (1749–1832)
Jüngling, merke dir (1832)
»Jüngling merke dir, in Zeiten, wo sich Geist und Sinn erhöht:
Daß die Muse zu begleiten, doch zu leiten nicht versteht.«

Clemens Brentano (1778–1842)
Der Du von dem Himmel bist (1842)
»Was soll aller Schmerz und Lust?
Gottesfriede – komm, o komm in meine Brust.«

Friedrich Hölderlin (1770–1843)
Die Aussicht (1843)
»Die prächtige Natur erheitert seine [des Menschen] Tage
und ferne steht des Zweifels dunkle Frage.«

Heinrich Heine (1797–1856)
Es kommt der Tod (1855)
»Das ist das Los, das Menschenlos: – was gut und groß und schön,
das nimmt ein schlechtes Ende.«

Joseph Freiherr von Eichendorff (1788–1857)
Mahnung (1856)
»Noch wartet deiner Gott, in seinen Armen da find’st du,
was die Welt nicht kennt, Erbarmen.«

Theodor Storm (1817–1888)
An Wilhelm Jensen (1886)
»Was bist du anders denn, als Baum und Strauch?
Du keimst, du blühst und du verwelkest auch!«

Conrad Ferdinand Meyer (1825–1898)
Epilog (1892)
»Nach Qual und Traum erreichen wir, auch wir die tiefe Bläue.«

Wilhelm Busch (1832–1908)
Dank und Gruß (1907)
»Der Fährmann ruft. Ich schwenke nur den Hut.«

Rainer Maria Rilke (1875–1926)
Komm du, du letzter (1926)
»O Leben, Leben: Draußensein.
Und ich in Lohe. Niemand der mich kennt.«

Stefan Zweig (1881–1942)
Der Sechzigjährige dankt (1941)
»Nie liebt man das Leben treuer als im Schatten des Verzichts.«

Else Lasker-Schüler (1869–1945)
Ich weiß (1943)
»Ich setze leise meinen Fuß auf den Pfad zum ewigen Heime.«

Ricarda Huch (1864–1947)
In das Dunkel, das uns drückte (1947)
»Gib uns Licht auf unsre Pfade, Frieden gib in unser Herz.«

Nelly Sachs (1891–1970)
Der Sumpf der Krankheit (1970)
»Schwarz ist die Lieblingsfarbe des Bittstellers:
Komm und schenke mir Träume.«

Marie Luise Kaschnitz (1901–1974)
Schein ich auch ein draller Knabe (1974)
»Mein Strahl erhebt sich, singt Unsterblichkeit.«

2008

1. 1.	Das Briefmonopol der Deutschen Post AG fällt.
	Das **Rauchverbot** wird in acht weiteren Bundesländern verhängt.
2. 1.	Der Öl-Preis knackt die 100-Dollar-Marke.
11. 1.	Jürgen Klinsmann heuert als Nachfolger von Ottmar Hitzfeld als Trainer beim FC Bayern an.
15. 1.	**Nokia** stellt die Handy-Produktion in Deutschland trotz eines Rekordgewinns ein; betroffen sind 2300 Arbeitsplätze.
21. 1.	Innerhalb nur eines Tages verliert der Deutsche Aktienindex (DAX) mehr als 500 Punkte.
14. 2.	Bei einer Steuerrazzia nimmt die Polizei Postchef **Klaus Zumwinkel** vorübergehend fest. Am 15. 2. tritt Zumwinkel zurück.
27. 2.	Der Sänger Ivan Rebroff (Jg. 1931) stirbt.
3. 3.	Die Politikerin und Ex-Bundestagspräsidentin Annemarie Renger (Jg. 1919) stirbt.
23. 3.	Ein Unbekannter wirft einen Holzklotz von einer Brücke über die A 29 und tötet dabei eine Frau.
26. 3.	Der Discounter Lidl entschuldigt sich, weil er das Privatleben seiner Mitarbeiter ausspioniert hat.
27. 3.	Kein **Transrapid** für München. Knapp 4 Milliarden Baukosten sind zu teuer.
9. 4.	Die erste Bank in der Finanzmarktkrise geht pleite: die Weserbank in Bremerhaven.

8. 5.	Der **Benzinpreis** steigt erstmals über die 1,50-Marke.
15. 5.	Der Dalai Lama besucht für fünf Tage Deutschland.
24. 7.	Barack Obama, Präsidentschaftskandidat der Demokraten, hält eine Rede in Berlin.
28. 7.	Der erste Hamburger Großraum-Airbus **A 380** wird ausgeliefert.
1. 9.	Wer einen deutschen Pass möchte, muss den Einbürgerungstest bestehen.
22. 9.	Thomas Dörflein (Jg. 1963), Ziehvater des Eisbären Knut im Berliner Zoo, stirbt.
28. 9.	Die CSU in Bayern verliert bei der Landtagswahl nach 46 Jahren zum ersten Mal die absolute Mehrheit im Landtag.
31. 10.	In Berlin wird der Verkehrsflughafen Tempelhof geschlossen.
3. 11.	Der Versuch **Andrea Ypsilantis**, in Hessen eine von der Partei Die Linke tolerierte rot-grüne Minderheitsregierung aufzustellen, scheitert. In der Folge werden Neuwahlen anberaumt.
13. 12.	**Horst Tappert** (Jg. 1923), Schauspieler und Derrick, stirbt.

Die **Finanzkrise**, die bereits 2007 begonnen hat, belastet die Wirtschaft stark. Der DAX erlebt ein rotes Aktienjahr und sackt um 40 Prozent ab.

Seit Beginn der Wetterstatistik ist 2008 das neuntwärmste Jahr. Die zehn wärmsten Jahre liegen alle zwischen 1997 und 2008.

Beliebteste erste Vornamen:	Hanna	Leon
Kinder pro Frau in Ost und West:	1,35	1,37
Erwerbslosenquote West und Ost:	7,2	14,7
Bestseller Belletristik:	Charlotte Roche: »Feuchtgebiete«	
Bestseller Sachbuch:	Richard David Precht: »Wer bin ich – und wenn ja, wie viele?«	
Deutscher Fußballmeister:	FC Bayern München	
Das meistgekaufte Auto:	Golf VI, silbergrau	
Benzinpreis 1 Liter Super bleifrei:	1,41 Euro	
Der meistbesuchte Film des Jahres:	»Madagascar 2«	
Wort des Jahres:	Finanzkrise	
Unwort des Jahres:	notleidende Banken	

Unnützes Wissen über Deutschland

- Deutschland ist das einzige Land der Welt ohne generelle Geschwindigkeitsbegrenzung auf Autobahnen.
- Ein Deutscher führte das erste Telefonat der Welt. Der Physiker Johann Philipp Reis 1861 sprach in das von ihm erfundene Telefon folgenden Satz: »Das Pferd frisst keinen Gurkensalat.«
- In Deutschland gibt es rund 20 Millionen Verkehrsschilder – alle 28 Meter eines.
- Vor Bruno wurde in Deutschland 171 Jahre lang kein wilder Bär mehr erlegt.
- Otto von Bismarck lieferte sich während seiner Studienzeit in Göttingen 25 Duelle.
- 90 Prozent der Deutschen zahlen in ihrem Leben mehr Zinsen, als sie erhalten.
- Kleiner Unterschied: In Frankreich wird »Sodomie« für »Analverkehr« gebraucht, in Deutschland für (verbotenen) Sex mit Tieren.
- Der Freistaat Bayern hat das Grundgesetz nie ratifiziert.
- Strichcodes deutscher Hersteller beginnen immer mit 40, 41, 42 oder 43.
- Die Elbe teilt in Deutschland den Einflussbereich von zwei verwandten Krähenarten: westlich leben die Rabenkrähen, östlich die Nebelkrähen.
- Bruce Willis wurde in Idar-Oberstein geboren.
- Der erste deutsche Döner wurde 1971 in Berlin verkauft.
- Jeder zehnte deutsche Internetnutzer hat ein Produkt aus einer Spam-Mail bestellt.
- Seit 300 Jahren herrschen deutsche Adlige in Großbritannien. Der Kurfürst von Hannover, Georg Ludwig (Georg I.) folgte 1714 auf die kinderlose Anne I. auf dem britischen Thron. Erst 1917 änderte die Königsfamilie ihren Namen von Battenberg in Windsor. Georg V. war 1915 der erste britische König, der keinen deutschen Akzent hatte.
- In Bad Kissingen steht auf das Spucken auf den Gehsteig 100 Euro Strafe.
- Alfons X., König von Kastilien und León wurden 1257 auch zum deutschen König gewählt. Er blieb der einzige deutsche Herrscher, der Deutschland nie betreten hat.
- Seit 1983 hat der Brustumfang von deutschen Frauen um durchschnittlich vier Zentimeter zugenommen.
- In der 41-jährigen Geschichte der DDR gab es keinen einzigen erfolgreichen Bankraub.

- Friedrich der Große von Preußen ließ sich seinen Kaffee oft mit Champagner statt mit Wasser zubereiten.
- Die Bockwurst heißt so, weil sie ursprünglich zu Bockbier gereicht wurde.
- Vor 100 Jahren war ein Deutscher mit 26 Jahren ausgewachsen, heute bereits mit 18.
- Die Initiative Deutsche Sprache hat den ersten Satz von Günther Grass' »Der Butt« zum schönsten Romananfang der deutschen Literatur gewählt. Er lautet: »Ilsebill salzte nach.«
- In Deutschland gab es zu Zeiten strenger Zensur sogenannte »Sitzredakteure«, die nie schrieben, aber für inkriminierte Artikel die Verantwortung übernahmen und dafür im Zweifel einsitzen mussten.
- Das Grußwort »Moin« kommt nicht von Morgen, sondern vom holländischen Mooi (»Schön«).
- In Sindelfingen gibt es Zebrastreifen aus Marmor.
- Bei der Firma Haribo in Bonn werden täglich so viele Goldbärchen hergestellt, wie Menschen in Deutschland leben.
- Deutsche Unternehmen sind die größten ausländischen Arbeitgeber in den USA.
- 75 Prozent der Zuschauerinnen des ZDF sind über 70 Jahre alt.
- In Bayern sind Verdächtige während des Verhörs vom Rauchverbot in öffentlichen Gebäuden ausgenommen.
- Deutschlands erster Fernsehkoch Clemens Wilmenrod gilt als der Erfinder des Toasts Hawaii.
- Die Miete in der DDR lang 40 Jahre lang bei nur einer Mark pro Quadratmeter.
- Deutschland bekam aufgrund eines Übersetzungsfehlers nach dem Krieg extrem viel Mais. Die Dolmetscher hatten Getreide mit Corn übersetzt, doch das heißt in Amerika Mais.
- 1852 gab es in Deutschland eine eigene Steuer für den Besitz einer Nachtigall.
- Im Münsterland lebt seit Jahrhunderten eine Herde wilder Pferde – mitten in Deutschland.
- Deutschland hat seit 1954 mehr als 30 Millionen Ausländer aufgenommen.
- Alle vier Minuten wandert ein Bundesbürger aus Deutschland aus.
- »Milka« ist eine Abkürzung der Worte »Milch« und »Kakao«.
- Bolivien befand sich noch bis zum Jahr 1959 mit Deutschland im Krieg. Es kam aber nicht mehr zu Kampfhandlungen
- Im deutschen Abfallrecht gibt es über 10 000 Regelungen.
- Der Enkel von Thomas Mann, Saranam Ludvik Mann, betreibt in Berlin ein Tantrasex-Studio.

- Auf Mensch reimt sich kein anderes deutsches Wort.
- Fanta ist eine deutsche Erfindung. Die deutsche Dependance der »Coca Cola Company« entwickelte 1940 für deutsche Arbeiter und Soldaten eine Limonade auf Molkebasis. Der Name »Fanta« wurde abgeleitet von Phantasie. Die Tochterfirmen amerikanischer Unternehmen wurden von den Nazis nicht enteignet.
- Dieter Bohlen war Mitglied der Kommunistischen Partei Deutschlands.
- Als die Mauer fiel, saß Angela Merkel in der Sauna.
- 58 Prozent der Männer haben einmal versucht, ihren Namen in den Schnee zu pinkeln.
- Hitlers Außenminister Joachim von Ribbentrop war im Jahr 1914 Mitglied der kanadischen Eishockey-Nationalmannschaft.
- 2005 lebten in Deutschland 84 Prozent mehr ausländische Paare als noch 1996.
- Max Planck, Andreas Baader, Franz Josef Strauß und Papst Benedikt XVI. besuchten das gleiche Gymnasium.
- In Deutschland sind 2005 bei Treppenstürzen 1071 Menschen tödlich verunglückt.
- 34 Prozent der Deutschen träumen nachts von der Arbeit.

Oliver Kuh

Alles, was ein Mann wissen muss

Vademecum für alle Lebenslagen

Von den schönsten Liebesgedichten bis zu den aufregendsten Sextechniken. Von der Agentenwende bis zum Luftröhrenschnitt. Von Vogelkunde bis zur Abseitsregel. Von handfesten Do-it-yourself-Tipps bis zum perfekten Smalltalk-Wissen, um bei jedem Gespräch mitreden zu können. Hier sind sie zu finden: die Antworten auf die wirklich wichtigen Fragen zu den vier großen Themen im Leben eines Mannes –

Abenteuer, Wissen, Arbeit und Frauen.

Das Buch, das jeder Mann besitzen muss.

DROEMER

Veronika Immler & Antje Steinhäuser

Alles, was eine Frau wissen muss

Wann wurde der Wonderbra erfunden? Was muss man beim Bohren und Hämmern beachten? Welche Frau wurde als erste mit dem Titel »Man of the year« ausgezeichnet? Und wie werden Sie Stiftungsgründerin oder Heilige? Hier sind sie zu finden, die erstaunlichen, beeindruckenden und erheiternden Fakten und Antworten zu den großen Themen im Leben jeder Frau: Mode und Lifestyle, Partnerschaft und Erotik, Klatsch und Tratsch, Wellness und Fitness, Kultur und Trends.

Das Buch, das mehr verrät als die beste Freundin.

DROEMER